南珠北玉和笔墨刀枪

——略说报纸副刊编辑三十家

冯 并◎著

中国出版集团 | 全国百佳图书
中国民主法制出版社 | 出版单位

北京·2022年

图书在版编目（CIP）数据

南珠北玉和笔墨刀枪:略说报纸副刊编辑三十家／

冯并著.—北京：中国民主法制出版社，2022.1

ISBN 978 -7 -5162 -2726 -8

Ⅰ. ①南… Ⅱ. ①冯… Ⅲ. ①报纸—副刊—新闻事业

史—研究—中国 Ⅳ. ①G219.29

中国版本图书馆 CIP 数据核字（2021）第 268221 号

图书出品人：刘海涛
出 版 统 筹：石　松
责 任 编 辑：姜　华

书　　名／南珠北玉和笔墨刀枪——略说报纸副刊编辑三十家
作　　者／冯　并　著

出版·发行／中国民主法制出版社
地址／北京市丰台区右安门外玉林里 7 号（100069）
电话／（010）63055259（总编室）　63058068　63057714（营销中心）
传真／（010）63055259
http：//www.npcpub.com
E-mail：mzfz@ npcpub.com
经销／新华书店
开本／16 开　710 毫米 × 1000 毫米
印张／14.5　字数／205 千字
版本／2022 年 1 月第 1 版　2022 年 1 月第 1 次印刷
印刷／三河市宏达印刷有限公司

书号／ISBN 978 -7 -5162 -2726 -8
定价／48.00 元
出版声明／版权所有，侵权必究。

前 言

20世纪90年代末，华文出版社出版了拙作《中国文艺副刊史》，那是由我的研究生毕业论文扩充而来，在《人民日报》文艺部工作时草成的。蒙已故著名新闻史家方汉奇先生不弃，说是"填补了新闻史的空白"，也就在仓促中出版了。《中国文艺副刊史》出版后，一直有同好者索要，但时隔多年，我也只有一本了。想着联系重版，但又觉得需要修改的地方很多，自己工作又转换多次，也就拖了下来。旧作再读，觉得要再版必须动"大手术"，有些章节还需要重写。此外，在分期上也有彼时的千人一面的约定俗成，并不具有《中国新闻史》与《中国现代文学史》和副刊历史的各自自然分期性，对中华人民共和国成立后的副刊自然也不会涉及，对复杂的新闻史现象和近现代文学现象，更谈不上深入具体地去剖析。如果说，那本书还有可翻阅之处，大约是比较早地指出，副刊是中国特有的报学现象和近现代文学现象。

确实如此，没有副刊历史研究的新闻史研究，是不完整的新闻史研究。缺少副刊的历史研究，也不是完整的近现代文学史研究。副刊不是报纸的"报屁股"，而是报纸的一个"心房"，直接参与了社会文化的脉搏律动。大量的文学之谜潜藏在发黄的副刊故纸堆里，不去那里进行一番深入的"田野考察"，休想看清新闻与近现代文学的"庐山真面目"。这也是为什么近年来许多年轻的学人钻入报刊图书馆而屡屡有所获益的缘故。但是，报纸副刊不只是发现逸文的一个历史文化断层，那里还有着大量的仍然鲜活的史料在等着我们去发现和研究。

我恨不能专门去副刊中"探矿",但终究还只是一个文字的田野工作者;或者在途中突遇蹦到眼前的稀罕猎物,凭着本能去逮一把,为了一个学术目标一定去"排兵布阵",也缺少这种耐心和耐力。因此,与其花力气去修改旧作,且不一定修改得让人更满意,还不如在学海里放松地再去"游逛"一次,寻找几个有代表性的副刊编辑者研究一下,于是就成了《南珠北玉和笔墨刀枪——略说报纸副刊编辑三十家》这本书现在的样子。

在《南珠北玉和笔墨刀枪——略说报纸副刊编辑三十家》里,不乏现代文学大家,也不乏政治名人和报界巨头,当然也有近现代文坛上的一些怪才和历史谜底尚未完全揭开的一些学人。这些人都值得专门去作传,有的已经享有传记,而且不止两三本,但传记各自的着眼点不同,写作风格也各异,不是所有人都有耐性读完它们,在信息爆炸的时代里,或许更需要一些集体传记,偶然间把来一阅,这也是一种乐趣。即在纸媒的全盛时期,将他们作为一种兼职或者专职的专业群体,自有其中的因缘际会,作为首要的大众传媒,报纸需要他们,他们需要报纸,他们与报纸的强强联手,最终托起了庞大的出版业。

我之所以瞩目与报纸副刊编辑有关的文化人,不仅因为报纸副刊编辑是中国文学和报学的一个明显的交叉专业领域,也是因为这些人里不乏名家和大家。报纸副刊作为近百年来中国文学思潮和社会思潮最为风云激荡的文化传播平台,更能集中反映一个时代的变化节奏。或者在那个时候,人们更注意展现在平台上的作品和写作者。对于文字实际地位并不低于作家们的副刊编辑人,为他人"做嫁衣"者有之,殊不知其中亦藏龙卧虎,多是在文学和其他文化领域具有执牛耳者之文坛领袖和有成就的学人。他们的写作成就或者高于编辑成就,但又与编辑成就密不可分,他们在文学上和新闻上的地位,同他们的副刊编辑成就相辅相成。

编辑本身就是一门学问,成功的副刊编辑更需要文学素养、学识眼光和文化人与生俱来的气场,更多的时候,需要人脉和文脉的贯通和支持。有的副刊编辑是当时具有号召力的文学社团流派中的领军人物,既是文化盛宴的烹饪大师,也是文化美食的发现者和评点人。但是,文学创作者不管其成就大小，毕竟是一家，既可以红极一时，也可流芳百世，编辑者称家，似乎未之闻也，如果一定要称家，或者可以归为旧式时所谓的"选家"，然而这并不是将其视为他人"做嫁衣"者的全部理由。多数和多种类型文学文化副刊编辑本身就具有专门家的知识系统，也具有其包容的文字和文化气质，懂得什么是流派，什么又是百花齐放。因此，在成就自己成为专门家的同时也成就了报纸副刊，成为近现代文化传播活动的布道士，甚至是重要文化活动的推动者和文化人才的第一发现者，有的则是称雄文坛学坛之盟主。

一些知名作家进入副刊编辑行列，在过去的时代，或有为稻粱谋的一些生计因素。因为那时，靠写作吃饭的人少之又少，报纸或者以延请方式，或者以承包方式，广纳文化人才，使得近现代文学与其他文化学术香火长明，并出现了一股又一股文学文化湍流，泽被四方。有报纸即有副刊，有副刊就有一方文学和文化园地，几成定式，中国的报纸在有意无意之间成为文化的普及课堂。

补充一句，本书选择的三十位文艺副刊编辑，在时间跨度上长达百年，至少是从 1904 年上海《时报》正式开设现代副刊开始算起。在报纸副刊的选择上包括了不同时期、不同政治文化背景的各类多面历史影响的纸媒，在主要编辑者的选择上，中华人民共和国成立前和成立后的著名副刊由编辑者兼顾，并注意到港澳台和海外华文报纸，因此也可以视之为报纸文艺副刊史的另一个更广泛的研究提纲。中华人民共和国成立后的报纸副刊编辑里，选择了孙犁、陈翔鹤和袁鹰，港澳报纸选择了金庸，海外华文报纸选择了郁达夫，多少填补了些论及报纸及其副刊常常谈远不及近，谈大陆不及海外的研究视角缺憾。孙犁、陈翔鹤和金庸已经作古，袁鹰先生健在，他是当代著名作家和副刊编辑中的人瑞，也是我的恩师，希望他健康长寿。

冯并

2019 年 7 月于北京游斋

目 录

前副刊文字

　　副刊的起源与中文报纸的出现相生相映。报纸采取何种印制版式，用什么方式发行，副刊文字怎么编排，由什么样的人来创办经营，这是本书立论的第一个前提。第二个前提就是副刊也有自己的发展过程。

　　报纸副刊发展，至少要考虑到四个因素：一是各种副刊文字在报纸上出现；二是多种刊出和发行形式初具规模；三是主流语言的运用以及新闻和文学在文字体裁上的分化，新闻专业写作与文学写作分开，正刊与副刊或者新闻版面与副刊版面主次从属关系明确；四是副刊在报纸内部与外部相对独立的编辑体系有所确立。

　　中文副刊随报纸同生。"新闻纸"和"行情纸"的出版概念是由欧美输入的，但他们开拓中国市场需要中文报纸，而中文报纸的编撰也需要中国的传统文人，报纸的口味和风格都是中国式的。因此，传统文人的兴趣和笔调不可能不影响到报纸。

　　《循环日报》创刊于香港，它是中国人自办成功的最早的中文日报，也是第一张有副刊的报纸。《循环日报》的第一版是刊登行情与广告，第二、三版是新闻，第四版是留给主持报纸编辑和言论的王韬自己，他写作的笔记文《遁窟谰言》，最初也刊登在《循环日报》的第四版上。王韬担任《循环日报》主笔有10年之久，是近代政论的首创者。但根据当时报纸的版面布局结构，他的"王韬体"政论也只能刊发在第四版上，这是真正属于他自己的"一亩三分地"。"王韬体"政论是后世社论、评论、理论文章之祖，也是杂文时评、文艺政论等文艺性更强的杂文之源。《循环日报》发展到后来，行情与广告敬陪末座，社论晋升到头版，理论文章和杂文时评也就成为后来副刊的主要文种。继王韬之后，真正能够推动评论乃至时评发展的，当属梁启超。梁启超一生创办了很多报刊，对新事物一直保持高度敏感，政治立场和思维跳跃性很大。他主办和支持的比较正规的报纸，主要是《时务报》和《时报》。梁启超是《时务报》的总撰述，报纸创办初期，写稿编辑都是他自己，每天要写 4000 字，还要编辑 20000 字。他写的《变法通议》在《时务报》上前后共连载了 43 期，可见影响之大。《时务报》被誉为"举国趋之，如饮狂泉"。梁启超创造了"纵笔所至，略不捡束"的"时务文体"特色，"笔锋常带感情"，"务为平易畅达，时杂以俚语、韵语及外国语法"，为时评的发展奠定了基础。但《时务报》是竖版编排旧式报刊，亦报亦刊，在形式上并没有出现分化。他主持创办的现代意义上的报纸，是 1904 年出版的《时报》。"时报"一名，取自《礼记·中庸》中"君子而时中"一语。《时报》率先在格版上开辟了时评一、时评二、时评三，由报纸实际主持人狄楚青分请陈景韩、包天笑和雷奋来主持。时评短小精悍，明快活泼，带有文艺政论的若干特点，很受读者的欢迎。时评是社论和各种报纸评论的滥觞。进入副刊版面，也就衍化出后来常见的杂文和文艺政论。它们在写作上风格各异，但属于议论文的同一种文脉。

叙事类作品，素来就有诸如笔记文的文体，似小说非小说，似小品非小品，但很适合报纸刊登。王韬在《循环日报》第四版上，除了必不可少的古体诗词歌赋外，还有他自己的《遁窟谰言》，一写就是二三十年。最初都刊登在《循环日报》上。王韬在创办《循环日报》之前，曾经在英国待了两年，返回香港后，先是担任《香港华字日报》的主笔，编译连载了《普法战纪》。《香港华字日报》虽然谈不上有副刊版面，但类似的译文作品也活跃在报纸版面上。据说，《普法战纪》引起总理大臣李鸿章的关注，因为它对中国当时的外交决策颇有参考价值。这样一些文字在香港的华文报纸比较集中地出现，或成为文人雅集的园地，或是记叙议论的场所，无疑应当被列为副刊文字的雏形。但鲁迅对王韬的《遁窟谰言》《淞隐漫录》《淞滨琐话》评价似乎不高，视其为《聊斋志异》者流，而且其中也有不少花前月下的东西。

副刊文字缺少不了小品和小说。小品其实是散文游记和杂感的别称，以短小内敛蕴藉为上，当是副刊文字的自然品种。而小说的演变就比较复杂了，小说在传统文人的写作概念里就是记事记闻，应用到报纸上，一开始分不清是新闻、旧闻还是传闻，有趣并有人看就是了。南宋以来的"话本"，也常常用"新闻"这个说头强调叙事的真实性，在中国新闻传播学没有形成气候之前，确实有一些"跑新闻"的，凭着道听途说去写作，而最初的华文报纸也就是这样一种混沌的状态。

报纸编制副刊或者组织副刊文字，最远可以追溯到 1872 年 4 月创刊的《申报》。《申报》在其创刊号上声明："如有骚人韵士，有愿以短什长篇惠教者，如天下各名区竹枝词及长歌纪事之类，概不取值。""概不取值"也即免费刊登，这在当时已经是很大的优惠。但那时的《申报》虽然有了多种副刊文字，但是并无固定版面，而只是一种弹性存在，并不能视为副刊出版形式的正式出现，一直到《时报·余兴》和《申报·自由谈》出现，才算有了副刊的固定版面空间。

报纸主流语言的分工以及新闻和文学在文字、体裁上的高度分化，新闻写作与文学写作分开，是报纸副刊出现的基本条件。上面讲到，在中国新闻传播学没有成气候之前，确实有一些"跑新闻"的仅凭道听途说去写作，而南宋以来的"话本"里也常常用"新闻"这个说头来强调故事的真实来源。沿袭下来，新闻作品和文艺作品的体裁界线一度比较模糊，涉及历史的多为野史奇谈，涉及最近发生的新闻事实，又靠坊间传闻。

清末《申报》揭露的"杨乃武与小白菜"冤案，一开始是从传闻中嗅到新闻线索，编辑者感觉到案情有些蹊跷，遂派访员赴案发地进行调查。这是中国早期新闻采访出现大转变的一个典型事例。访员经过反复采访调查，终于搞清楚，杨乃武与小白菜的冤案显系屈打成招，于是在报纸上进行连续报道，这些报道终于惊动了朝廷和当政的慈禧太后，由慈禧太后下旨派员彻查，最后揭出一起直接牵连县吏、县令、知府与巡抚的贿案窝案。报纸采写社会新闻的新的作风和对新闻事实的处理，不仅提高了报纸的影响力和公信力，也标志着新闻与小说笔记的分野，表现在新闻文字和副刊文字的区别里，在版面安排上也开始出现版面上的分离。

早期报纸，新闻人特别是小报新闻人不仅以猎艳求奇为能事，而且还担当采访的访员，多数也是从旧式文人蜕变而来的。既不懂得新闻的三要素，遑论新闻真实性原则，在写作形式上又带有中国传统笔记文的记事特点。一直到辛亥革命后，上海《时报》首设"专电"和"通讯记者"，才开始有了真正意义上的新闻记者和新闻报道。因此在新闻业务发展的过渡期，副刊也在过渡。副刊从可有可无的"补白"进入"报屁股"状态，接着转为报纸形式和内容的重要构成，足足经历了二三十年。加上文体和题材的演变磨合，副刊形式极不稳定，也不时出现饥不择食的情况。

从副刊文字内容的增添过程来看，其实也具有同样的过渡痕迹。在清末民初的报章小说创作里，往往具有以下几个题材处理特点：一是多以自身经历为底本，加上艺术处理和想象，敷衍成篇，多少也具有混搭一体的意味；有的作品为了争取读者，还要特别声明它的真实来源，因而也由此出现"自述""原型""化身"的说法。二是以"录""记""传""外史"为书名定位的作品满目皆是，意在强调它的真实来源。创作来源于生活，这原是不错的体裁，自传体小说和有人物事件为原型的创作，也应当是小说创作常见的路径，但这种对艺术处理并不自信的"一窝蜂"似的真人假事或者半真半假的小说创作法，也从一个角度体现了新闻事实报道原则与文艺创作规律概念的某些混淆。这种见怪不怪的现象延续了很久，在一些小说创作上也在所难免。也是由于这个原因，鲁迅先生在论及小说创作的方法时，特别强调他的小说人物向来有"面孔在河北、帽子在山西"的说法。也是同样一种原因，出现了延续时间很长的《红楼梦》人物考据研究的学术流派。

大概也是因为这个原因，也产生了另一个概念，即称最初的副刊记事文字为"报人小说"或者"报章文体"，并由此提出早期小说创作与新闻报道的"互文性"问题。编辑记者兼写小说或者后来专攻小说，确实是当时的普遍现象，但这在西方文坛和报坛也是常见之事。因此，"报人小说"或者"报章文体"概念能不能完全成立，还是值得再商讨的。如果说，报纸最初刊登的文字多为章回体，那是因为中国小说从"话本"出现就有分章回"卖关子"的传统，这些小说适合说评书也适合报纸连载，后来，普遍出现"报章文体"也是说得通的。但小说毕竟是小说，即便作者有一定的素材来源和真人真事背景，也未必就是新闻与小说的完全混同。以写作报纸连载小说数量最多、名气最大的张恨水为例，他的多部连载小说，也许《虎贲万岁》和《金粉世家》两部作品有较多事实依据，其余多半是如鲁迅所言，"面孔在河北、帽子在山西"。其最有影响的《啼笑因缘》取材于一位北洋军田旅长强娶大鼓艺人高翠兰的社会新闻，并不能将故事完全当成事实。他曾经明确地讲，小说就是小说，并不是历史，他不会将所谓人物原型同创作混为一谈。

新闻写作和文学创作会不会发生交汇呢？当然也会，其交汇的结果，也就催生了特写、报告文学及纪实文学概念，对于这类作品，现在的范围更宽，统称为非虚构文学作品，不一定都是新闻报告一类的文字。新闻写作和文学创作的交汇，从体裁上进一步丰富了副刊和报纸的文字形式，在特定时代更具有阅知功能。

据张恨水考证，第一个在报纸上发表本土长篇连载的是陈慎言，通俗小说的名字是《说不得》。张恨水以写作连载长篇小说而著称，对此种文体也最为关心，因此，他的考证也是比较靠得住的。

自然，中国近代长篇小说的最初出现，也与"林译小说"的风行有关，但其署名冷红生的《巴黎茶花女遗事》出现在 19 世纪末期，并未与报纸副刊发生关系。英商美查创办《申报》，曾经聘请蒋其章为主笔。蒋其章是沪上文人，经常与文友吟诗唱和，并将诗作刊登在《申报》上。《申报》为了与此前出现的《上海新报》竞争，由蒋其章提出一个对副刊文字出现至关重要的征稿启事，即被研究者经常引用的"如有骚人韵士，有愿以短什长篇惠教者，如天下各名区竹枝词及长歌纪事之类，概不取值"的说明。在此前，刊登文艺作品和诗词歌赋形同广告，是需要花钱的。此口一开，艺文稿件纷至沓来，《申报》根本刊登不了，只好另办一本月刊，名为《瀛寰琐纪》。

《瀛寰琐纪》是可供考证的第一本近代文艺刊物，其实也是报纸的第一种不完全形式的副刊，但并不随报附送。副刊的这种独立发行状态到五四新文化运动中都一直存在，《晨报副镌》就是这样一种出版状态。1872 年

11月，《瀛寰琐纪》创刊，后来更名为《四溟琐记》《寰宇琐记》，一直到1877年才终刊，虽然该刊存在时间不长，但作为最早的通俗性、文学性刊物，在中国近代出版史和文学史上都具有重要的地位。后来出现的上海《字林西报》每日附刊一张的《消闲报》，一般被认定是中国报纸副刊之始，则是从随报附送这一点上着眼的。但严格地讲，随报附送还是独立发行，内设还是外附，只是形式问题。所以，将《消闲报》看作是一种较晚出现的不完全形式副刊，似乎更合逻辑一些，而真正比较成熟的副刊应当从1904年在上海创刊的《时报》算起。如果不从有意识设置去考虑，早期大小报纸设立的"菊部""花榜""谐部"，也似乎不能排除在副刊之外了。

《瀛寰琐纪》以诗词、书信、人物小札和序跋为主，也刊发笔记小说和译作，从1873年起开始连载的同样具有"林译"风格的长篇翻译小说《昕夕闲谈》，笔名蠡勺居士，其实就是编者蒋其章本人。据考证，原作是一本名为《夜与晨》的英文小说，相继连载，未能卒篇，原因是蒋其章要参加科举考试，辞离了《申报》。把《昕夕闲谈》视为中国报刊上最早刊登的译著，是1925年周作人发表在《语丝》上的《明译伊索寓言》一文中连带提过，只是说法并不十分明确。除《昕夕闲谈》之外，还有日本译著《江户繁昌记》发表在《申报》的《瀛寰琐纪》上。

翻译小说出现在当时的媒体上，必然对中国报刊早期的副刊文字产生直接的影响，而中国早期新闻和笔记文章体例不分，也并没有妨碍副刊叙事文字的扩张。在后来的演变中，传统的章回体派上了大用场。章回体具有天然的悬念性和连续性，这也是最初的报刊小说为什么喜欢用章回体的原因。章回体不断推出新故事也就成为编辑们最重要的工作，小说也就渐渐成为副刊主打的体裁。

从现在来看，中国近现代小说的出现与发展，除了翻译，还有一个理论提倡和三个源头。一个理论提倡就是1902年梁启超在流亡日本时发起的"小说界革命"。他在《论小说与群治之关系》中这样讲："欲新一国之民，不可不先新一国之小说。故欲新道德，必新小说；欲新宗教，必新小说；欲新政治，必新小说；欲新风俗，必新小说；欲新学艺，必新小说；乃至欲新人心，欲新人格，必新小说。"在他看来，"新小说"既可以改良群治也可以改良社会。三个源头是指：第一个是清末李伯元、吴趼人、刘鹗和曾朴的社会谴责小说，主要在旋生旋灭的娱乐性小报上刊登；第二个是"林译小说"，主要由书局印行；第三个则是徐枕亚、吴双热和李定夷掀起的"鸳鸯蝴蝶派"言情小说。

什么是梁启超心目中的"新小说"呢？他在创办的《新小说》杂志上发表的一篇文章中谈到"新小说"创作的五个"难"，其中除了讲到传世之作难有和感人之作不易外，还考虑怎样才能适应报纸刊出改良的"章回体"。但其真正的意图不在体裁改良，而在于如何传播维新主张和提倡俗语文学。从后一点来看，梁启超也是白话文学的一位先驱者。

在梁启超的倡导下，小说创作一时成为文人风气。从梁启超创办《新小说》开始，先后出现了《新小说》（1902年11月创刊于日本横滨）、《绣像小说》（1903年5月创刊于上海）、《月月小说》（1906年11月创刊于上海，另一种说法是10月）、《小说林》（1907年1月创刊于上海），成为民国之前最令人瞩目的一道文化风景。梁启超实际主持《新小说》时，主要撰稿人有吴趼人，吴趼人的成名作《二十年目睹之怪现状》和《九命奇冤》就首先发表在《新小说》上。《绣像小说》由李伯元主编，其他主要撰稿人有刘鹗、荒江钓叟等，作品《老残游记》《文明小史》《活地狱》都发表于此。《月月小说》的主编是吴趼人和许伏民，主要撰稿人有陈蝶仙、周桂笙、陈冷血、包天笑等。《小说林》则由黄人（摩西）主编，发表最为著名的小说是《孽海花》。这些编者和作者大多有编辑大小报纸的经历，因此，小说必然会影响到报纸副刊文字的主流样式。

梁启超自己撰写的小说是《新中国未来记》。《新中国未来记》在形式上是"章回体"，但故事场景和人物都在对中国历史的追溯、展望、辩论里展开，更多地是在塑造自己的政治主张，缺少小说的情节和故事性。他的这种"另类小说"催生了所谓"政治小说"，但也带动了"历史小说"和"社会谴责小说"创作，出现了李伯元、吴趼人、曾朴等一大批运用章回体写作的通俗小说家。

《新小说》还连载了一些翻译小说，如周桂笙的《毒蛇圈》和吴趼人的《电术奇谈》，都具有悬疑侦探小说色彩。这样的翻译小说也出现在梁启超主持的《时务报》上，如刊出了柯南·道尔小说的译作，并使翻译小说成为早期副刊文字的重要构成。

林纾的由"舌人"口述，仅凭"耳受笔追"的方式常对原作随意增删，根本谈不到严复所讲的"信、达、雅"，但他给后来的文学翻译奠定了一个基础，影响很大。林纾一生笔译了外国小说超 180 部，为中国人打开了西风欧雨的新窗口。他的笔译始于 1899 年，主要和他的一位同乡王寿昌合作，王寿昌曾在法国留学，归国时带回一些外国名著，其中就有小仲马的《茶花女》。他们在闽江的一条小船上，一人讲述法文原著，一人译成古文，相当于由法文到闽语再到古文的多次转译。其第一部译著《巴黎茶花女遗事》发表在梁启超创办的《昌言报》上。他后来用同样的方式，与魏易、陈家麟等曾留洋的才子们合作翻译了狄更斯的《大卫·科波菲尔德》、塞万提斯的《魔侠传》、笛福的《鲁滨孙漂流记》等。辛亥革命后，他自己也创作了长篇古文小说《京华碧血录》和《金陵秋》，反映了庚子事变和辛亥革命的某些侧面。他还写有《劫外昙花》《巾帼阳秋》和大量古诗文笔记，著有《畏庐文集》《畏庐诗存》《畏庐漫录》《畏庐笔记》《畏庐琐记》等，甚至还有传奇剧本和闽剧剧本多种。林纾不仅是古文高手，也是一位有名的国画家。1919 年，齐白石初到京城，也是由林纾出面购画并在其编审的《平报》上发表文章，极力推崇齐白石的画作，使齐白石慢慢地站稳了脚跟。如此说来，林纾晚年还是一位报人抑或早期报纸副刊的支持者。1903 年，林纾受聘于京师大学堂译书局任笔述。1906 年，林纾转为教习。1917 年，新文化运动狂飙突起，他被新文化阵营的刘半农和钱玄同合演的一出"双簧"所激，发表了小说《荆生》。之后，他成为白话文学的首要攻击对象。他子女众多，虽然生活并不宽裕，却拒为北洋军阀吴佩孚作祝寿图，还是有些士大夫传统文人气节的。

"鸳鸯蝴蝶派"是徐枕亚、吴双热和李定夷开始掀起的。徐枕亚是江苏常熟人，10 岁就能作诗填词，但两应童子试不第，他成为《民权报》的新闻编辑。《民权报》由戴季陶和何海鸣担任主编，徐枕亚的同学吴双热出任《民权报》的副刊文字编辑，他约请徐枕亚创作了以徐枕亚婚姻遭遇为蓝本的《玉梨魂》，开创了报纸连载小说的先河。《玉梨魂》以骈文创作，旋写旋登，每日刊出 600 字，其中引用了不少旧体诗词。《花月痕》中"卅六鸳鸯同命鸟，一双蝴蝶可怜虫"的语句，加上哀怨的笔调，成为一种流行的小说模式，也就必然在新文化运动中被称为"鸳鸯蝴蝶派"，同时被当作了攻击的另一个靶心。但平心而论，言情哀情小说的出现，是特定时代的文学现象，一是那时文言文占主流，二是青年婚姻不自由是普遍问题，无奈与怨恨造成了它们滋生一时的土壤。徐枕亚虽然用骈文写作但擅长心理渲染，因此俘获了不少青年读者，倒是后来"鸳鸯蝴蝶"乱飞，有病呻吟，无病也呻吟，加上白话文学成为主流，也就成为病态文学的代表。《民权报》被强行停刊后，徐枕亚主编了《小说丛报》。1922 年他与许廑父创办了《小说日报》，但鸳鸯蝴蝶派已经被视作中国现代文学的对立面。单从徐枕亚《玉梨魂》的创作来讲，还要历史地去看待，或者将其视为特定年代和文化背景里冲破"禁区"的爱情题材小说，亦无不可，只是它的多方面局限和落伍也是非常明显的。这种情况从商务印书馆出版的《小说月报》的先后销售变化就可以看出，在五四新文化运动爆发前，《小说月报》主要以刊登"礼拜六派"小说为主，印数也还不少。五四新文化运动爆发后，印数下降迅速，一直到聘请沈雁冰主编《小说月报》，并大量发表文学研究会作家的作品，才发生了起死回生的大转变。

徐枕亚和吴双热对早期副刊的贡献是在不经意中发生的，从小说的连载角度讲，他们使《民权报》成为副刊重要的先导之一。《民权报》并没有副刊的具体名目，但副刊文字每期要占大半个版，其中刊登南社诗词最多，连载的骈文小说《玉梨魂》是其中最惹眼的一部分，并由此增加了报纸的发行量。从言情哀情小说开始，当时的报纸版面上，社会题材、侦探题材、武侠题材乃至"黑幕小说"次第登场，成为一些报纸的副刊最具传播力度的主打文字，在进入白话文学主导的最初时期也是如此。

报刊小说向新文学过渡似乎没有那么简单，正如"放脚"与保留"天足"的历史过程一样，五四新文化运动爆发前后，从文学趣味到文学语言的运用，在大分野中也会有多种流向。1917 年至 1919 年，另一位著名小说家姚鹓雏的《恨海孤舟记》在《小说画报》上被连载，这是继他在 1913 年创作的文言长篇小说《燕蹴筝弦录》之后，创作的另一部白话章回体小说。故事背景是辛亥革命，但同样是不脱义士佳人的故事脉络。姚鹓雏毕业于京师大学堂，进入上海报界，先后在《太平洋报》和《民国日报》供职，编辑过刊物《七襄》，在创作视野上比徐枕亚、吴双热和李定夷等更宽展。姚鹓雏在《时报》上连载了内蕴深厚的小说《龙套人语》，作者极擅长用隐语，影射的人物、事情往往又能引发读者的共鸣，反映了清末民初的复杂社会变化。姚鹓雏译著过多种小说，包括翻译小说，翻译作品《鸳泪鲸波录》曾在《民国日报》上连载。他的报章文体和通俗小说从言情到社会的题材前后的变化，以及他后来对白话写作的肯定，从某些方面体现了 20 世纪 20 年代至 30 年代小说创作的过渡轨迹。

副刊文字刊出和发行形式初具规模，一般认为从 1897 年《消闲报》作为《字林沪报》随送的附报算起。笔者在 20 世纪 90 年代初出版的《中国文艺副刊史》中同意这种认定，也主要是从副刊文字刊出和发行与主报联系一起考虑的。但这其实是一种不完全形式的早期副刊雏形。也有一种观点认为，副刊应当是报纸的编辑构成，甚至包括各种专刊和周刊。这虽然是后来大部分报纸副刊的结构形式，但其中综合性文艺副刊是主要的。从历史上看，副刊文字刊出和发行形式是多种多样的。著名的《晨报附镌》就是附刊赠送的。在其发刊之前，鲁迅起名为《晨报附镌》，是编辑独立附加一张的意思，《晨报》总编辑蒲伯英用隶书字体书写刊头，既不失原义，又符合隶书规范，也就写成《晨报副镌》。事实上，只要副刊与主报共用一个报纸品牌，或者有明确的契约关系，就应当视为主报的副刊。

副刊在报纸内部与外部相对独立形成的编辑体系的确立，以及编辑群体的出现，对于副刊的正式形成，更具有决定性意义。副刊编辑可以来自报馆内部，也可以来自外部，或者是内外结合。但需要在总体上形成一个相对稳定的职业群，没有这些专职或者兼职的职业编辑，不可能形成相对稳定和连续性的副刊体系，也难以形成相对稳定的作者群。在 1872 年 4 月创刊的《申报》，强调"概不取值"，反映了副刊没有完全形成之前副刊文字组织聚合的一种临时状态，一方面缺乏组织人才，另一方面缺少稿件来源。"概不取值"反映了副刊文字所体现的价值不高，不与刊发广告需要缴纳费用等同，已经是高看一眼，因此投稿者大多是不为衣食发愁的文人雅士，真正需要卖文为生者，除了已经成大名的，与副刊文字写作几乎是绝缘的。

在历史上，所谓"职业作家"其实是少之又少，"润笔费"是非规制化的偶例，即便是稿酬制度从"概不取值"转向了固定的报酬，其稿费制度全面建立起来，大概也用了小半个世纪。所谓徐枕亚与《民权报》关于《玉梨魂》的诉讼，大约是中国最早的一次有影响的版权官司。《民权报》认为，徐枕亚是职务创作而并非是副刊文字编辑吴双热向他约稿，一部 16 万字的骈文小说拿不到稿酬，自然要站起来抗争。徐枕亚最终赢了官司，但不得不去自办《小说丛报》和《小说日报》来保卫自己的写作利益。为什么在那个时期，文人自己主办的文艺杂志彼伏此起，为什么已经成名的作者多半也要同时创办自己的书局和出版机构，为什么许多作家将自己谋生的第一职业选择定为报纸和报纸副刊编辑的岗位，其中经济生存上的原因大抵是相同或主要的。

在报纸副刊的孕育阶段，即在副刊文字发展的初期，这是一个普遍的现象。例如林纾，虽然他一生翻译和写作了超 180 部作品，但不得不为了每年的 60 两例银，到译书局去作笔述，他的子女很多，经济来源有限，晚年时告诫子女要省吃俭用，因为已经自感年老力衰，无力支撑更好一些的生活。

稿费制度和编辑规范的不断完善，最终造成了编辑群体和作者群体的不断扩大和相对稳定，比较完备的报纸副刊体系也就具备了诞生的基本条件。在报纸由近代到现代的衍化里，第一种具有现代特质的报纸副刊体系，应属上海的《时报》推向社会的。

1. 狄楚青与《时报》副刊

　　1904 年，上海出版的《时报》，灵魂人物是梁启超，但它的实际创办者和经营者是著名报人和前维新派人士狄楚青。

　　狄楚青生于 1873 年，病逝于 1941 年。原籍江苏溧阳，长于江西。正名为狄葆贤，字楚青、楚卿，号平子，笔名有慈石、狄平、高平子、六根清静人和平等阁主。他是康有为唯一的江南弟子，曾经是著名的"公车上书"的举子之一，与梁启超也有深交，因此在早期被视为康梁维新思想的重要人物。狄楚青在 1900 年参加了唐才常组织的张园国会活动，并在维新力量遭受危机时参加了自力军，筹划了"勤王"起义，事败后流亡日本。1904 年，狄楚青回到上海，与康梁共同筹资开办《时报》。一开始梁启超担任主笔，后来由同样是康门弟子的罗孝高任主笔也兼任康梁的代表，但狄楚青作为总经理，是《时报》的实际筹办者和管理者。1904 年至 1921 年，狄楚青任《时报》总经理的时间长达近 17 年。

　　《时报》带有浓厚的保皇色彩，辛亥革命之后，狄楚青在办报方向上与康梁出现分歧，遂由狄楚青开始独资经营。但因为《时报》的政治历史背景和报纸初创时期的舆论偏向，《时报》在总体上难以摆脱保皇党报纸的社会认知，竞争优势渐失。因此在新的报纸不断出现后，特别是史量才接手《申报》之后，有些经营困难，这是《时报》锐意改革的客观背景。

　　在一段时间里，《时报》也可以称为戊戌变法失败后保皇党人的主要舆论阵地，但也不能简单地将其看作是保皇党人的舆论喉舌。虽然梁启超也曾参与了初期策划，报纸主笔也是康门弟子罗孝高，但狄楚青在创办该报提到办报宗旨时讲，"吾办此报，非为革新舆论，乃欲革新代表舆论之报界"。因此，他是中国近现代报人中具有相对独立报纸革新理念的第一人。不仅读者定位明确，主要面向教育界、出版界和文化界，而且成为在北京、苏州、杭州设有分报馆的大报，全面实现了正反两面印刷，也摆脱了竖版式编排印制的传统形式。

《时报》之名，也取得有些意思。除了与梁启超此前举办的《时务报》暗示着某种关联，主要来自《礼记·中庸》中的"君子而时中"一语，意思是要合于"时"，随"时"而变，同时更倾向于"持中""执中"。因此报纸一开始的政治姿态，既反对顽固守旧，又反对激进革命的中间路线。但对康梁来讲，已经有些大势已去，跟不上形势的变化。这种变化与狄楚青当时的政治现实认知有极大关系，同时也暴露了他们之间政治观点上的分歧，而终至出现狄楚青一人独立经营的局面。

《时报》的结构和面貌即便在今天都不落伍，除了版面竖排，纸张发黄，谁敢相信这是100多年前的报纸？狄楚青确乎是一位具有纸质传媒超前发展眼光的革新人物，他当之无愧地成为中国现代纸媒的奠基人。

狄楚青信仰佛教，淡于功利名誉，摊子铺得很大，除了《时报》的北京、杭州、苏州分馆，还拥有有正书局和有正书局旗下的《小说时报》《妇女时报》等，俨然形成了中国最早最大的报业集团，报馆里大小事都要他来定夺。1921年，狄楚青健康状况不佳，也就由黄伯惠（黄承恩）接办了《时报》，《时报》从此进入了逐步衰落期，最终在1939年9月1日宣布停刊。《时报》在黄伯惠主持期间，经营情况每况愈下。1931年4月，《时报》曾经连载过巴金的作品《家》，《家》当时书名为《激流》。九一八事变后，《激流》连载一度被腰斩，经交涉继续刊登，但《时报》并没有支付后来连载的稿费。1933年5月，《激流》定名为《家》，由开明书店正式出版。

但是，《时报》前期和中期的经营还是取得了巨大成功。这种成功主要来自狄楚青在报纸结构和新闻机制等多方面大刀阔斧的革新。他有许多同业第一，包括报纸定位和版面形式、印制技术以及采编结构等，都走在上海乃至全国报业的前面。

在版式编排和新闻版设计上，一是彻底告别竖版式编排，实行四大版两面印刷。二是与不同的新闻版相呼应开辟了时评一、时评二和时评三的评论专栏，让评论与新闻合流，避免了主笔一手包办操持言论"大而空"式的弊病，聘请陈景韩（陈冷血）、包天笑和雷奋分别担任主笔，让新闻与言论直接互动。这三个时评专栏就是国内时评、外埠时评和本埠时评。陈景韩是分版时评的首倡者，后来也是《时报》的总主笔，他的政治观点与梁启超有所不同，在一定程度上冲淡了《时报》的保皇色彩。

在新闻业务上也作了许多创新。其一是首设"专电"，当时中国尚未出现通讯社机构发布的可靠消息来源，无从保证新闻报道的时效性。《时报》派出专人到北京采访，通过电报、电话把采访内容传给报纸总部，既保证了新闻时效，也强化了独家新闻的采写机制。之后，《时报》"专电"为各报效仿，并促成了通讯社机构的诞生。

其二是首设"通讯记者"，也即最早的特派、特约记者。而中国近代报纸的"通讯记者"第一人，就是中国新闻通讯第一人黄远庸（黄远生）。之后，北京著名报人邵飘萍在未创办《京报》之前也担任了《时报》的"通讯记者"，而另一位是《大公报·戏剧周刊》的创始人徐凌霄（徐彬彬），也是《时报》的三大"通讯记者"之一。黄远庸是前清进士，曾经留学日本早稻田大学，因为写文章反对袁世凯称帝遭受迫害，出走美国，最后被暗杀于旧金山。三大"通讯记者"为《时报》带来了更大声誉，同时也对报纸新闻写作体裁的分化、完善作出创新性的探索。

在机构设置上，除了在北京、杭州、苏州设立分馆，也曾在北京开办过京津版《时报》，在上海开办《民报》，但由于缺少人手，两年后相继停办。

在报纸读者定位上，主要面向教育、文化等机构的知识阶层。新闻视角上有所倾斜，广告也以教科书、新书、新刊广告为主，不仅商务印书馆是《时报》的大客户，知识界人士也以阅读《时报》为荣。

就报纸副刊而言，《时报》推出周刊最早，综合性文艺副刊《余兴》的出现也最早，标志着近代中国报纸副刊体系的革新与文艺性副刊的正式出现。虽然以现在的眼光看并非优良，但它对副刊体系建设的贡献是明显的，即在新闻和副刊专业分工方面首次出现了新的突破和分化，设置了逐日轮流刊出的七大周刊，包括教育、实业、妇女、儿童、英文、图画、文艺专刊。这在当时报业经营和报纸编辑上堪称石破天惊之举的大事。

《时报》副刊体系以现在的眼光来看都是比较完备的，既有包天笑主编的副刊《余兴》，还有轮流刊登的周刊专版，甚至在1911年之后还陆续出现了包括《妇女时报》《小说时报》《图画时报》的附属报刊系统。这些报纸如《小说时报》是月刊，是由狄楚青的有正书局主办的，与后来常见的报纸办出版社和期刊很类似，因为都属于《时报》系列，是同一个品牌，因此也可以视之为特别的附刊，而报纸办刊的最早源头也可以在这里找到雏形。实际上，《时报》的附刊或者副刊结构不拘一格。1911年，有正书局创办前后除了《妇女时报》《小说时报》《图画时报》由有正书局发行，还有《滑稽时报》，四版一大张却是随报附送的，一面是小品、笑话和小说，另一面是广告。

1911年，《妇女时报》《小说时报》是月刊，既然明确地冠以"时报"为统一报纸品牌的名称，也应当属于特别的附刊形式。在性质上略同于周刊。对于周刊尤其是文学以外的报纸周刊算不算副刊，也有不同的看法，但这同附刊算不算副刊有类似的问题。且不说文艺栏目是其他报纸的必要元素，《妇女时报》之类也离不开文艺或者文化因素的介入，只要他们是同一报纸主办或主编的，并不妨碍他们作为主报附刊的形式存在。《妇女时报》设有时论、知识介绍栏目，也有游记和文学栏目，因此也有很强的文艺性。

《时报》副刊异军突起并不是偶然的，与狄楚青的知识结构和文化修养大有关系。他是一位近代诗人，也是一位近代文学评论家，辛亥革命前在《清议报》和《新民丛报》上经常发表诗词，著有《平等阁诗话》和《平等阁笔记》，诗文书画兼有造诣，还精于文物鉴赏。他的有正书局印制多种书画碑帖，传播国粹文化艺术。1917年至1919年的两年里，还印了戚本《红楼梦》，并对《红楼梦》脂本与程本作了比较研究，他应当是最早的一位红学家。1912年，我国最早的佛学理论刊物《佛学丛报》，由濮一乘担任编辑。狄楚青如此深厚广博的学识系统，支持了他的副刊创新活动。

据有关资料分析，有章太炎支持或参与《时报》周刊创立的说法，但言之不详。如果确有其事，也可以说章太炎是发现《时报》周刊的第一个伯乐。从《时报》创刊开始，各种报纸周刊聘请社外专家主持开始成为一种传统做法，借助"外脑"提升办报水平，提高多种副刊的社会影响，也成为一种重要的办副刊的思路。从学者专家角度来讲，也从中找到普及与提高相结合的路径，而像章太炎这样一位在中国近代和现代社会具有广泛影响的学者的参与，即便只是偶一为之，也说明副刊的文化传播地位在提升。

应当说，章太炎与《时报》没有任何人事关系，因为他与《时报》的后台人物梁启超历来政见不合。他也与康有为的弟子狄楚青分属不同的阵营，不会进入《时报》的传播体系，同时也没有他参与《时报》的任何记录。但在《时报》早期，他担任过梁启超创办的《时务报》撰述。1896 年，《时务报》是黄遵宪、汪康年、梁启超在强学会解散后，在上海共同创办的，王国维担任了该报撰述。1898 年，光绪皇帝下旨将《时务报》收为官办，由康有为督办，汪康年拒不奉命，后将其改名为《昌言报》继续出版，章太炎那时仍参与其中。后起的《时报》虽然具有当年维新派的背景，但已经是不同的报纸了，而章太炎也开始脱离渐趋保皇色彩的报纸，走上了激进的道路。

1903 年，《时报》正式创刊前章太炎就职于上海的《苏报》，担任撰述，发表了《驳康有为论革命书》，标示他与维新保皇派开始决裂。1896 年 6 月，《苏报》的主办人胡璋是以其日本妻子生驹悦的名义在上海的日本领事馆注册《苏报》，一开始也具有保皇色彩，多为市井新闻。1900 年由陈范接办，仍然宣传改良，倾向革新。1903 年 6 月，《苏报》版面人事"大改良"，聘请章士钊为主笔，章太炎和蔡元培为撰述，观点立场发生了变化。章太炎在《苏报》发表《驳康有为论革命书》之后，又为邹容的《革命军》一书作序并在《苏报》上刊登，还在《苏报》上挖苦光绪皇帝是"载湉（光绪帝）小丑，未辨菽麦"，引发了报业史上著名的"苏报案"。1903 年 7 月 7 日，《苏报》被查封，陈范出逃，章太炎英勇就逮，邹容不愿贪生舍义而自行投案，惨遭折磨，瘐死狱中。章太炎由终身监禁后改判为 3 年，于 1906 年出狱后流亡日本，与孙中山相识，参加了同盟会，立场发生了全面转变。1911 年，章太炎从日本归国，主编了《大共和报》，并担任孙中山临时总统府的枢密顾问。他在袁世凯就任民国总统时，先在总统府任顾问一职，旋即出任东三省筹边使。在此期间，他在《顺天时报》刊发了自己的征婚广告，是国内名人广告征婚的第一人。他推动东北实业发展的计划终究落了空，决意奉身而退。1913年，章太炎因参加讨袁活动而被捕，直到1916年袁世凯去世后，才获得自由。1917年，他宣布脱离国民党后回到上海。最稳定的一段时光是与其妻居住在上海重庆南路288弄大陆坊。不久后，他到苏州开办了章氏国学讲习会，从此逐步淡出政坛与报坛，但也与国民政府龃龉不断，晚年再次倾向复古主义，但对日本侵占东三省明确反对。"中华民国"一词的国名也首次出自章太炎之口。

1904年6月12日，《时报》在上海正式创刊，此时章太炎尚在狱中，时间上不可能与《时报》有更多交集。但他在进入《苏报》前，与蔡元培等成立中国教育会，下设教育、出版、实业三个部。这正是《时报》筹办的时候，也就在这个间隙里，出于对教育、出版、实业的关注，以及他此前的经历，或许会介入《时报》的周刊计划，尤其是《教育周刊》和《实业周刊》的设计，颇与章太炎的关注点相符合。也就是说，他虽然没有多少参与实操的机会，但并不排除与其谋创的可能。毕竟同在上海，章太炎与筹办《时报》的人也有旧关系，尤其是他在出任东三省筹边使时推动实业发展，并对实业产生了很大兴趣。实业发展计划虽然落空，但壮心不已，在舆论上推动教育和实业发展也是不得已而求其次，而这也是《时报》创刊后，首次推出此前未见的教育、妇女、儿童乃至使人感到有些突兀的《实业周刊》的缘故。教育、妇女、儿童是一个相互联系的社会生态圈，图画和文艺在他们看来更是一种工具。提倡实业，既是维新派的运作重点，也是报纸传播的重要方面。因此，章太炎作为对教育和实业高度关注的著名学者，推动和指导了《时报》的副刊革新，具有标杆意义。

章太炎是一代国学大师，在经学、哲学、历史学、文字学、语言学、音韵学以及逻辑学方面都有很大的成就，同时也是一位民主革命家和思想家。他生于1869年1月12日，故于1936年6月14日，浙江余杭人。原名学乘，字枚叔，易名为炳麟，"乘"与"枚"都取自汉赋大家枚乘的名字，由此可见其治国之志向。他也是坚定的民族主义者，更倾慕于顾炎武，顾炎武名绛，章太炎又曾以"绛"为名号。绛与炎显示了他强烈的反清意识。他曾经说，"明亡于清，反不如亡于李闯"，后来转向同盟会，被他的老师朴学大师俞樾（俞平伯曾祖父）斥责为不忠不孝，非人类也。在被逐出师门之后，章太炎便发表声明断绝了师生关系，以表其志。章太炎的学生众多，例如黄侃、朱希祖、钱玄同、沈兼士等。鲁迅也曾对章太炎执弟子礼，但章太炎晚年观点有复古倾向，因此，鲁迅在《趋时和复古》《名人和名言》的杂文中提出了批评。周作人曾经说到鲁迅的《狂人日记》，认为人物原型来自他们得过疯病的阮氏表兄，可小说中狂人的张扬个性和犀利的思想，令人很难不联想到章太炎。章太炎曾经这样讲，"兄弟承认自己有神经病"，因为遇着艰难困苦的时候，不是神经病的人断不能百折不回，孤行己意。所以古来有大学问成大事业的，必得有神经病，才能做到。他晚年曾经斥责主张不抵抗政策的蒋介石为秦桧，说汪精卫是石敬瑭，由此又可以看出他一生敢说敢做的文人心性和民族气节。他的墓安葬在杭州南屏山荔枝峰下，紧邻张沧水墓。他对邹容也很尊信，邹容身亡，抚尸痛哭，亲撰《赠大将军邹君墓志》，并悬挂其画像，每半月遥祭一次。

章太炎其实也是一位思想激进的学者型报人，为此数次入监。第一次是在《时务报》，第二次是在"苏报案"。1906 年，他获释后到日本，主编了同盟会的机关报《民报》，与改良派展开笔战。但也因为办报经费分配不公平与孙中山闹得不可开交。1911 年，他回国主编《大共和日报》，在逝世前一年还主编了《制言》杂志。他担任撰述和主笔的报纸，在前期有《经世报》《实学报》《译书公会报》《正学报》《昌言报》，还有《亚东时报》《台湾日日新报》《国粹学报》。在《民报》时期，他发表了很多政论文章和时评，其文辞犀利，一时被称为所向披靡。他的新闻思想，主张要为政治服务，但要以言论自由为前提。这与他的报纸实践是相一致的。

章太炎文学作品不多见，而早期政论报纸也没有副刊文字版面，他的主要精力一直放在政论写作上。他虽然是国学大家，但对白话文并不轻视。他甚至这样讲，中国的《毛诗》就是那时的白话诗，后来的《水浒传》以及

《老残游记》也是很好的白话小说。他在语言文字学理论和艺术上也有独到的观点，认为既要治"小学"文字，也要关注"音训"。他的教学观念受知识结构体系的制约，在东三省担任筹边使的经历和所做的调研考察，是他政治和学术生活中难得的一抹亮色。

《时报》的副刊文字革新和系列周刊的问世，影响深远，甚至影响到五四新文化运动的报刊传播方式。《时报》的副刊和周刊在 1904 年就陆续出现了，在时间上远远超前于五四新文化运动中出现的著名"四大副刊"，更超前于后来《申报》与《大公报》副刊。它之所以没有引起更多的注意：一是超前太多，二是它的出身，三是形式上的革新影响比不得内容革新，但从副刊本身的革新来讲，并不能忽视它的开拓性贡献。《时报》副刊和周刊的出现是中国报纸副刊体系正式定型的起点，这个评价并不过分。

《时报》副刊体系的创新以及专业周刊的出现，不仅惠及《时报》自身，也影响到《申报》实现扩版扩容，甚至是后来的报纸结构形态。五四新文化运动之后，新兴的报纸都不同程度地借鉴了这种形式，为新文化的传播开辟了多个通道。专业周刊的出现，也丰富了出版物的刊期形式，有的同报纸彼此挂起钩来，有的独立发行，新出现的文化社团纷纷跟进，诸如后来的《语丝》等，都具有周刊的出版形态。在独立周刊中，发行时间最长的当属北京大学歌谣研究会编辑出版的《歌谣周刊》。

北京大学歌谣研究会于 1920 年 12 月 19 日创立，由沈兼士和周作人主持。1922 年 12 月 17 日，该会创办了《歌谣周刊》。《歌谣周刊》的发刊词由周作人拟定，常惠、顾颉刚、魏建功、董作宾为编辑，一开始也由《北京大学日刊》随报附送，具有明显的副刊色彩倾向。征集发表的歌谣几乎遍及各省，成为当时研究民间文学的中心。1936 年 4 月由胡适主持复刊。1937 年全面抗战爆发前夕停刊。但是，在抗日大后方，随着部分高校南迁，由西南联大组成的湘黔滇旅行求学团抵达昆明，在途经贵州"十字路口"的走走停停中，后来辑为《西南采风录》的歌谣收集活动再次活跃，《歌谣周刊》继续延续下去。这种出版形式不时出现，一直到 1947 年，还出现了在《读者文摘》杂志上附送的《新诗歌》，这个《新诗歌》分为"诗""谣""歌曲"三个单元，由薛汕、沙鸥和李凌任主编，发表了穆木天、臧克家、王亚平、柳倩等人的新诗，也发表了由薛汕辑录的民谣《胜利灾》以及发表了马凡陀（袁水拍）和田汉等人作词的歌曲，如田汉为电影《荣归故里》所创作的《黄包车夫歌》歌词。这样的出版形式，是当时与后来报刊出版特刊、特辑以及增刊的通用形式。

诸如此类的周刊还有很多，从某种意义上讲，五四时期的四大副刊——《京报副刊》《晨报副镌》《时事新报·学灯》《民国日报·觉悟》，多少都带有编辑相对独立的机制。值得注意的是，副刊形式的附刊不仅在报纸上频繁出现，也波及期刊。这不仅是节省出版成本的有效途径，也是缩短开发阅读市场的时间，还避免了注册检查等流程。对于没有财力条件出版独立报纸和刊物的文化人，更喜欢采用这样的出版形式。也许，《时报》推出系列周刊时并未意识到这一点。或者后来的研究者也不会将其视为一个重要问题，他们更多地着眼于刊物与办刊者的思想内容和思路变化，但历史的细节往往是滴水映日。

2. 包天笑与《时报·余兴》

　　包天笑的副刊生涯与《时报》紧密相关。《时报》是著名报人狄楚青创办的，他任《时报》总经理长达17年。《时报》也可以称为戊戌政变后保皇党人的主要舆论阵地，但独立性较强。它是中国近代报纸最有报纸结构创新性的一份报纸，包括总体编排、栏目设置以及副刊的正规化等，都有显著的开创成就。其中与包天笑直接有关并起了重要作用的有以下三点：一是包天笑与陈景韩、雷奋分别主持《时报》国内、外埠、本埠三个版面的笔政，分别担任本埠新闻时评的写作与新闻编辑；二是首创《时报》综合性文艺副刊《余兴》，并与《申报》的《自由谈》、《新闻报》的《快活林》三足鼎立，形成了比较正规的副刊体系；三是主编了《小说时报》，为报纸设立现代文艺期刊奠定了基础。

　　《时报》刚开始运营的时候，一般刊载文艺作品，主要是林纾式的翻译小说以及旧诗、笔记文，没有固定版位，经常登在新闻之后，处于补白的地位。有时临时起个杂俎之类的名头，基本上还是填充版面的配角。1906年，包天笑加盟《时报》，担任了本埠新闻编辑主持本版时评，面对许多非新闻稿件，看着可惜，他就向狄楚青建议，是否可以拿出一些固定版面来刊登一些文艺性稿件，一可活跃版面，二可吸引更多读者，增加报纸发行量。狄楚青原本就是涉猎广博、学识丰富的文人，也有改革副刊的计划，所以欣然同意，并由包天笑主持编辑稿件，组织版面。于是包天笑就按一般的版面安排格局，在报尾开辟出一个较大的文艺专栏，取名《余兴》，这样有刊头名称的报纸副刊就出现了。

　　这种做法也引起其他报纸的效仿，《申报》开办了《自由谈》，由王钝根任主编；《新闻报》开办了《庄谐丛录》，由张丹斧任主编，后改严独鹤任主编，并改名为《快活林》，一时形成上海报纸三大副刊鼎立的局面。与此同时，《时报》首设报纸周刊，作为副刊的专门化，前后设立的周刊与定期不定期专版和专刊有教育、实业、妇女、儿童、英文、图画、文艺，分别请专家来编辑主持。上海的主要大报纸，既有编辑主持的综合性较强的文艺副刊，又有"外包式"的轮值周刊专刊，但凡重要正规的报纸，没有这样一些版面似乎就不再像是一张大报。大报如此，小报也开始效仿。报纸出现了一定的版面分化和栏目分化，甚至连一时蜂起的画报也要开辟出专门版面，编辑一些连载小说和杂文小品来吸引争夺读者的眼球。从报纸到杂志，也纷纷开始设立文艺专栏。

对文艺副刊初名《余兴》，以及后易名为《滑稽余谈》来说，有多种评价。有的说，它开辟了报纸副刊的先河；有的说，它是鸳鸯蝴蝶派的聚集地。这是以小品包括生活小品、幽默小品和庄谐并出的各类杂谈以及笔记小说为特色的文艺性副刊栏目。《余兴》既有时代的烙印，也留有传统文人的一般趣味性。"鸳鸯蝴蝶派"是特定时代的一个复杂的文艺现象，主要体现在一些言情小说里，或者迎合市民阅读趣味，以利于报纸发行。都市类报纸的发行量由此剧增，副刊稳居报纸版面之后。

《余兴》除了刊登小说外，还要用传统的笔记文衍化来的各色短文装点版面。其实，在报纸副刊上经常出现的撰稿人有范烟桥、周瘦鹃和后来的"补白大王"郑逸梅等，他们一般是在报纸副刊上写出了名气，后来有的自立门户，办起了以闲适小品为主的杂志，或者去办专门刊发言情小说的期刊。发展到后来，出现了《礼拜六》《小说画报》《良友》画报，以及周瘦鹃自己主编的《紫罗兰》杂志等。期刊林立，争奇斗胜，成为海派报刊界的一大景观。

1912 年，周瘦鹃和郑逸梅开始写作，郑逸梅的第一篇译作《克灵湖游记》在《民权报》上发表并获奖，署名为"郑际云"，而编辑者就是被视为鸳鸯蝴蝶派二号人物的吴双热。他投稿屡中，后来一直用"郑逸梅"为笔名。因为他的文字短小精致，非常容易拼入版面，他的一位小说家朋友徐卓呆曾冠以"补白大王"世誉。郑逸梅擅长掌故史料，金石书画、才媛名流、戏剧电影、花鸟鱼虫都能娓娓道来，最短的文章只有 7 个字，颇有些《世说新语》的味道。他的文笔也很幽默，写作的多是副刊陪衬正刊的闲文雅趣。他曾经编辑过《游戏新报》和《消闲月刊》，并与赵眠云、范烟桥、顾明道、姚苏凤等苏州作家组织了星社，并同另一些参加兰社的作家被归入"鸳鸯蝴蝶派"。

《余兴》与鸳鸯蝴蝶派有无关系？当时上海的报刊文风有点"没有鸳鸯不成刊"的说法。包天笑在一心向佛的狄楚青手下做事，与王钝根和陈蝶仙相继主持的《自由谈》相比，总体风格还是清新自然的。

严独鹤主持《新闻报》之《快活林》，在编辑中更专注于他的谈话栏目，并且素有"不鸣则已，一鸣惊人"的编辑风格。鸳鸯蝴蝶派的风头，在一个时期里被新出版的《余兴》所替代。要说包天笑与鸳鸯蝴蝶派有所牵连，并不是他在主持《余兴》的时候，倒是他离开《时报》本埠版创办《小说大观》之后。在当时上海报纸副刊三足鼎立的格局里，《余兴》还是以怡情趣味为主，也刊出周瘦鹃的文章，那时周瘦鹃的写作仍具有小巧精致的特点。

周瘦鹃 17 岁时就开始翻译小说，在此后的 20 年里写了许多长短篇小说，发表在早期《申报》的《自由谈》里，也出现在《礼拜六》《小说画报》上，他还独自主编了《紫罗兰》杂志。

鸳鸯蝴蝶派云集的副刊，除了王钝根和陈蝶仙主持时期的《自由谈》，还有更多副刊也出现在文学期刊里。据《鸳鸯蝴蝶派研究资料》汇集统计，在那个时期，上海的四种报纸副刊和多种期刊，有关的这类副刊文字很多，因此引起新文学的特别关注与批评。但在《余兴》刊发的文章，主要是生活小品、游戏文章、幽默段子。包天笑对报纸副刊的贡献，在于他开辟了固定性、综艺性及趣味性副刊之先河。

1906 年，包天笑定居上海，加入了南社。随后进入《时报》，在担任《余兴》主编期间，每天要为报纸写 6 篇文章，闲暇时间还要写小说。包天笑，原名包清柱，又名包公毅，最早的笔名还有天笑、春云等。他生于 1876

年，逝于 1973 年，籍贯苏州。幼年读私塾，19 岁时中秀才。因为家境比较宽裕，中秀才之前开过学馆。23 岁时，他自学了日文和英文。1900 年，他与友人合资在家乡开办了东来书庄，主要经营《江苏》和《浙江潮》一类的激进革命期刊。1901 年，他创办了《励学译编》月刊并发表译作《迦因小传》，开始步入文坛。同年，他创办了《苏州白话报》，这对于一个前清秀才来讲，应算是石破天惊之举。《苏州白话报》是当时流行的线装本，一开始是周刊，后来改出旬刊，以政论新闻内容为主，他之所以被《时报》聘为新闻主笔，与他关心社会政治分不开。他还在山东青州府官立学堂做过时间不长的监督，加上此前开过学馆，因此对教育一直很感兴趣，这种兴趣也成就了他的教育小说写作方向，小说《馨儿就学记》奠定了他最早儿童文学家的地位。

但他的兴趣不止于此。1911 年，他编辑了《时报》出版的《妇女时报》，之后与陈景韩共同编辑了《小说时报》月刊。在此之前，各地虽有各种女报出现，特别是秋瑾创办的《白话报》，但其中也有很多作品，是借女子之口由男子化名写作发表的，因此出现雄雌难辨之说。1911 年 6 月，狄楚青在《时报》旗下的有正书局正式增设《妇女时报》，具有附刊性质，开拓商办女性刊物之先河。该刊在提倡女子学问，增进女界知识等方面发挥了积极作用，《妇女时报》是辛亥革命前夕出现的第一种有影响力的报刊。

《时报》之《发刊〈妇女时报〉征文》中讲道，"本报除聘请通人名媛分司编辑、撰述之任外，更募集四方闺媛之心得"；在《发刊词》中明确办刊目的是"明敏通达之闺彦，与夫忧时爱国之女士，时赐伟论，薪以唤醒同胞之迷梦"。在其发布的征文说明里也有小说一项，包天笑说，"里面的作品，最好出之于妇女的本身"。

诚然，包天笑当时提出的"发扬旧道德，灌输新知识"编辑宗旨，有一定的思想局限性，但这也是《时报》本身的局限性。在辛亥革命前，能够让女性小说家首次公开于社会，已经是振聋发聩之事。从此之后，女界报刊的内容开始丰富起来，其一是提倡女学，传播实用知识；其二是刊载文艺作品，主要是小说作品。1914 年以后，虽然出现了许多倡导回归家庭的刊物，如《妇女鉴》，反对妇女参政，反对女权而专求贤母良妻之教育，但也不得不注意女作者的存在权利。那时还出现过旧式文人举办的诸如《眉语》《香艳杂志》一类的刊物，但他们也不得不承认女性在撰述界的地位。《眉语》据称是由许啸天的夫人高剑华主笔政，女作者占有很大分量。

包天笑是《妇女时报》第一任主编，《妇女时报》不可避免地带有维新的色彩，与后起的妇女期刊并不能相提并论。由李达担任主编的《妇女声》发刊，后者无论从格局上还是内容上，都远远胜过了《妇女时报》。参与《妇女声》编辑的还有很多进步女性同胞，其中就有瞿秋白第一任妻子王剑虹。

陈景韩与包天笑共同主编《小说时报》。陈景韩，又名陈冷，笔名冷血、不冷、华生等，是一位才华横溢的上海才子。早年他也创作小说并提倡微型小说，其主要作品有《新中国之豪杰》《商界鬼蜮记》《凄风苦雨录》《白云塔》（一名《新红楼》）等。1912 年，他被《申报》史量才从《时报》挖走，《时报》少了一个台柱子，但陈景韩也从此专注于《申报》的新闻编辑和评论，不再搞文艺创作和编辑。

陈景韩一人主笔打造了上海两家最大的报纸，这种能力是罕见的。1930 年，他辞去《申报》总主笔，就任中兴煤矿公司的董事长，从此淡出报坛。抗战胜利后，国民党控制了《申报》，请他再次出山，他坚决拒绝。中华人民共和国成立后，他担任了上海市政协特邀委员，直到 1965 年因病去世。

《小说时报》后来主要由包天笑编辑，与《妇女时报》一样，都具有报系附刊性质。1922 年，他先后加入苏州作家群的青社与星社，主要成员有周瘦鹃、许廑父、范烟桥、徐卓呆、毕倚虹等一批被视为鸳鸯蝴蝶派的小说主将。包天笑还编辑了青社的社刊《长青》，但在文学社团遍地丛生的民国，作为职业编辑，参加什么样的社团，并不是衡量的尺度。

包天笑对自己被归入鸳鸯蝴蝶派一直不以为然。1960 年 7 月，他曾在香港《大公报》发表文章说，"我所不了解者，不知哪部我所写的小说是属于鸳鸯蝴蝶派"。他的作品有 100 余部,影响比较大的有《上海春秋》《海上蜃楼》《包天笑小说集》,译作《空谷兰》《馨儿就学记》,以及晚年的《且楼随笔》和《钏影楼回忆录》,确乎没有多少鸳鸯蝴蝶派的色彩。

包天笑的作品,最初是文言体,但也倡导白话文。他在有关发刊词里说,"盖文学进化之轨道,必由古语之文学变而为俗语之文学"。因此,他在青年时代就编辑《苏州白话报》。

1915 年至 1917 年,包天笑在兼职主编文明书局出版的《小说大观》和《小说画报》,这是他的小说编辑顶峰期,也是他被新文学作家瞄准批评的时候。《小说大观》和《小说画报》要比《小说时报》规模影响更大。

1935 年,成舍我在上海创办新型小报《立报》。包天笑一度接编了张恨水主编的副刊《花果山》。以后逐步淡出副刊界,但作为一代重要报人,依然活跃于社会。1936 年,包天笑与鲁迅、郭沫若、沈雁冰等一起签署了《文艺界同人为团结御侮与言论自由宣言》。1937 年,包天笑为《救亡日报》写稿和组稿,为抗战作出了自己的贡献。1949 年包天笑前往台湾。1950 年定居香港,出版了作品《且楼随笔》《钏影楼回忆录》等。

3. 严独鹤与《新闻报·快活林》

辛亥革命前后，上海最有影响的私营报纸，除了《时报》，还有《申报》和《新闻报》。

1893年2月，《新闻报》创刊，《新闻报》是由英国商人丹福士出面，中国商人张叔和为主要出资人的英商中文报纸。1899年，由美国商人福开森购买，聘请汪汉溪及其子汪伯奇先后担任总经理，金煦生、姚伯欣等为总编辑，标榜"无党无偏"。辛亥革命后以经济商务报道为主，在全国首设通信网络，商业新闻覆盖面比较广。1916年，上海发动抵制美货运动，该报一度转为香港注册，正式改为美国公司经营。1929年，福开森出售大部分股份，《新闻报》由接掌《申报》后的史量才接管，著名上海报人张竹平担任总经理，开始成为中国人经营的报纸，但在史量才遇害后，经营再次下滑，报道倾向也再次趋向保守并缺失底线。

八一三事变爆发，日军占领上海后，《新闻报》首先接受日军的新闻检查，并在太平洋战争爆发后直接被日军掌控，成为日军侵华的舆论阵地。抗战胜利后，《新闻报》被当作敌产接收，中央俱乐部（又称CC系）趁机控股51%，成为不挂国民党党报招牌的国民党党报。1949年5月，《新闻报》被上海军管会接管，报纸停刊。再度复刊后有《新闻晨报》《新闻午报》《新闻晚报》，归属上海《解放日报》报业集团经营管理。

《新闻报》的早期副刊是《庄谐丛录》，以刊登笑料为主，是典型的"报屁股"。"报屁股"的说法出自民国初年作家毕倚虹，毕倚虹是扬州仪征人，早年担任过清廷的兵部郎中，受命赶往驻爪哇领事馆途中遭遇辛亥革命爆发，滞留上海，以他夫人的名义向《妇女时报》投稿，结识了《妇女时报》主编包天笑，在包天笑的协助下进入报界。他参与的报纸除了《时报》之外，都是《银灯》《小时报》《上海夜报》之类的小报，但在小说创作领域里作品甚多。主要有被誉为"《孽海花》第二"的《人间地狱》，以及《黑暗上海》《十年回首》《名流牙慧》《金屋啼痕》《七个自杀的妇人》等，颇有"黑幕小说"的一些色彩。他也在报纸上发表《光绪宫词》一类的旧体诗，不能完全视之为鸳鸯蝴蝶派作家。在他的眼里，那时的报纸副刊只配称为"报屁股"，可以由此推知一般读者对副刊的印象。

《庄谐丛录》一开始是专门刊登南社诗词的旬刊，后来专刊登笑料，由张丹斧编辑。张丹斧，原名张宸，又名张延礼，亦署丹翁，是江苏仪征人，也是南社成员，著述虽然不少，但主要是游戏文章和打油诗一类的文字，因此他编辑的《庄谐丛录》被称为"报屁股"，也是事属必然。这样的副刊无助于报纸发行，饱受读者诟病。

1914 年 8 月，《新闻报》改聘严独鹤为笔政，他对《庄谐丛录》进行版面革新，并改名为《快活林》，成为上海报纸中著名的副刊之一。张丹斧离开《新闻报》，先后转入《繁华报》《大共和日报》《神州日报》。《神州日报》有一张随报附送的报纸《晶报》，于 1919 年 3 月 3 日独立发行，由三日刊改为日刊，由余大雄主持，张丹斧任主编。《晶报》以广告、社会新闻和通俗文艺为主，兼时事评论，主要作者有袁克文、周瘦鹃、包天笑等。郭沫若流亡日本时，也就甲骨文问题与之有稿件往来，与当时风行上海滩的《金刚钻》《福尔摩斯》《罗宾汉》并称为小报界的"四大金刚"。

严独鹤在《新闻报》改版副刊栏目设置，除小说连载和编者谈话外，还有"谐著""小说""笔记""漫画一幅"等栏目。他曾经归纳了新的办刊思路，其一曰新旧折中，其二曰雅俗合参，其三曰不事攻讦，其四曰不涉秽亵。他最重视的是"谈话"一栏，看似望天说地，实则绵里藏针。"谐著"里也有不少游戏文章和小品文字。

《快活林》又更名为《新园林》。《新闻报》副刊二次改名，看似平淡无奇，其实折射出中日战争对其办刊宗旨的影响。严独鹤从总体上也属于海派文化人，在一个时期里，他同周瘦鹃同时分别主持《快活林》和《自由谈》，时谓"一鹤一鹃",声名鹊起,但严独鹤有自己独特的办刊方针,讲求趣味性、知识性和通俗性统一。他是上海同期大报中编辑副刊时间最长的一位资深编辑。许多文化界的纠葛和派系矛盾也多由他来协调化解,最典型的例子就是缓和成舍我与《九尾龟》作者张春帆在《神州日报》和《民国日报》之间的一场论争。他或许给人"和事佬"的印象,但在事关民族气节的问题面前,体现了中国文化人的职业操守。

1931年,他参加了抗日同志集会,并在《快活林》里设置"祖国之声"专栏。1938年,日军进攻上海,他提出国难当头无快乐可言,不仅继续投身抗日宣传,而且将《快活林》主动改为《新园林》。在日伪时期,他虽然身陷"孤岛",但也尽可能地发表一些犀利的文章,面对日伪特务寄来的子弹和恐吓信,他泰然处之,没有被日本宪兵队的三次传讯所吓退。1941年,日军和汪伪政权接管了《新闻报》,他拒绝留聘,毅然辞职。后来,转办中学,但办学受到干扰,原因是拒不向当局登记而愤然关闭了学校。他宁肯没有生活收入,赋闲在家清贫度日,也不向当局屈服,体现了爱国报人的民族气节。

抗战胜利后,他再次回到《新闻报》主编《新园林》,其间也发表了一些抨击国民政府腐败的谈话言论。此时《新闻报》已经被接收为国民党党产,他的这些言论出现在《新闻报》副刊上,是十分难能可贵的。因此,对于这样一位生活和工作在特定历史时期的报纸副刊编辑和他编辑的《快活林》和《新园林》,人们并不能望文生义,简单地归入休闲报人的软性"大筐"里。他率先在《快活林》里连载向恺然(平江不肖生)的《江湖奇侠传》,从而引发武侠小说热和由《江湖奇侠传》改编电影《火烧红莲寺》引发的火烧热。不能因为他参与电影皇后评选活动,远赴北平亲自组稿张恨水的《啼笑因缘》,在《快活林》独家连载,而他自己写作的《人海梦》也在《礼拜六》杂志上连载,就将严独鹤归入"鸳鸯蝴蝶派"主要推波助澜者的编辑阵营中去。

《红杂志》创刊于上海,编辑主任也是严独鹤,主要撰稿人是程瞻庐、徐卓呆、范烟桥、胡寄尘、何海鸣等,似乎都是清一色的鸳鸯蝴蝶派作家群。1924年,《红杂志》连续出版至第100期后改组为《红玫瑰》而停刊。对于言情小说的迁延发生过重大影响，这也是特定时期言情小说写作的余波和返照，并不能脱离上海商业文化的特定环境。1929 年，严独鹤在中山公园"来今雨轩"向张恨水当面约稿，催生了《啼笑因缘》。将《啼笑因缘》归入鸳鸯蝴蝶派作品行列，本身就有简单的标签化倾向，《啼笑因缘》刊登在《快活林》第一日起，便引起了无数读者的欢迎，其实这是文坛的一件大事，由此引出中国的第一部彩色电影，也是中国电影史上重要的一笔。上海商会举办了电影皇后的评选活动，以及胡蝶当选中国的第一位"电影皇后"，与严独鹤的帮助不无关系。但《快活林》着眼于各种电影评选活动就此展开，这也是报纸副刊的重要贡献。严独鹤思想开放、思路开阔。早在1914 年，他开始主编《新闻报》副刊时，就曾发起成立上海各界航空救国奖。报纸副刊适度介入社会文化活动，也是从严独鹤开始的，他是一位思想活跃的副刊编辑，也很懂得如何与社会互动，是一位推动社会文化公益活动的著名报人。

《快活林》和《新园林》的最大亮点是严独鹤的"随感"与"谈话"，这其实也是副刊编辑与社会和读者互动的主要方式。由于这种"随感"与"谈话"每天都会同读者见面，副刊也就成为公众的园地而非一些特定人群的沙龙，这无论对旧式报纸副刊的评价，抑或是对今天报纸副刊编辑的启示都是有意义的。

严独鹤的"谈话"多者七百字，少者二三百字。例如，1918 年徐世昌就任大总统，他在当日的"谈话"中评说徐世昌，"徐娘半推半就之姿态，未必能博得人又惊又爱也"，如此大胆品论时政，获得读者好评。连那位为了自身商业利益主张"不偏不党"为办报方针的老板福开森，也从北京写信，认为这是一次有益的尝试。严独鹤的"谈话"更多的是颇接地气的市井话题。这种不拘形式的谈话数量达到上万条，是一种活的社会史料。严独鹤的"谈话"栏目也有许多来自市井和社会底层的声音，因为选登的漫画时常"犯禁"而导致作者被拘押，但他没有就此打住。严独鹤的"谈话"影响力之大，可以从轰动一时的严独鹤"遇刺案"中隐约看出，这桩发生在电梯里的锉刀刺案很离奇。事后审理的结果，既非严独鹤"犯禁"，又非仇家所为，而是一位《快活林》的金姓青年读者所为。行刺的理由是因为严独鹤的"谈话"会"勾魂",有"妖术"。侦探小说家程小青也预闻此事,认为这位青年读者或有间歇性精神失常的问题,但比较轻微。一场锉刀刺案过去了,但似乎也能借此判断,严独鹤的"谈话"对社会产生的影响是巨大的。

他在晚年论及副刊的"谈话"栏目时说,"论副刊的性质,简直是兼容并包,要注意到世界、国家、社会、家庭、个人各方面,从大事以至小事,随时有讨论的题材,要着眼于政治、经济、文化、教育、科技、艺术各部门,从正面以及侧面随处有写述的资料"。

严独鹤编辑副刊的独到之处不仅在于"谈话"言论,还在于以下几个"不一般":第一,一人主编一人编辑,并不需要助手,凡事亲力亲为;第二,一份副刊一编就编了30余年,如果不是被日军侵华战争打断,很可能就是大半辈子,半生精力倾注于一种副刊的编辑,这确乎少见;第三,除了每天必不可少的"谈话",很少在自己主编的副刊上刊登自己的作品,而是在组织稿件上下功夫。

严独鹤编辑的《快活林》注重趣味性、知识性和通俗性,总体上表现出平实醇正的风格,但不时会出现轰动效应。尤其在连载和多类型小说体裁的选择上,一直追求"第一个":第一个开创武侠小说的连载;第一个开创侦探悬疑小说的连载;第一个连续在副刊刊登漫画;第一个约请北派小说家张恨水写作《啼笑因缘》,使言情小说开始走出历史时代局限造成的一些文化阴影;第一个参与举办社会文化活动,如"电影影后评选"和"航空救国奖"等宣传活动;第一个在20世纪30年代与左翼电影人洪深联合创办电影讲习班,出自这个电影讲习班的明星就有胡蝶。这些"第一个",都不同程度地引起一些文化思潮和创新文化现象,多方面影响到当时的报纸副刊编辑走向,影响到社会文化的多个领域,也首创了开放式办刊的副刊编辑路径。

从小说连载来看,现代武侠小说从向恺然开始,而现代武侠小说的进步和成熟,却从严独鹤主编的《快活林》开始,向恺然和他的《江湖奇侠传》是严独鹤编辑协助完成的。

侦探小说家程小青的第一篇侦探小说《灯光人影》,也首先发表在《快活林》上。20 世纪 20 年代至 40 年代，程小青曾经被称为中国的柯南·道尔或者福尔摩斯。写作《灯光人影》的时候，程小青只有 21 岁。程小青生于上海，自幼家贫但喜欢文学写作，在研读中接触并翻译《福尔摩斯侦探全集》，对侦破小说产生了浓厚兴趣。他在上海亨得利钟表店当学徒的时候，就开始练习有关构思和写作，创作了侦探霍桑的角色，连续发表霍桑探案小说，并由此出名。他一度应聘到苏州东吴附中任教，并继续从事侦探小说创作研究。上海沦陷时期，他在上海主办过一份《橄榄》杂志，因为题材特殊，也就存下来。在主编《橄榄》杂志时，为了避开日伪特务的纠缠，曾经三迁住所并改名程辉斋，上海光复后又重操旧业，主编了《新侦探》杂志，是一位典型的自学成才的通俗小说家。

程小青还是一位作品众多的电影剧作家，在 20 世纪 30 年代编剧作品有 30 余部，影响比较大的作品有《雨夜枪声》《梅妃》《董小宛》《血手印》，并不完全限于侦探题材。中华人民共和国成立后，因为侦探小说也同武侠小说一样被打入"冷宫"，程小青暂别写作，移居苏州。1956 年，程小青再度开始创作，但故事主角从旧式侦探更多地变为公安干警，为侦探小说的创新发展探求新的道路。程小青曾经担任过江苏省政协委员，但在"文化大革命"期间与范烟桥、周瘦鹃一道被批判。1976 年，程小青病逝于苏州。改革开放后，他的《霍桑探案集》再度引起关注，重新出版。程小青还是《福尔摩斯侦探全集》的最早翻译者，并与其他欧美侦探翻译小说行世。程小青的发现和培养与严独鹤是分不开的。

20 世纪 30 年代初期，《啼笑因缘》红遍大江南北，同样与严独鹤慧眼识珠有着更直接的关系。《快活林》并不缺乏稿件，南北作家的门户之见和约稿惯性，也不需要舍近求远，但严独鹤打破惯例，长途跋涉到已经成为故都的北平，登门向张恨水约稿。据有关回忆资料，张恨水当时每天携带纸笔，准时在"来今雨轩"与严独鹤交谈构思。作为约稿编辑，《啼笑因缘》的创作和连载发表，时隔只有半年多时间，在当时交通不便的条件下，完全可以想到严独鹤下了多少案头功夫。

严独鹤生于 1889 年，逝于 1968 年，名桢，字子材，别号知我、槟芳馆主，独鹤是其行世笔名，其他笔名有老卒、晚晴，他是浙江桐乡乌镇人。著有长篇小说《人海梦》《严独鹤小说集》和电影剧本数部。严独鹤15岁时中秀才，后来进入江南制造局所属兵工学校，受到近现代教育的熏陶，学习了英文和法文。他因丧父离校就业，先后在上海南区小学和江西上饶广信中学任教，辛亥革命后回到上海，在一家兵工学校任文牍员。1913年，他进中华书局任英文部编辑，并开始了文学创作活动。1914年，严独鹤进入《新闻报》主编《快活林》。严独鹤因拒绝日伪接管的《新闻报》留聘，辞职赋闲。后回到《新闻报》，依旧在"谈话""随笔"栏目里抨击美军在华暴行。上海解放后，严独鹤担任过上海市报界联合图书馆副馆长、上海图书馆副馆长。曾经被选举为上海市第一届至第五届人民代表大会代表和担任全国政协第三、四届委员。乌镇建有严独鹤图书馆，无疑与他后来的图书馆工作经历有关，也是对这位杰出副刊编辑的一种最好的纪念。

4. 陈蝶仙与《申报》副刊

　　辛亥革命前后，陈蝶仙是著名副刊编辑，虽然他的副刊编辑时间并不长，但地位特殊，因为他既是鸳鸯蝴蝶派的最重要的写作人，也是其中一位推手，他写作的作品数量不是最多，但影响较大也极具文字上的代表性。鸳鸯蝴蝶派是一个历史文学现象，而并非是一种典型的文学流派。如果说在辛亥革命之后与五四新文化运动之前，鸳鸯蝴蝶派作品出现过反封建的一面，代表着维新文学的一个回流水湾，可以从中透视出封建时代的大厦将倾，那么这个维新文学的回流水湾一旦与文学商业化的水流合流，也就会出现更多更大的沉渣。在这个过程中，颇有写作才干的陈蝶仙显然起了推波助澜的作用。或者说，他与鸳鸯蝴蝶派较早的代表性作家徐枕亚之间的区别，并不在于徐枕亚用骈文写作而后者用白话文写作，或者有些鸳鸯蝴蝶派作家尚有自己的生活经历感受作为创作来源。而陈蝶仙在《申报·自由谈》发表的《鸳鸯血》《黄金祟》和《玉田恨史》，以及他主持《自由谈》时编发的这一类作品，大多是技巧颇高的无病呻吟之作。《自由谈》的编辑衍化过程本身就复杂多变，陈蝶仙担任编辑，使《自由谈》在一个阶段里成为鸳鸯蝴蝶派的主要阵地，也是一面旗帜。鸳鸯蝴蝶派的许多作家和作品在这面旗帜下开始集结，在辛亥革命前后形成了不小的一股文学流。

　　但也要看到，在当时与后来对鸳鸯蝴蝶派小说的批评里，有很多时候只是局限在简单轻视的基础上，一言以蔽之为"恶趣味"，并没有看到它的历史两面性和后来有意无意地自我矫正，也缺少对文化和文学大众传播阅读市场的全面分析。一直到鲁迅先生的《上海文艺之一瞥》一文发表，才指出了问题的要害，那就是文学的过度商业化，不仅会造成鸳鸯蝴蝶派小说的泛滥，甚至还会出现很多近于文字勒索的"黑幕小说"。

陈蝶仙是晚清至民国初的著名作家和知名报人，有着复杂的家世背景和情史，后来又有由文人商的传奇经历。他的文字才能为世人称道，曾经被南社著名诗人戚饭牛称赞为："世界之艺共一尺，陈蝶仙独得七寸，乃子小蝶，可有一寸，余二寸万万人均分之。"话虽说得很夸张，但也可见他的文字功底非同一般。

陈蝶仙，1879 年 7 月生于杭州，本名陈寿嵩，字昆叔，在兄弟之中排行第三。因为是庶出，生母戴氏又比较严厉，因此在感情上与其行医的父亲陈福元的正妻王氏更亲近一些。这位王氏夫人喜欢读小说听评弹，是那个时代的文艺女青年，也是陈蝶仙写小说和听评弹的启蒙老师。尤其是《红楼梦》，是王氏夫人的常读常谈之书，也是陈蝶仙读私塾之外最重要的启蒙读物，直接影响到他前半生的写作。

陈蝶仙少年成名，12 岁时，他就刊印了习作《惜红精舍诗》，可见其感情比较早熟。因为这本诗集，陈蝶仙博得神童的名声，被后来一些文人视为"西泠三家"之一。14 岁时，他又写了长篇弹词《桃花影》，是一部深受旧式弹词影响之作。19 岁时，他又写出长篇言情小说《泪珠缘》，因此轰动一时，并开始进入他的言情小说写作高峰期。《泪珠缘》以秦家为虚构背景，其实有着源自对《红楼梦》中秦可卿身世的想象和敷衍。据陈蝶仙自道，是不满足于《红楼梦》的布局与结局缺憾，想要另起炉灶，虽出语颇狂但也有初出茅庐的一股锐气。他说，这篇小说是他在病中完成的，是一部消遣之作。从他当时的身体状况来看，大体是可信的。对于《泪珠缘》，自然也不能以其自况补《红楼梦》之不足去简单地看待，也有学者研究过《泪珠缘》的人物结构，《红楼梦》中的人物有 421 人出场，《泪珠缘》居然有 523 人出场，陈蝶仙小小年纪能够组织和把握这样的大场景和众多的人物关系，确实说明他是个编故事的"大能手"。

陈蝶仙的写作范围其实很广泛，举凡当时的市井文学和传统文学各种样式都有涉及，除了小说、弹词，旧式诗词曲和戏剧，甚至林纾式的译文小说。据统计，陈蝶仙的作品多达 73 种，字数 300 余万字，但写作字数 300 余万字恐怕是打不住的。因为仅《泪珠缘》一书，屡经扩充，最后达到了 500 万字的超长规模，只能说他的作品很多。陈蝶仙笔名颇多，而且根据不同文体署名。例如，用"惜红生"专门署诗，"天虚我生"则是言情小说的专用笔名，"蝶仙"一名署情诗，"太常蝴蝶"则是林纾式译作的专用名。他还尝试过写作谴责小说《新官场现形记》，但半途而废，因此在写作上方向虽多，终究有些找不到目标，而这一切又与其对时代对自我的认识局限有关。

陈蝶仙曾经参加过两次科举考试，但连秀才的功名也没有得到。1898 年陈蝶仙完成《泪珠缘》之后，遵照母命按照一般人家的谋生出路开始进入生意场。先进入上海海关谋事，后来自己做生意，但都没有成功。22 岁他回到杭州，又先后创办了经营文具和石印的小店，但也亏损严重。此前曾在上海办了一本《著作林》杂志，广告文字与名人传记文字混搭，后无疾而终。这段经商经历为他日后转文为商奠定了基础，也使他成为一个"多面人"。

生意失败，写作又非谋生手段，百感交集的陈蝶仙改名陈栩，并自号"天虚我生"。栩者，据他自解是其栩如椿树，材虽大不可用，与"天虚我生"实为同一种意思。但改名为栩，其实还有对庄子哲学的一种自嘲，也是对"蝶仙"笔名的一种不放弃。在这样的心境下，他先是加入遂昌县县长的文友朱兆蓉的幕府中混事，但心思并不安分。曾经设想在生意上独辟蹊径，用乌贼鱼骨制造牙粉，因无法得到上司支持筹得资金而作罢。他的乌贼鱼骨试验项目，也为日后他成为中国的牙粉大王埋下了线索。

一事无成的陈蝶仙，从浙江的遂昌县回到上海，再次凭着当年写作《泪珠缘》的名声，为王钝根主持的《自由谈》写作连载小说，先后发表了《鸳鸯血》《黄金崇》和《玉田恨史》，公开举起鸳鸯蝴蝶派的大旗，并成为当时鸳鸯蝴蝶派的灵魂人物。如果说他的《泪珠缘》是一部有感于《红楼梦》书写人生缺憾的无病呻吟之作，这个时期的言情小说，倒多少有些自身感情生活的感慨。在此之前，陈蝶仙有过两次感情波折，据说心仪的对象，一位是其嫡母王氏的亲戚顾影怜，曾经教给他如何写诗，比他年龄大却在辈分上小一辈，因此无法结合。另一位是邻家女子，家庭比较富有而其母贪财，也是有缘无分，两人不能结合。这或许是陈蝶仙为了作品宣传编出的段子，也是对当时社会婚姻生活极度不自由的一种普遍情绪之反应。

《自由谈》在旧式文人王钝根主持下，曾与包天笑为主编的《余兴》分庭抗礼，主要的作家是李定夷、徐了青、嘉定二我、陈蝶仙等一些比较典型的鸳鸯蝴蝶派文人。但这位王钝根也有自己的编辑建树，那就是首开副刊文章付酬制度，并由此出现了职业作家的概念。在此之前，文人在副刊发表作品，形同广告优惠，概不取值也概不取酬。王钝根开创了为作者付稿费的先例，投稿者也就很快增加。陈蝶仙终于找到了卖文为生的路子，《自由谈》自然也就成为出卖鸳鸯蝴蝶派故事的纸面商店。一位鸳鸯蝴蝶派作家徐了青曾经评论此事说："钝根先生以一纸《自由谈》，使多少文人尽作痴子以求自省其笔墨，是先生之名虽钝，而天下之乖固莫乖于先生矣。"大体上反映了那时《自由谈》在鸳鸯蝴蝶派中的重要影响。

王钝根辞任《自由谈》主编，由陈蝶仙接手。陈蝶仙接编《自由谈》的时间虽然只有一年多，但因为陈蝶仙在鸳鸯蝴蝶派中的影响已经确立，也就使再次革新前的《自由谈》，成为鸳鸯蝴蝶派的主要推手。

周瘦鹃后来也担任过《自由谈》的编辑，但主要精力倾注在《紫罗兰》杂志和小品写作编辑上。周瘦鹃接手后的《自由谈》似乎更多成为"游戏文章新著作，劳形案牍小春秋"的汇聚版面。之所以如此，一方面是时代风气使然，另一方面是文字商业化推动，主流题材的若干变化，在版面构成上并没有减少小品写作与言情小说连载为主的连带关系。大约也是这个原因，不管是先来者还是后到者，统统被新文学家们打入鸳鸯蝴蝶派的另册，周瘦鹃自然也免不了受到直接牵连。周瘦鹃写作和编发了许多同样题材的小说，但他作为小品作家的名声更大些，与他处于类似状态的作家还有郑逸梅，只是后者更多偏于史料钩沉与掌故。这样看来，所谓鸳鸯蝴蝶派的含义，在许多方面有扩大的倾向，甚至把趣味问题、爱情问题和格调问题也搅和了进来，只要不是怒目金刚式的战斗作品，就免不了归入鸳鸯蝴蝶派。以至于后来发展到将《啼笑因缘》和《秋海棠》都被视为鸳鸯蝴蝶派的遗子，并把爱情题材与鸳鸯蝴蝶派完全等同，从而进一步扩大了其存在的问题。

陈蝶仙正式接手《自由谈》，是鸳鸯蝴蝶派进入鼎盛时期但又面临新文化运动爆发的前夜。它的繁盛，既反映了鸳鸯蝴蝶派作品最后的横流，也反映了泛滥中的沉淀。一方面，《自由谈》在陈蝶仙手里鸳鸯蝴蝶乱飞，其状态可从那时作者的流行笔名中看出，一些写作者对当时市民文学趣味潮流一味迎合；另一方面，这样的报纸副刊又在同质化和恶质化的无可挽回的走向里难以持续。在新文化运动爆发的前夜，同时也在商业大潮由远及近的涛声里，有着浓厚商业情结的陈蝶仙，也开始在厌倦中离开了使他在经济上小有斩获的《自由谈》副刊，提前投入了正在扑面而来的商业大潮。

其实，鸳鸯蝴蝶派更多的是一种历史文化现象。对它的批判和评价究竟如何更科学一些，很早就有一些认知上的差别，但焦点主要体现在两个方面：其一是能不能以"恶趣味"的简单标签来标示所有的鸳鸯蝴蝶派作品；其二是用白话写作还是文言写作是不是文学革命最主要的分界。在这方面，施蛰存的观点具有典型性，他是比较全面地为鸳鸯蝴蝶派小说辩护的重要学者和翻译家。至少辩护了两次：一次在20世纪30年代，一次在20世纪90年代。他在1990年出版的《中国近代文学大系·翻译文学集一》的导言里提出，鸳鸯蝴蝶派对白话文语法结构的统一形成起了重要作用。特别是在既翻译又创作的作家那里，这一种白话文体的转变，是悄悄地进行的。后来的鸳鸯蝴蝶派小说属于白话，这是事实，但这也是很多涉及鸳鸯蝴蝶派作家共同的辩词，似乎这样一讲，也就与新文化白话运动相一致了，但叙事形式和内容表达显然是两码事，因此并不能获得圆满成功。1936年，施蛰存在《鬼话》一文里，曾经与蒲松龄的《聊斋志异》对比，讲到"人趣"与"鬼趣"带来观感区别，意在不可谈趣色变，但这似乎同样没有多少辩解力量，因为虽然有共同趣味，但趣味也有高低的不同。蒲松龄的《聊斋志异》与鸳鸯蝴蝶派似乎没有可比性。

也有论者认为，施蛰存之所以为鸳鸯蝴蝶派辩护，缘于他在20世纪30年代之前就是鸳鸯蝴蝶派中的一员，他参加杭州的兰社和苏州的星社，成员之间有些同气相求。但事情未必这样去看，人是发展的，创作思想的演变更是如此，当年的兰社成员还有戴望舒和张天翼，谁又能说他们就一定是鸳鸯蝴蝶派？许多作家的创作都有自身的转变期，这也是一条规律。为什么许多人常悔少年幼稚，那并不完全是自谦。

那么究竟如何去评价鸳鸯蝴蝶派呢？应当说，辛亥革命前后的一段时间里，文学创作处于一个相对的空白期，新的文学理念尚未成熟，旧的写作理念依然强势存在。普遍出现的报纸副刊版面又需要大量的副刊文字来填充，文言小说和传统旧体诗既是彼时消闲文人的主要写作形式，也是副刊编辑的唯一选择；加上副刊文字的编辑者多半也是从旧式文人蜕变而来的，他们或者老章程依旧，或者寻找一些可以猎奇的东西来争取副刊地位的改善。而鸳鸯蝴蝶派小说的出现，无疑会刺激报纸发行量，满足编辑的商业要求。

一个典型的例子就是当时的出版大王平襟亚，他是现代盗版者之祖，以长篇小说《人海潮》成名，但也以书贾扬名于上海滩。曾经盗印过包括鲁迅、郭沫若、茅盾在内的20多位新文学作家的作品，被施蛰存称为出版业的"霸才"和"枭雄"。他的堂侄是著名小说家琼瑶的丈夫平鑫涛，后来也成为台湾有名的出版家。

平襟亚到上海，首先与鸳鸯蝴蝶派小说家朱鸳雏、吴虞公联手，专门写作"骂人百法"之类的文章和媚世之文，包括假冒少女的征婚广告等，自然不会放过鸳鸯蝴蝶派小说写作的机会。他们拿到一本《三十六女侠》，也就编出一本《七十二女侠》。平襟亚还是"黑幕小说"的推手，一部《中国恶讼师》，一上市就被一售而空，连出四集，赢利3万块大洋，从此成为共和书局的主管。共和书局出版的《开心报》，刊登言情小说家王小逸作品，还有与秋瑾并称为"女子双侠"的吕碧城的作品。平襟亚以"网蛛生"为笔名出版了长篇小说《人海潮》，轰动一时，赢利10万块大洋。在此前，他经朱鸳雏介绍，结识了在中华书局当编辑的刘半农，刘半农是在赴欧留学前的送行宴会上偶遇平襟亚，在宴席中以鸳鸯蝴蝶组句为戏，刘半农说到《玉梨魂》是鸳鸯蝴蝶派小说，从此流传开来，也就一语定论。刘半农后来也曾被称为鸳鸯蝴蝶派，大约也是出于这个经典桥段，平襟亚的出版活动也就更多地同鸳鸯蝴蝶派出版物联系在了一起。

平襟亚精于商业，什么能赚钱就出版什么。他虽然也写过一些讽刺现实的文章，后来在《海上两富孀》中对汪伪特务头子李士群夫人的挖苦，又因为他经营的中央书店里有反日书籍而被日本宪兵拘留 28 天，罚了巨款而一蹶不振，他创办的《万象》也停刊了，但他在出版界掀起的商业潮始终是鸳鸯蝴蝶派一类小说迁延不断的一个外动力。他在晚年也自责："自己做了乌鸦，毛羽绝对不会生白的。"

在这种商业化环境中，言情小说作为一种可以连载的文学体裁和吸引读者眼球来刺激报纸发行量的副刊内容也是大行其道，成为副刊的新宠，争相刊载成为副刊的主打文字样式。言情小说自然也不是突然创作出来的，明清以来的话本和戏文中原本就有类似的内容，但多数的立意在于劝诫，也有着"才子佳人终成眷属""大团圆"的一般结局。而所谓鸳鸯蝴蝶派言情小说的不同之处有二：一在于写作者从市井说书人提升为童生秀才以上的读书人，从听闲书变成了看正本；二在于从喜剧故事变成了悲剧故事。这两个非同一般的变化意味着什么呢？意味着小说地位的上升，也意味着读者营垒里出现了对封建纲常伦理的某种控诉和软弱的批判。这些小说并非一点社会认识意义也没有，更不可提言情而色变。因此，一方面可以将其看作是特定时期爱情题材文学的表达；另一方面又要看到其中的软弱和消极，但真正的问题在于泛滥和模式化。

通常说来，鸳鸯蝴蝶派的概念是刘半农首先提出的，但"鸳鸯蝴蝶派"一词其实是始作俑者夫子自道的构思模式。"卅六鸳鸯同命鸟，一双蝴蝶可怜虫"最早见于魏子安的狭邪小说《花月痕》，此后被鸳鸯蝴蝶派小说家在作品中反复引用而被视为经典，因此也就成为一种自我概括。魏子安是清末福建侯官人，名魏秀仁，号眠鹤主人、眠鹤道人、咄咄道人、不悔道人等。他还有另一首有名的《花月痕》词，其诗为七律："多情自古空余恨，好梦由来最易醒。岂是拈花难解脱，可怜飞絮太飘零。香巢乍结鸳鸯社，新句犹书翡翠屏。不为别离已肠断，泪痕也满旧衫青。"《花月痕》词更能准确地反映相类似小说的故事情节、发展脉络和结构模式。因此，要说徐枕亚的《玉梨魂》和李涵秋的《广陵潮》是鸳鸯蝴蝶派的源头，不如说魏子安和他的《花月痕》才是始作俑者。

五四新文化运动尤其是新文学的兴起中，鲁迅将《花月痕》定位为狭邪小说，五四健将们把鸳鸯蝴蝶派作为重要的批判对象之一是有道理的。但他们主要的着眼点不仅在于初期的鸳鸯蝴蝶派小说是古文写作的最后堡垒，也在于他们与急速变化的时代不合拍，带有另类的沉溺于遗老遗少之间挥之不去的人生情结。

鸳鸯蝴蝶派作品集中刊登在《礼拜六》上，这个作者群也被称为"礼拜六派"。此类作者群集中出现在辛亥革命之后的报纸副刊上，陈蝶仙只是一个气场强大的推手。他似乎从来没有为此辩解过，他只是一个文字技术派，用作品来说话，并不管什么理论正误。因此，这是中国小说创作发展的一个回水湾。从正面来讲，它是清末民初伴随商业都会兴起过程中承袭中国古典市井文学传统的变形流派，必然带有母体输入的脐血。从反面来讲，却又同"革命文学"和"平民文学"的诞生发生激烈的冲突。包天笑一再强调的"提倡新政制、保守旧道德"，可以视为他对鸳鸯蝴蝶派的最高创作理论境界的要求。

作为个案，我们要写什么？或许会道人所未道，但不断地复制，发展到泛滥成灾，也会大倒读者胃口，这是商业化对文学的扭曲。借助近代报刊大众传播功能，同一种类型文学到处流散，最终会使自身脱离正在兴起的文化主流，自觉不自觉地成为新的或旧的文学对立面。

从这个角度看，陈蝶仙显然摆脱不了鸳鸯蝴蝶派一代领风者的评价，但他本人也不是文学商业化的最终推手。他或者还看不起文学刊物给他带来的名利，他只是报纸副刊的一个"打工者"，是一台应时出现的写作机器和编辑机器。他并不完全安于此道，能够华丽转身离开，转入弃文从商的实业家生活状态，并且一直没有回头，也是值得我们敬佩的。

五四新文化运动高潮时，陈蝶仙离开了《自由谈》，转而成为上海新一代日用消费品的制造和经营"大王"。1918 年 5 月，他组建了由自己控股 80% 的公司，股本 2500 块大洋，在合伙人李新甫的协助下，改换早年制作牙粉的技术思路，用卤水提炼硫酸镁，生产出畅销一时的"无敌牌"牙粉。

陈蝶仙对化工产生兴趣，其实与年轻时开办的一家公司有直接关系。那时，他就建有一间小小的化学实验室，曾经向一位日本化学家学习化学知识，也曾经与另一位毕业于东吴大学理化科的作家吴觉迷一同研制过一种冻疮膏，并试制成功。因此，当他再次转向牙粉产品的研制，同样是不奇怪的。他的"无敌牌"牙粉生产成本只比当时进口日本同类产品"金刚牌"牙粉价格的一半，再加上五四运动爆发，抵制日货声浪大起，"无敌牌"牙粉也就成为最有代表性的国货，畅销于国内市场。

陈蝶仙虽成功于商，但也败于商。他的产业最鼎盛时产品达到400余种，从日用化工产品到饭店，无不投资经营，由于资金链紧绷，投资房地产失误，也就失去了继续发展的势头。这显然又同他的文人性情有关——善于想象，但又失之于想象。他的悲催在于钟情于蝶，但又落败于蝶，真有点庄周化蝶，不知周是蝶，抑或蝶是周。

1937年全面抗战爆发，陈蝶仙的上海化工总厂和无锡造纸厂先后毁于日机轰炸，只得转到成都大后方，但此时他已经无力再次实现商业计划，精力更多地投入到实业发展咨询业务。陈蝶仙毕竟是一位拿得起放得下的人物，晚年依然勤于工作，一天工作十四五个小时，并在成都开办了一家纸厂，一定程度上缓解了大后方的纸荒。这个纸厂位于他为之取名的蝶庄。1940年，陈蝶仙逝世于蝶庄，寄埋于蝶庄，享年61岁。他的夫人朱恕也是一代女词人，在1944年殁于成都。抗战胜利后，其后人按照他们的遗嘱，一并东归故里桃源岭。

陈蝶仙在报纸副刊的编辑发展中是个异数，在中国文学史上和实业发展史上，也是个异数。成功与失败只有蝶仙自知，作为一位著名言情小说作家和近代实业家，他带给我们的历史思考是多方面的。

5. 俞颂华、李石岑与《时事新报·学灯》

《学灯》是五四运动时期著名的综合性副刊，更偏重于哲学、社会学科和文化教育理论研究。这个由《时事新报》设立的副刊，可以说是面孔变化最多，断续刊出时间最长，同时也是五四新文化运动中最早诞生的文化副刊。1918 年初，《学灯》创刊，一开始是每周一期，5 月起改为每周两期，1918年底改为每周三期。1919 年初改为每周六期，到了年底逐日刊出。但 1928年 4 月一度改刊名为《学灯教育界消息》，但时间不长。

在文艺报道问题上，《时事新报》五四运动前的面目比较灰暗。1916 年，曾经开辟过"上海黑幕"专栏，专门刊登黑幕小说，汇集了《中国黑幕大观》，被社会舆论批评为"犯罪教科书"。五四运动发生后，情况有所变化，报纸引进一批比较年轻的留日学生担任编辑记者，《学灯》也就在这样的背景下创刊了。《学灯》的编辑方针在不同编辑者手里和在不同政治社会时期有所不同，总体上摇摆不定，在创刊的头两年里比较激进，是许多进步青年理想中的新文化灯塔，但后来渐行渐远。比如，1920 年 9 月，《学灯》发起过规模较大的有关新诗歌的社会讨论，这是它散发进步文艺气息最浓的时期，但后来日渐淡薄。1925 年后索性不再刊登新文艺作品了。在政治理论上，《学灯》引进了马克思主义学说，在客观上为中国共产党建党做了理论准备，但在第一次国内革命战争时期又公开发表反对国共合作的文章。

《学灯》的复杂性和多变性来自《时事新报》本身的复杂性和多变性。《时事新报》是由《时事报》和《舆论日报》合并而成的民营报纸，而《时事报》和《舆论日报》是由汪剑秋和狄葆丰在 1907 年 12 月 5 日和 1908 年2 月29 日分别创办的。这位狄葆丰是否是《时报》创办者狄楚青（狄葆贤）

的本族还有待考证，但他们都有保皇党的历史背景。狄楚青进入报界更早也更有开拓精神，很快打开了局面，而汪剑秋和狄葆丰的《时事报》和《舆论日报》陷入经营困境，后两报合并经营。起初定名为《舆论时事报》，1911 年 5 月 18 日改名为《时事新报》，由汪诒年任总经理。辛亥革命发生后，《时事新报》成为以进步党和研究系为主要社会背景的报纸。

《学灯》的出现和巨大社会影响，令《时事新报》成为上海报坛的新秀，但随着《学灯》报纸立场的变化，优势开始消失，再度陷入经营困境。1928 年，由张竹平和汪英宾并购了《时事新报》产权，分别担任总经理和总编辑，《时事新报》成为更加商业化的报纸。《学灯》于 1929 年 5 月 16 日改为《教育界》，《学灯》因此陷入了长期停刊状态。1932 年 10 月，《学灯》复刊，改名为《星期学灯》，主要刊登书报评介、读书随笔、国内文化消息等，已经面目全非。当再次启用《时事新报·学灯》的名称时，也终究挽不回早已经形成的颓势。

1935 年，《时事新报》转为孔祥熙财团的喉舌。1937 年 2 月，《星期学灯》再次复刊，成为一种政治、哲学周刊。1937 年 11 月 26 日，《时事新报》随孔祥熙财团迁到重庆出版，经营情况一直勉强维持。1945 年 9 月 21 日回迁上海，依然回天乏术，遂于 1947 年 3 月 21 日由日报改为晚报。1949 年 5 月 27 日，《时事新报》晚报也宣布停刊，《时事新报》也就在晚景凄凉中走向终点。《时事新报》共出版了 14785 期，也算是断续出版时间较长的一份报纸。

目前，人们重点研究的《学灯》，主要是 1918 年至 1920 年的《学灯》。这是《学灯》最为光亮的时期，也是它为新文化运动作出贡献最多的时期。在此前后，《学灯》的主编也换过许多人，主要编辑者有张东荪、匡僧、郭虞裳、宗白华、李石岑、俞颂华、郑振铎、柯一岑、潘光旦、钱沧硕等，其中对刊物影响较大的是张东荪、宗白华、李石岑和俞颂华。

应当说，《学灯》的第一任编辑和初创者是张东荪。张东荪是浙江杭县人，生于 1886 年 12 月，原名张万田，曾用笔名"圣心"等，是一位政治立场和理论观点不断变化的学人。他毕业于日本东京帝国大学，是《时事新报》引进的留日学生中学历最高的一个。20 世纪 20 年代他主持《学灯》工作，主要从事哲学研究，自称为自由派哲学家，但更多时候游走于各种政治力量之间。他自称 18 岁时读《楞严经》，就开始对哲学产生了浓厚的兴趣，但又以政论家、政治家和革命家自称。他在"科玄论战"和"哲学论战"的争论中冲在台前，被认为是中国主张新唯心论的第一人，但他一生沉浮在连他自己也搞不清的主义和学说之间，因此又被很多人视为最大的机会主义者和"第三条道路"的单打独斗的鼓吹者。

他的主张比较凌乱，开办了《学灯》，但也表示随时准备撤离，去追随梁启超。在他主持《学灯》的时候，曾经批评孙中山是激进主义者，使得《时事新报》报馆差点被砸。他主张基尔特社会主义，又不同意反对资本主义，同时认为"主义无用论"。他在抗战中滞留在燕京大学，其住所一度成为中共地下党的一个联络点，并在太平洋战争爆发后被日本人送进了监狱。1934 年，他曾与张君劢共同发起国社党。1946 年他退出该党。他后来在北平和平起义中，曾经协同傅作义的谈判代表出城谈判，算是他在编辑《学灯》之外的另一个重大的历史贡献。

作为带有多变脸谱的学人，张东荪一直到晚年还略带一种怀才不遇的不平之气，他在自嘲诗中写道："书生谋国直堪笑，总为初心误鲁阳。"多变的思想和多变的心理以及多变的性格，不可避免地导致了他的曲折人生。

张东荪主编《学灯》时间不算长，但其开创《学灯》的文化功绩是应当肯定的。他在《学灯》发刊词里，提出"促进教育，灌输文化"的办刊宗旨，使《学灯》"乃为社会学子立说之地"，强调要"屏门户之见，广商权之资"。

总体来看，《学灯》在五四运动时期产生了很大的影响。它在新文化运动中虽然持自由主义的立场，一面鼓吹新学，一面又认为《新青年》言论过激，在介绍了马克思关于劳动与资本著作的同时，又刊登了许多关于无政府主义、工团主义乃至基尔特社会主义的文章，但在新文化运动的大潮里，多种思潮交流碰撞也是不奇怪的。

张东荪志不在此，很快便离开了《学灯》。但《学灯》编辑频频换人，在客观上也有助于扩大编辑视野，让《学灯》在哲学的光照之外，有了文艺观念的探讨和科学社会理论的熏染。尤其在 1918 年至 1920 年风云激荡的时期，俞颂华、宗白华以及李石岑接编了《学灯》，这个时期是《学灯》最鼎盛的时期，也是《学灯》作为进步青年良师益友最有价值的时期。俞颂华开启了《学灯》的"社会主义"征文活动，在读者中产生了一定的影响。

1919 年 4 月，俞颂华开始担任《学灯》主编，编辑思想开放，就任第三天就发起了"社会主义"征文活动，刊载了李大钊和陈望道的文章。郭沫若的《抱和儿浴博多湾中》和张闻天的处女作《梦》，都是由他亲自编发的。这一个时期的《学灯》，还介绍了托尔斯泰、屠格涅夫、契诃夫、陀思妥耶夫斯基、安徒生、莫泊桑、哈代、泰戈尔、左拉和惠特曼的作品。郭沫若的《抱和儿浴博多湾中》和《死的诱惑》白话诗首先发表在《学灯》上，沈雁冰的第一篇白话翻译小说契诃夫的《在家里》也发表在《学灯》上。周作人、康白情、叶圣陶、成仿吾、鲁迅、胡适、许地山、郁达夫、郑伯奇、冰心、徐玉诺、俞平伯、王平陵、施蛰存以及青年时代的沈泽民、张闻天等，都在《学灯》上发表过作品，因此，《学灯》在一个时期里，成为新文艺尤其是上海新文艺的主要园地。

俞颂华生于 1893 年，1947 年逝世，江苏太仓人。1915 年赴日本留学，毕业于东京法政大学，归国后任《时事新报·学灯》主编，开始了独特的新闻编辑与采访工作。他离开《学灯》后，以《时事新报》和北京《晨报》特派员的身份赴十月革命后的苏俄采访，同行者还有瞿秋白与李仲武，因此他是中国新闻界最早采访苏俄的一位新闻记者。俞颂华采访过列宁、莫洛托夫和季诺维也夫等苏俄领导人，写有《旅俄之感想与见闻》长篇通讯。1930 年，他接受史量才的邀请，主编《申报月刊》，曾经约稿于鲁迅、茅盾与巴金。1936 年，《申报月刊》改为周刊，在读者中的影响力更大，他在这一年以《申报周刊》记者身份进入陕北与延安，是国内记者中最早报道延安的一位记者。俞颂华主编《学灯》的时间不足一年，但给《学灯》留下了深刻的印记。

上海沦陷后，俞颂华抵达香港，先担任《星报》总主编，数月后到新加坡担任《星洲日报》总编辑 9 个月，因为身体欠佳返回香港，开始主编《光明报》。香港沦陷后，他辗转来到桂林，担任了《广西日报》主笔。他到衡阳前线，在衡阳时期的《大刚报》担任总编辑，并创办了该报的《星期增刊》。1945 年，《大刚报》复刊于南京，他担任了一段时间的总编辑，由于该报的人际关系和背景开始复杂起来，他于 1946 年辞去了总编辑职务。回到苏州，他拖着病体从事了一段时间的新闻教育工作。1947 年 10 月 11 日，俞颂华与世长辞。

俞颂华是一位编辑与采访都有较大成就的报人。他对《学灯》的贡献，在于理论结合实践，使《学灯》更有现实的敏感性，更加包容，也更有活力，并使《学灯》在五四运动时期成为思想与文化运动中绽放出绚丽的光彩，使其无愧于新文学运动的一盏灯。他的新闻敏感性也强于同时代的一般报人，对他的编辑采访理念与实践应当有进一步的研究。

宗白华比俞颂华稍晚进入《学灯》。他是江苏常熟虞山镇人，1897 年生于安庆，长于南京，毕业于同济大学。1919 年，宗白华参加少年中国学会并当选少年中国学会评议员，也是《少年中国》的重要撰稿人。1919 年 8 月，宗白华担任《学灯》编辑。1920 年，宗白华赴德国留学，在法兰克福大学和柏林大学学习哲学与美学等课程。1925 年，宗白华回国，成为著名的哲学家和美学家，并在南京大学和北京大学任教，著有《宗白华全集》《美学散步》等。他编辑《学灯》与俞颂华有交往，对新文学和郭沫若的新诗也比较关注。

李石岑同俞颂华、宗白华先后进入《学灯》。李石岑是湖南醴陵人，也是 20 世纪 20 年代至 30 年代初期有影响的哲学家。1912 年赴日本留学，次年进入日本东京高等师范学校学习。1915 年 5 月，在日本创办过《民铎》杂志，被日本政府查封。回国后，李石岑进入上海商务印书馆担任编辑，并继续编辑《民铎》杂志。李石岑任《学灯》的主笔期间，主张"打倒孔家店"，并大量介绍西方各种哲学流派，从杜威、罗素到尼采的超人哲学无不涉猎。1921 年，李石岑赴欧洲考察，接触了辩证唯物主义哲学，从此，他成为 20 世纪 30 年代初期在上海宣讲过"科学的社会主义哲学"的学者之一。据考，钱穆在出版《论语文解》之后，曾给《学灯》连续投稿，有很多稿件是由李石岑刊发的。因此，钱穆的成名与李石岑不无关系。李石岑的兴趣很广泛，他也热爱体育运动，在长沙时，曾向青年毛泽东在湘江里请教过游泳。李石岑后来在上海的大学里任教，著作有《中国哲学十讲》和《哲学概论》等。

6. 孙伏园与《晨报副镌》《京报副刊》

《晨报副镌》《京报副刊》《时事新报·学灯》《民国日报·觉悟》，并称为五四运动时期的四大副刊。《晨报副镌》中的"副镌"一名来自鲁迅的提议，一开始讲的是"附镌"，随报附送独立编辑的意思很明显，但《晨报》总编辑蒲伯英在书写刊头的时候写为"副镌"，是因为汉隶只有"副"字，也就在变通中成就了副刊的普遍性概念。从此，不仅在社会文化思想意义上的综合报纸副刊出现了，副刊也成为报纸结构不可或缺的部分。

蒲伯英是五四运动时期从旧营垒中冲杀出来的有影响力的新文化人。蒲伯英，又名蒲殿俊，四川广安人，生于1875年，病逝于1934年。1904年，蒲伯英考中进士。1905年，蒲伯英公派留学日本，回国后担任四川咨议局议长和全国咨议局联合会副主席。1910年，蒲伯英创办四川咨议局机关报《蜀报》。1911年6月，蒲伯英担任四川保路同志会会长。辛亥革命后，他担任四川军政府都督和北洋政府内务部次长，后来淡出政界。1919年，他正式担任《晨报》总编辑，他主编和参与的报刊，除了《蜀报》《晨报》《戏剧》刊物外，还有《白话报》《启智画报》和《西顾》杂志，并以"止水"为笔名。他在《晨报》上发表大量时政评论，在《晨报副镌》和《语丝》上发表了不少小说和小品文，他还与陈大悲共同组织了职业性的新剧团体，编写剧本并在《戏剧》上发表戏剧评论文章，为新文化运动作出了启蒙性的贡献。

在他的推动下，《晨报》社还结集出版了最早的白话小说集《小说》（第一集），这本小说集收录了鲁迅、冰心、晨曦、大悲、止水、水澄等作家的作品。《小说》（第一集）选编小说总数26篇，占到《晨报》副刊发表的小说总量的四分之一还要多，是比公认的第一本个人白话文小说《沉沦》出版时间还要早近一年的白话小说合集。这本小说合集具有鲜明的反封建色彩，尤其多有新旧思想冲突激烈的家庭题材，影响巨大，多次再版，成为当时青年学生文化启蒙和学习白话文作文的教材。

1921 年 10 月 12 日，《晨报副镌》在《晨报》第 7 版的基础上改为随主报发行，至 1928 年 6 月 5 日终刊。孙伏园是《晨报》副刊的第一任主编，先后担任《晨报》副刊主编的，除了孙伏园，还有刘勉己、丘景尼、江绍原、瞿菊农和徐志摩。真正让《晨报副镌》大放光彩的是孙伏园，《晨报副镌》改名《晨报副刊》，则是从徐志摩接办开始的，从此副刊便成为同类报纸版面的确定名称。

孙伏园创办《晨报副镌》，是他从事编辑事业与文学事业的第一个平台，也是中国新文学运动的一个辉煌舞台。鲁迅先生奠定新文学主将的地位，与他在《晨报副镌》上连续发表《阿 Q 正传》带来的现实和历史影响是分不开的。

《晨报》是一家出版时间较长，但衍化过程比较复杂的报纸，报馆地址在北京菜市口，它的前身是《晨钟报》。1916 年 8 月 15 日创刊，由研究系梁启超、汤化龙等主持，主要的撰稿人是胡适、张申府、蒋梦麟、丁文江等。在出版初期，李大钊担任过总编辑，亲自撰写了代发刊词《〈晨钟〉之使命——青春中华之创造》，并在《晨钟报》上开始宣传马克思主义，但当时社会上各种改良主义思潮一时兴起，因此也有多种倾向性文章出现。瞿秋白也曾为该报的驻莫斯科通讯员，李大钊不久便辞去《晨钟报》职务。1918 年 9 月，该报因为报道了段祺瑞政府借日债的消息而被封。1918 年 12 月改名为《晨报》后再行出版。1920 年，关于新文学的内容增多。1926 年《晨报》一度依附奉系军阀，但在中原大战期间也被一度停刊。1928 年 8 月 5 日，《晨报》改为《新晨报》，由阎锡山派人主持。阎锡山撤离北京后又恢复了《晨报》的老名称。1931 年，《晨报》依附于南京国民政府，在七七事变后不久停刊。它最为辉煌的时期就是《晨报副镌》的出版。

《晨报副镌》的出现具有重大文学和文化意义，标志着《晨报》进入文艺活动的一个高峰期。其原因有二：一是发表大量文艺译著，介绍西方作家，如托尔斯泰、契诃夫、普希金、高尔基、易卜生、果戈里、莫泊桑、泰戈尔与王尔德等；二是大量刊登白话小说散文，转载了鲁迅的《狂人日记》和《故乡》，并发表了《一件小事》，《阿Q正传》从1921年12月连载到1922年2月。《晨报副镌》还刊载冰心的小说《谁之罪》和《斯人独憔悴》，以及叶圣陶、徐玉诺、陈大悲的诗文都在《晨报副镌》上出现，一时间形成了"问题小说"的浪潮。胡适、康白情、周作人、朱自清、俞平伯等人的新诗和瞿秋白的"旅俄通讯"以及孙伏园的游记不断刊出，甚至出现了新剧剧作和评论，比如陈大悲的《幽兰女士》。《晨报副镌》还举行过男女同台演出讨论，在那时也算得上是惊世骇俗之举。

孙伏园主持《晨报副镌》以来，鲁迅不仅发表了《阿Q正传》《不周山》，还发表了多篇杂文，数量达50余篇。

孙伏园离开了《晨报副镌》，接着又办《京报副刊》，后者对新文学的贡献同样很大。孙伏园为什么离开《晨报副镌》？为什么又应邵飘萍的邀请去办《京报副刊》？事情要从两方面说起：其一是《晨报》与孙伏园的关系；其二是《京报》创刊及复刊后的扩展计划和邵飘萍的新闻抱负具有一致性。

1918年10月5日，著名记者邵飘萍与其夫人汤修慧以及友人吴鼎等创办了私营报纸《京报》。《京报》办公地址在北京西城区魏染胡同的一座二层日式小楼里。据民国年间出版的《北平地名志》称，明代宦官魏忠贤曾在这个巷子里有宅院，被诛后，这条胡同得名魏阉胡同，因为其名不雅，改为魏染胡同。其门上方至今还存有"京报馆"三个字，落款是"振青题"，最早的社址原称珠巢街。邵飘萍原籍浙江东阳，原名镜清，后改振青，大约有振奋青年人的意思。少年时就以早慧名闻乡里，并考取秀才。后又进入浙江高等学堂接受新式教育，并专修自然学科。在校期间就常给《申报》投稿，与杭辛斋合办了规模不大的《汉民日报》并担任主笔。1916年，他又担任《申报》与《时报》的特约撰稿，成为继黄远生之后的中国通讯记者的又一人。他的著作《新闻学总论》和《实际应用新闻学》，是中国第一批新闻理论与业务书籍。

1918 年 10 月 5 日，邵飘萍正式辞去《申报》的职务，与吴鼎、汤修慧及潘公弼等人创办了《京报》，提出"必使政府听命于正当民意之前，是即本报之所为作也"的办报宗旨，并亲自写下了"铁肩辣手"四个大字，悬挂在编辑厅内以自励。在这一年，他还创建了北京大学新闻学研究会，被聘为北京大学的学科导师。邵飘萍办报，强调记者要有人格、操守、侠义、勇敢、诚实、勤勉、忍耐，要有新闻头脑，同时也要为改变社会做些实在的事情。

《京报》创刊伊始，就发表了《外交失败的第一幕》《速释学生》等文章，矛头指向了北洋政府，因此报纸遭到查封，邵飘萍也被迫流亡海外。1920 年，段祺瑞政府垮台，邵飘萍回到北京，再次复刊《京报》。《京报》言论犀利，为民鼓呼，在邵飘萍主持《京报》的最后 5 年里，历经二七惨案、五卅惨案、三一八惨案，他都站在正义一边，多次惹怒当权的军阀。1926 年奉系军阀进入北京，邵飘萍因揭露、批判军阀政府，被列入通缉名单，不得不在避居六国饭店之时，仍旧按时到报馆处理新闻。4 月 24 日下午 6 时，邵飘萍在返回六国饭店途中于魏染胡同南口被密探抓捕。4 月 26 日凌晨，直奉联军总执法处对邵飘萍草草进行了两个多小时的审讯，便于当日下午 5 时以"宣传赤化"的罪名在天桥刑场被处决，牺牲时年仅 40 岁。邵飘萍被捕的时候，他的助手吴鼎逾墙逃脱，但《京报》不免再次被封。在极其困难的情况下，为使《京报》复刊，吴鼎费尽心力，终因积劳成疾，于1930 年 5 月病逝。

吴鼎是上海嘉定人，在日本留学期间与邵飘萍相识，回国后就职于北京市政公所，中山公园内的"公理战胜"石碑就是他设计改建的。这个"公理战胜"石碑原来是位于西总布胡同的"克林德碑"，改建后移到中山公园现址。吴鼎病逝后，《京报》一直由汤修慧主持，依然不改"铁肩辣手"的办报风骨。比如，在 1931 年九一八事变发生的第二天就率先报道了有关消息。七七事变爆发后，她不愿在日本侵略军的铁蹄下逆来顺受，便于 1937 年 7 月 28 日出版了最后一期《京报》后结束了自己的办报使命。

早在《京报》第一次复刊时，《学灯》《觉悟》已开始沉寂，《晨报》也更多地具有研究性质的政治背景，新文化运动似乎有些大潮退去的意味。在北洋军阀的统治下，青年知识分子的情绪普遍比较低沉，邵飘萍也就萌发了举办系列报纸副刊的想法，前后推出了《京报副刊》《民众文艺周刊》《妇女周刊》《科学与宗教周刊》《戏剧周刊》《儿童周刊》《显微镜》，而著名的《莽原》周刊自创刊起，也随《京报》附送，成为推动新文化运动继续发展的后起主力副刊。邵飘萍推出的系列副刊，对于进步文化人士无疑是一种新的刺激，孙伏园离开《晨报副镌》从而转向《京报副刊》，也是一个必然的选择。

孙伏园毅然离开《晨报副镌》的直接原因，是他主持的《晨报副镌》发生了一起不能容忍的"抽稿事件"，而且抽掉的稿件正好是鲁迅所写的讽刺诗《我的失恋》。鲁迅为什么写这首讽刺诗呢？缘起于1924年6月17日的《晨报副镌》上刊登了徐志摩的一首失恋诗《去吧》，且不说徐志摩写这首诗的具体对象所指，其中的"啊呀啊育，我要死了"的情调，就让鲁迅有些看不过去，因此也就仿照东汉张衡的《四愁诗》，写了一首以"由她去罢"结尾的打油诗，署名"某生者"，调侃和奚落徐志摩的某些情调。孙伏园本来已经将这首诗排上了《晨报副镌》大样，但《晨报》代理总编辑刘勉己在审大样时，却将稿子抽了下来。刘勉己之所以抽稿样，很可能是为了照顾徐志摩的面子，而照顾徐志摩的面子，则又因为徐志摩当时和《晨报》的关系密切。特别是梁启超，将徐志摩视为自己的门生，如果发出去，读者前后对照着看，岂不是一件大伤颜面的事情？

在那个时代，随便抽稿子可不是一件小事，至少是不尊重主编者的责权。因此，鲁迅的稿子被抽是导致孙伏园与《晨报》决裂的导火索。但是也不能仅仅把这事看作是一种文人意气之争，更深刻的原因是他们感觉到创作和发表作品的不自由。为了争取作品的发表权，在鲁迅的支持下，孙伏园随之主持开办了著名的《语丝》周刊，不仅将鲁迅的《我的失恋》打油诗放在创刊号的首条位置，也邀约了很多撰稿人，使其成为后来所说的形成"语丝十六人"和"现代十六家小品"的略带同人性质的刊物。

对于《语丝》周刊诞生的背景，周作人曾经在《答伏园论〈语丝的文体〉》一文中讲得很清楚："你当然还记得《语丝》的诞生历史。当初你在编辑《晨报副刊》，登载我的《徐文长故事》，不知怎的触犯了《晨报》主人的忌讳，命令禁止续载，其后不久你的瓷饭碗也敲破了事。大家感到自由发表文字的机关之不可少，在开成茶楼集议，决定发行这个连名字也是莫名其妙的周刊。"

《语丝》周刊的撰稿者其实并不限于 16 位，而是来自第三期的作者正好是16 位，除了鲁迅，还有钱玄同、周作人、林语堂、顾颉刚等，在后来各期中也出现过郁达夫、朱自清和俞平伯等人的作品。《语丝》周刊出版至 1927 年 10 月 22 日，被奉系军阀查封，一直到 1930 年才停刊。在北京出版主要由孙伏园编辑，成为北京青年学子的抢手读物。然而，编《语丝》周刊毕竟解决不了孙伏园的生计问题，因此，他就去了文化气氛比较开放的《京报》办副刊。

1918 年，《京报》正式创刊。其副刊从《京报》第一次复刊后开始由孙伏园接编，每月还会合订为一册，便于阅读和保存。《京报副刊》以文艺为主，兼顾哲学、历史、经济、宗教和自然科学，具有一定的综合性。

鲁迅在《京报副刊》上发表的重要杂文有《未有天才之前》《忽然想到》《我还不能"带住"》等。《京报副刊》的主要作者除了鲁迅、周作人，还有高长虹、陈学昭、向培良、尚钺、朱湘、废名、余上沅以及荆有麟等，其中有的是文学研究会、语丝社和狂飙社的成员。吴稚晖、高一涵、林语堂、王世杰和丁文江等也是其著名的撰稿人。尤其是高一涵的《马克思的唯物史观》和贺凯的《苏联革命纪念中的列宁》，引起很多青年的注意，陈毅的《答徐志摩先生》也很热读。孙伏园在《京报副刊》上发表了《理想中的日报附张》，强调文艺要同人生结合。因此，《京报副刊》上出现了反映五四运动落潮之后一些青年人迷惘情绪的小说，如陈学昭的《烟霞伴侣》。《京报副刊》上的诗歌也以自由体为主，但比较讲究韵律，如闻一多的《大暑》以及王莲友的《在辽河岸上》，都是风格清新且可读性强的佳作。《京报副刊》还刊登了余上沅的剧本《白鸽》，还对丁西林的话剧《一只马蜂》进行了讨论。孙伏园通过刊登启事的方法来征求青年必读书目，引出鲁迅反对复古思潮的那篇有关"青年必读书"事件的文章。

1926 年 1 月 4 日，孙伏园还推出"新中国柱石十人"的民意测验探析，显示当时的李烈钧和冯玉祥的威望都远在旧军阀段祺瑞、张作霖之上，那其实是为即将到来的北伐做舆论准备。

《京报副刊》密切关注社会现实，在八一三事变中立场鲜明，在五卅惨案中连续出版了《救国特刊》《反抗英日强权特刊》《铁血特刊》等，这是当时其他副刊很少能够做到的。

孙伏园的编辑成就远远超过其文学成就，但他对新文学的贡献同样不在他人之下。他有胆有识，也有组织能力，而且再现了中国文人的风骨。1894 年，孙伏园出生于一个商号店员家庭，绍兴人，与鲁迅和周作人是同乡后辈。孙伏园，原名福源，字养泉，福源与伏园谐音，也就以伏园行世。他常用的笔名还有伏庐、柏生、松年等。1911 年，孙伏园进入浙江山会初级师范学堂读书。后来经周作人介绍，先到北京大学旁听。第二年转为正式北京大学学生。在北京大学读书期间加入了新文学社团新潮社并编辑《新潮》月刊，这是他学余从事编辑工作之始。后来，他兼职《国民公报》编辑副刊，《国民公报》遭到查封后又转入《晨报》当记者。1921 年与茅盾、郑振铎等人一同发起了"文学研究会"。1921 年从北京大学毕业，他正式担任《晨报》第 7 版文艺栏编辑，并在鲁迅的支持下开办了《晨报副镌》，由于《晨报副镌》刊载了鲁迅的《阿 Q 正传》、周作人的《自己的园地》以及冰心的《寄小读者》，并介绍了大量西方译著，声名日隆，孙伏园也就成为五四运动时期最有影响力的副刊编辑，并发表了许多游记，后来集结为《伏园游记》。

孙伏园的离去，对《晨报副镌》固然是个大损失，但它不会荒芜。各式各样的文学农耕者一个一个地来到，种出了或许并不一样的花与草，日复一日地耕作下去，徐志摩来了，陈西滢也来了，他们或者还另有其田，但这里的土地似乎更肥沃。徐志摩没有因为失恋而倒下，而后来的主编陈西滢，还由于《晨报副镌》，与凌叔华走入了婚姻的殿堂，他们虽然有矛盾，但日常生活大抵就是这样。凌叔华的第一篇小说《女儿身世太凄凉》就发表在《晨报副镌》上。1924 年，她的小说《酒后》再次引起轰动。

1924 年，因刘勉己"抽稿事件"，孙伏园辞去《晨报副镌》主编后，他一边筹办《语丝》周刊，一边主编《京报副刊》。《京报》再次被查封，孙伏园担任编辑不到半年也就离职，继续专注于《语丝》周刊的组稿与编辑。

1927 年，国民革命军北伐，北京文化人纷纷南下。1926 年 8 月，鲁迅自行脱离北洋政府教育部南下，孙伏园也到了汉口。1927 年，孙伏园出任《中央日报》副刊主编。在此期间，他编发了刚刚定稿的毛泽东的《湖南农民运动考察报告》，认为这是他看到的最生动、最有水平的报告。孙伏园与毛泽东并不熟识，也不是共产党人，由此可见他的胆识和魄力。

在《中央日报》主持副刊期间，他还编发了郭沫若的《革命春秋·脱离蒋介石以后》。第一次国共合作破裂后不久，宁汉合流，武汉《中央日报》停刊，孙伏园辗转到上海一段时间，并与其弟孙福熙一起到广州中山大学任教。1929 年，他又同弟弟一起留学法国。1931 年归国，曾经到河北定县主编过当地的《农民报》。华北沦陷后，他们到重庆，进入《中央日报》再度主编副刊，又因使用多个版面连载了郭沫若的多幕历史剧《屈原》，被迫离开《中央日报》。抗战胜利后，曾在华西大学、四川大学、齐鲁大学任教，孙伏园也曾在成都《新民报》担任主笔兼主编副刊。1949 年 7 月，孙伏园到北京参加了首次全国文代会，被选举为全国文联委员。中华人民共和国成立后，孙伏园担任国家出版署版本图书馆馆长。1954 年因脑出血导致偏瘫。1966年，陈伏园逝世于北京。

7. 徐志摩与《晨报副刊》

　　《晨报副刊》是由《晨报副镌》而来的，孙伏园离开《晨报副镌》之后，副刊由多人接编。1925年10月，徐志摩接编《晨报副刊》后，可以说是风生水起，有声有色。这一时期的《晨报副刊》体现出较为浓厚的自由主义和民主主义色彩，对于传播新文化有一定的进步意义。

　　因为徐志摩与鲁迅、孙伏园之间的那场"笔墨官司"，也因为文艺观点并不相同，因此，作者群和办刊风格也不相同。就孙伏园退出《晨报》而言，是失去了一块文艺阵地。对徐志摩来讲，则是取得了风水轮流转的好机会，并且报了"一箭之仇"。所以，当时发生的关于"闲话"的争论，显然是事出有因，并且是针对鲁迅的，鲁迅自然也会不留情面地予以反击。但客观地讲，作为自由主义倾向明显的现代派诗人，徐志摩也不喜欢各派军阀的专制统治，因此在八一三事变上同样坚持了正面立场。由于他在诗歌界的巨大影响，最终要通过报纸副刊表现出来。1926年4月，他在副刊中开辟了"诗镌"专栏，闻一多也参加编辑，共出版了11期，标志着新月诗派开始形成。同年6月，副刊又推出了《剧刊》，提倡"国剧运动"，一时间掀起了独幕剧热，并影响到小说创作的模式。无论是在《晨报副刊》还是后来的《京报副刊》，徐志摩的最大作用是比较有规模地聚集起一个新的创作群体。这个群体的影响是直接引出京派文学，从其全面影响来说，却是新月派的开始形成并发生了鲁迅与新月派的论战，以及在论战中兼及"第三种人"的论争等。

　　从文学群体来讲，一个重要标志是又一批文学新人开始登上文坛。从文艺思潮的激烈斗争上看，则是不同文艺主张和文艺实践从报纸副刊转向了独立办刊，《语丝》和《新月》的相继出现，乃是现代文学史上最大文学派系的体现。前后相继出现的文研会、创造社、太阳社，以及更晚一些的左翼作家联盟，则在不断地产生和分化中丰富了中国现代文学的星空。

虽《京报》被封，但骨气犹在。相比而言，《晨报》原本就是一种不断改换门庭且善变的报纸。1930 年，中原大战爆发，历时 7 个月。冯玉祥、阎锡山先后进入北平，《晨报》被迫停刊，后再复刊，已经变成《新晨报》。改名《新晨报》后，社长也由阎锡山派来的下属李庆芳担任，后来随着阎锡山退出北平，又恢复了《晨报》的老名称。

在《新晨报》经营的两年里，《新晨报副刊》是由北京师范大学毕业的孙祥偈主编的，孙祥偈出版新诗集《生命的火焰》，在副刊上署名"荪荃"。《新晨报副刊》陆续发表过周作人、黎锦明、于赓虞、庐隐、石评梅、李健吾、曹葆华等人的文章和诗作，因此也可以视为《晨报副刊》在经历变故之后的一个接续和余波。但是，从《晨报副镌》到《晨报副刊》再到《新晨报副刊》，时代背景变化剧烈，精气神也无可比拟。也可以说，随着时事与人事的变化，《晨报副刊》与《晨报副镌》没有更大的瓜葛，《新晨报副刊》也与《晨报副刊》没有多少关系。即使在北伐开始以后，北方政局大变，而聚集在北京的文化人纷纷南下，从徐志摩接掌《晨报副刊》开始形成的京派文学的脉络传承下来且不断扩大，影响到后来北方文学的发展格局。

徐志摩接编《晨报副刊》时，当期就发表了《我为什么来办，我想怎么办》一文，表明他是有办刊方针的。他将胡适、闻一多、郁达夫和沈从文等都列入主要约稿对象，也使《晨报副刊》和《京报副刊》的主流作者群开始进一步分化。20 世纪 30 年代中期左翼作家联盟的诞生，则增添了新的因素，一直到抗日统一战线开始形成乃至抗战胜利，北方报纸副刊编辑也发生了更为复杂的变化，而新的文艺思潮的争斗，更多地转向了杂志平台。

《语丝》周刊在上海只出版了两期，之后就结束了。《新月》则成为一直延续出版的文学刊物，影响面更大一些。关于《新月》出版和新月派的最终形成有很多研究。其实《新月》的出版和架构同《语丝》周刊相似，都是由于文学志趣和文艺思想需要有发表的园地，有些同人的性质。不过《新月》的这种色彩更强烈，因为《新月》是以股份经营形式实现的，而《语丝》周刊要松散得多。《语丝》周刊一直以孙伏园为主要编辑,《新月》实行轮流坐庄的编辑制度。曾经有研究者指出,新月书店初建,主要成员是胡适、徐志摩、梁实秋、闻一多、余上沅、叶公超、潘光旦和邵洵美等人。徐志摩在其日记中写道:"愿新的希望,跟着新的年产生,愿旧的烦恼跟着旧的年死去。"梁实秋在《谈志摩》一文中也记叙,在徐志摩的奔走下,书店邀集股本不过 2000 元左右,参与集股的除上述人外,还有丁西林和刘英士、饶子离、罗隆基等人,甚至胡适的妻子江冬秀和幼子胡思杜也是其中的股东。因此,推举胡适为董事长,但在主编是由徐志摩担任还是轮流坐庄这个问题上发生了分歧,并涉及胡适,由此出现了胡适要撤股的内部风波,但最终还是摆平了。1928 年 3 月,《新月》月刊正式发刊,在创刊号上赫然登出胡适的《考证〈红楼梦〉的新材料》,而胡适的《白话文学史》也由新月书店出版。

徐志摩不仅是诗人和作家,也是一位杰出的翻译家,他曾在留学英美及归国初期,翻译了大量文艺作品,包括诗歌、小说、戏剧,都具有一定的影响。诗歌翻译和介绍,主要是拜伦、雪莱、济慈和华兹华斯的作品,此外还有但丁、莎士比亚、歌德、席勒、布莱克、哈代、泰戈尔、邓南遮以及勃朗宁夫人的作品。徐志摩在西方留学,接受了浪漫主义和象征主义,因而他的译作很有个性,也深刻地影响到他自己的诗歌创作,甚至影响到《晨报副刊》《京报副刊》和其他文学周刊的编辑走向。徐志摩翻译和研究并举,比如,他曾经在北京大学教授英国浪漫主义诗人雪莱的《西风颂》,同时也在《文学周报》上发表了关于雪莱的诗文,为传播外国文学作出了贡献。

徐志摩,1897 年 1 月 15 日生于浙江省海宁县硖石镇,其父徐申如是清末硖石的著名实业家与首富,曾经开办过酱园、钱庄和绸缎店。因此徐志摩自幼生活优裕,有一股公子哥气,他的家世背景和社会关系也很显赫,沈钧儒是其表叔,金庸是其姑表弟,琼瑶则是他的表外甥女。徐志摩,原名章垿,在出国留学时由其父改名"志摩"。据说是徐志摩幼年时,曾经有一位和尚给他摩过顶,说此子长大必然成名,因此在其出国留学时改名,也寄托了期望。徐志摩除了用"志摩"署名,还有许多笔名,如南湖、海谷、谷、大兵、云中鹤、仙鹤、删我、心手、黄狗、谔谔等。1908 年,他进入私塾,后入硖石开智学堂，因此有较好的古文根底。14 岁时，徐志摩由其表叔沈钧儒介绍进入杭州府中学堂，后称为杭州一中，与郁达夫是同学。在校时，他在校刊上发表了《论小说与社会之关系》，这是他第一次发表文章。徐志摩中学毕业后，先后就读于上海沪江大学、天津北洋大学，因为天津北洋大学并入北京大学，他也就成为北京大学的学生，他在天津北洋大学学的是法科。1918 年赴美国克拉克大学学习银行学，只用了 10 个月的时间就拿到了学士学位。此后转入纽约哥伦比亚大学研究院学习经济学。1921 年赴英国留学，进入了剑桥大学，研究政治经济学。他在英国深受欧美浪漫主义和唯美主义文学影响，开始了诗歌创作。

1922 年，徐志摩归国，受到五四新文化运动余波的影响，阅读《新青年》，也浏览《新潮》杂志。因为对泰戈尔的《新月集》散文诗很有兴趣，1923 年，徐志摩借用"新月"一词，成立了新月社，不久之后也参加了文学研究会。在那前后，他对梁启超尤其佩服，拜梁启超为师，并举行拜师仪式。虽然他们之间的思想并不同调，但也由此形成了他与研究系掌控下《晨报》的密切关系。1924 年，他与胡适、陈西滢创办了《现代评论》周刊。徐志摩接掌《晨报副刊》，同年他也在北京大学担任教授。

1926 年，徐志摩移居上海，担任光华大学、大夏大学和南京中央大学教授，并创办《新月》杂志，同时短期游历了英、美、日、印诸国。其名作《再别康桥》就发表在 1928 年 12 月 10 日出版的《新月》月刊（第 1 卷）第 10 号上。《新月》杂志出版至第 43 期后停刊。1930 年，徐志摩被选为英国诗社社员，应胡适邀请再度回到北平，担任北京大学兼北京女子师范大学教授。因为其妻陆小曼不肯随行北平，徐志摩往返京沪。1931 年 11 月 19 日，徐志摩搭乘邮政飞机，在返北平途中失事。徐志摩逝世后，蔡元培为其作挽联："谈话是诗，举动是诗，毕生行径都是诗，诗的意味渗透了，随遇自有乐土；乘船可死，驱车可死，斗室生卧也可死，死于飞机偶然者，不必视为畏途。"此后《新月》由梁实秋等掌管。

徐志摩多才多艺，能演话剧，喜画马，善画猫，画猫之作常赠友人，大约是希望与友人安顺，但自身却要驰骋四海飞翔九天，终至化为一丝云彩。

8. 邵力子与《民国日报·觉悟》

1916年1月，《民国日报》在上海创刊，它是反对袁世凯称帝而创办的一份重要报纸，后来成为国民党的机关报，但互不统属。

《民国日报·觉悟》是五四运动时期著名的四大副刊之一，也是最早热身于五四新文化运动的报纸副刊，具有开风气之先的思想启蒙作用。1919年6月16日，《觉悟》创刊，它是在砍除一些平庸和低俗栏目后设置的一份新的报纸副刊。该报总经理是邵力子，按当时的报纸体制，总经理就是总编辑。他不仅主持《民国日报》正刊，还担任了副刊《觉悟》的主编，并邀请中国第一个翻译《共产党宣言》的陈望道协助编辑工作。

《觉悟》偏重于论说，每日出版一期。从1919年6月开始，邵力子编辑《觉悟》长达6年。《民国日报》先后出版的其他副刊，影响都不如《觉悟》大，如《非基督教特刊》（每周一刊），1925年3月停刊。《觉悟》开辟的"随感录"专栏，与《新青年》开辟的"随感录"专栏遥相呼应，成为一南一北推动新文化运动的两面旗帜。《觉悟》旗帜鲜明地主张妇女解放、男女平等，推翻旧文化。在创刊初期，成为宣传和启蒙新文化的主阵地。邵力子每日亲自撰写时论和短评，鼓吹革命思想，在青年中产生了很大影响。在创办的前期，《觉悟》就发表了李达的《什么叫社会主义？》、胡适的《杜威论思想》等文章，转载了《每周评论》和《晨报》发表的《俄国的新宪法》《马氏唯物史观概要》，介绍世界新动态、新学说、新思潮，表现出"思想自由、兼容并包"的气势。

《觉悟》主要论说作者有陈望道、施存统和刘大白等，文学方面则有鲁迅、胡适和文学研究会的作家，如周作人、赵景深、夏丏尊、许杰、孙席珍、魏金枝、吴组缃等。1920 年至 1925 年，《觉悟》发表的小说为 900 多篇，诗歌和随感录的数量更多。1924 年，《觉悟》先后出版了《文学专号》周刊，由沈泽民、蒋光慈等主持的春雷文学社主办，《文学专号》周刊发刊宣言公开宣布："我们的笔尤要为穷人们吐气。"《觉悟》还发表了沈泽民的《文学与革命的文学》以及蒋光慈的《哀中国》，在《觉悟》上发表作品的有不少是早期共产党人，如张闻天、瞿秋白、陈毅等。

学生时代的方志敏和邵力子与《觉悟》有着密切的关系，《觉悟》甚至影响到方志敏的道路选择。1921 年，方志敏就读于美国教会创办的九江南伟烈学校，开始接触和学习马列主义，他不仅经常在江西改造社主办的《新江西》上发表文章，也给《觉悟》副刊投稿并引起邵力子的注意。1922 年 5 月和 6 月，《觉悟》发表方志敏在九江读书时写的散文诗《哭声》与《呕血》，提出要为无产阶级利益而战斗。1922 年 7 月，方志敏离开九江去上海，开始走上了职业革命家的道路。他由赣籍同学罗漫陪同一道去《民国日报》报馆拜访了邵力子，邵力子安排他们在报社里做校对工作。邵力子曾经留宿方志敏，并将他写作的小说《谋事》刊登在《觉悟》上。正是在这个时期，方志敏加入了中国社会主义青年团。方志敏的小说《谋事》被收录到上海小说研究所编印的《小说年鉴》里，一同收入的还有鲁迅、郁达夫和叶圣陶的作品集。编者在按语中评价，此作"是拿贫人的血泪涂成的作品"。这一年，方志敏在《觉悟》上还发表了《我的心》和《同情心》。方志敏早期的作品有多半发表在邵力子主办的《觉悟》上。

成为职业革命家的张闻天最初的文学生涯也同《学灯》和《觉悟》分不开，他在这些副刊上发表了不少时评、散文、诗歌、通讯。张闻天在上海的吴淞水产专科学校学习。17 岁时，他又转入南京河海工程专门学校求学，与沈雁冰的弟弟沈泽民参与了《南京学生联合会日刊》的编辑并参加"少年中国学会"。他在这份八开小报上发表了近 30 篇"随感录"，并开始自修哲学。在南京河海工程专门学校读了一年就回到家乡，在包办婚姻中成立家庭，但最终脱离了这个包办婚姻，在上海过着半工半读的生活，他向《觉悟》投稿就在这一时期。半年后，他与沈泽民东渡日本，并与"少年中国学会"会友田汉、郑伯奇以及康白情相识，进而有了文学创作的兴趣。半年后回上海，一边自学一边翻译托尔斯泰和泰戈尔的作品，同时为《觉悟》继续写稿，就托尔斯泰的不抵抗主义与泛爱哲学，同陈望道、沈雁冰在《觉悟》上展开争论。后来，他进入中华书局任编辑，一同任编辑的有李达、何叔衡和田汉。张闻天对外国作品的译介引起"少年中国学会"会友的注意，已经到美国旧金山的康白情邀请张闻天到旧金山《大同日报》担任编辑。张闻天一边工作，一边到加利福尼亚大学伯克利分校图书馆自修，业余时间还要在餐馆打工。他翻译了西班牙、意大利作家的作品，也翻译了俄罗斯小说家柯罗连科的长篇小说《盲音乐家》，而他翻译的法国哲学家柏格森的《笑之研究》也在商务印书馆出版。1924 年张闻天回国，仍在中华书局做编辑工作，完成了长篇小说《旅途》和话剧《青春的梦》。1985 年，《旅途》由上海书店再次发行。因为张闻天潜心创作并宣传革命，招致单位不满而辞职。之后辗转四川任教，并编辑《南鸿》周刊，最终被重庆军阀勒令离川。五卅惨案发生次日，张闻天就走上街头，投身示威群众的洪流。1925 年 6 月，由沈泽民、董亦湘介绍，张闻天加入中国共产党，淡出文坛，完成职业革命家的转变。在延安，他主编了《解放日报》《共产党人》《中国文化》。

但是《觉悟》并不是革命者自己的摇篮。1925 年，戴季陶在《觉悟》上发表了《孙文主义之哲学的基础》，《觉悟》的倾向开始发生变化。同年 12 月，西山会议召开，《民国日报》在叶楚伧的掌控下开始转变方向。1932 年初，《民国日报》被迫停刊。

1882 年，邵力子出生于浙江绍兴，原名景奎，字仲辉，邵力子这个名字是他创办《民立报》时为自己改的。当时，"力子"一词取义于《后汉书》中的一句"游子天所弃，力子天所富"。据有关考证，6 岁时，他就进入私塾进行启蒙教育。16 岁的邵力子先后赴上海求志学堂、广方言馆及苏州中西学堂求学。1905 年，邵力子进入上海震旦学院求学，后转入复旦公学，结识于右任，成莫逆之交。1906 年邵力子赴日留学，加入了孙中山先生领导的中国同盟会。1907 年回国后，邵力子与于右任共同创办了《神州日报》，于右任主持《神州日报》近两个月后离开，该报在共同发起人叶仲裕、杨笃生等主持下继续出版。1909年，邵力子又协助于右任在上海租界创办《民呼日报》，因宣传革命思想，三个月就被反动当局查封。后又同于右任办起了《民吁日报》，《民吁日报》也只存在了几十天。于右任再次创办《民立报》，在辛亥革命成功后，《民立报》成为南京临时政府的机关报。这三张报纸在报业史上被并称为"竖三民"。《民立报》创立之时正当重阳时节，于右任撰写的发刊词里有"植立于风霜之表"，"经秋而弥茂"的"晚节黄花"之语。从留学日本到办"竖三民"，邵力子皆是得力助手，他不仅与于右任成为莫逆之交，加入了南社，也从此开始了较长时间的报人生活。

1913年，《民立报》被迫停刊。邵力子到复旦公学任教，后复旦公学转为私立复旦大学。1916年，他又与叶楚伧、陈其美等人在上海共同创办了《民国日报》，正式加入国民党。邵力子不仅有强烈的正义感，也善于学习，作风踏实，思想极为活跃。在他的主持下，《民国日报》副刊《觉悟》成为介绍马克思学说的主要园地，刊载的有关文章有950篇之多，如《提倡社会主义决不是好奇》《共产与公道》等文章。李大钊、陈独秀、李达、瞿秋白、恽代英、张闻天、张太雷、任弼时、向警予的文章都见于《觉悟》。1920年，邵力子与陈独秀一道发起了上海共产主义学习小组，并直接参与了党的一大会务筹备；也是首份《中国共产党纲领》的起草人之一。党的一大会议能够在出现意外的情况下，及时转移到嘉兴南湖船上继续进行，与邵力子的直接努力是分不开的。当时驻防在嘉兴的师长陈仪是他的好友，在暗中掩护了会议的举行。

1922年，邵力子与于右任等人携手共同创办了上海大学，邵力子担任副校长、代理校长。1924年，邵力子被国民党选举为第一届中央候补执行委员。1925年，邵力子因参加和领导五卅运动被通缉，于是南下广州，被任命为黄埔军校秘书长，后任军校政治部主任，并公开共产党员身份，参加组织生活。1926年任国民革命军总司令部秘书长。

他是国民党人，也是最早的一位共产党人。他与共产党的关系却很微妙，他以国民党元老身份出席各种活动，虽然不参加共产党的组织活动，但也同邓中夏、瞿秋白、林伯渠一起参加组织活动。1926年，在莫斯科召开的共产国际执委第七次扩大全会，共产国际邀请国共两党代表同时出席，国民党派出邵力子，共产党派出谭平山。据邵力子在苏联出席会议的回忆资料中讲，在这种情况下，由陈独秀、瞿秋白等出面，希望他以国民党的代表资格出席，并劝他退出共产党。瞿秋白认为，邵力子虽然不在党内，但一样可以作出贡献，而且更有利。从当年 8 月起，他"脱离"了共产党。

邵力子出席共产国际执委第七次扩大全会之后，作为国民党常驻中山大学代表与校理事会成员，在莫斯科待了一段时间。在这段时间里，他遇到了第二任妻子傅学文，傅学文那时患有肺病，在中山大学学习，与邵力子交往较多。那时，邵力子的夫人屠玉瑛已经去世 6 年，孤身一人的邵力子并没有再婚。1927 年 5 月，邵力子从苏联回国。这年冬天，傅学文也回到国内，正赶上蒋介石发动"清党"运动，傅学文被南京警察局不分青红皂白地扣押起来。邵力子知道后，亲自出面担保，傅学文才恢复了自由。

1931 年，傅学文肺病痊愈后他们才成婚。邵力子始终不让傅学文加入国民党，也不让她在国民政府里任职。在陕西省政府主席任上的邵力子，支持傅学文筹办了一所助产士学校，由他来当名誉校长。邵力子回到重庆后，傅学文担任中苏文化协会副主任。1940 年，傅学文随邵力子出任驻苏大使。在这段时间里，她翻译了人们后来熟知的《丹娘》。《丹娘》的出版，极大鼓舞了抗战热情。在 20 世纪 50 年代初期，《丹娘》也是家喻户晓的经典读物。

西安事变爆发，邵力子参与了国共谈判。1937 年，邵力子在担任国民党中央宣传部部长时，支持《新华日报》在南京创办，并批准出版《鲁迅全集》和《毛泽东自传》。1945 年，他参加重庆谈判。1949 年，他又随张治中参加国共谈判，谈判未被蒋介石批准而居留北平。后来，以民主人士身份担任政务院政务委员并当选民革常委，一直到 1967 年，邵力子安然逝世于北京。

邵力子有"和平老人"的美称，这与他一生主张国共合作的信念是分不开的。主办《觉悟》近 10 年里，他对马克思主义在中国的传播贡献巨大，对共产主义学习小组的普遍建立以及共产党的成立筹备做了重要的事务性准备，他对中华人民共和国成立所作出的贡献远高于一般的评价。

9. 梁实秋与《益世报·文学周刊》

梁实秋是中国现代文学史上的一位重要散文作家，也是一位文艺批评家、翻译家。作为"新月派"的理论旗手，梁实秋恪守着古典主义的立场，他始终保持着其理论的不变，他的这种思想的独立性对我们理解其学术的独立性有着极大的帮助。在一段时间里，梁实秋一直是中国现代文学史上的一位很有独特个性的人物。尤其是被鲁迅斥为"丧家的""资本家的乏走狗"之后，又被文学史论者批判为资产阶级文艺理论的头面人物。

1923 年 8 月，梁实秋赴美留学，并获得哈佛大学文学硕士学位。梁实秋，字实秋，笔名子佳、秋郎和程淑等。他一生著作达 2000 多万字，创造了中国现代散文著作出版数量的最高纪录。他还是《莎士比亚全集》的翻译者之一。除此之外，他也是一位极为重要的报纸副刊编辑，他的编辑生涯几乎超过了从事教学的时间。他到美国科罗拉多学院和哈佛大学留学时，在海船上就同冰心、许地山等几个爱好文学的人一起办了一份文学性质的壁报《海啸》，张贴在船上客舱入口处，可见他对这种方尺天地多有兴趣。在他的第一任妻子程季淑去世后，晚年第二次迈进婚姻殿堂之前，在旅居美国期间，他居然自己专门办了一份《清秋副刊》，遥寄隔洋的意中人"最最亲爱的小娃"。这个举动充满了幽默，但也足见编辑和阅读副刊已经成为他的思想与感情的重要表达形式。

梁实秋发表散文和文艺评论的副刊很多，他的第一篇翻译小说《药商的妻》于 1920 年发表在《清华周刊》增刊第 6 期上，而第一篇散文诗《荷水池畔》发表于 1921 年 5 月 28 日《晨报》第 7 版上。他编辑过的副刊也很多，正式的报纸副刊编辑生涯是从 1927 年在《时事新报·青光》上发表文章开始的。1927 年 2 月，梁实秋与他的第一任妻子程季淑在北京欧美同学会举行婚礼，10 多天后就同妻子南下到了南京。不久后，又与同样是新婚不久的余上沅夫妇到了上海，应聘为《青光》的编辑，同时也在大学里兼教。1930 年，杨振声担任国立青岛大学校长，他应杨振声之邀，到外文系担任主任并兼图书馆馆长。在青岛期间，他开始翻译《莎士比亚全集》。1934 年，他又应胡适邀请到北京大学任教，任外文系研究教授兼系主任。

1935 年 10 月，梁实秋创办《自由评论》，以鼓吹爱国提倡民主为原则，冰心、李长之和周作人等人都是重要的作者。《自由评论》是梁实秋继亮出"自由主义文学"之旗的又一个开始。在此之前，他为天津《益世报》编辑了《文学周刊》，进一步扩大自由主义文学主张的影响。自由主义文学既不赞同阶级斗争为主线，也不赞成国民党的文化专制，因此与鲁迅等左翼作家发生理论对抗的同时，也并不被主张三民主义文艺的作家和理论家完全认同。中华人民共和国成立后的现代文学史一直把鲁迅与梁实秋的论争作为主线，自然有其必然的逻辑原因，但也少了一些具体的分析。抗战全面爆发之后，因为他的妻子程季淑的母亲病重离不开，他只身离家到大后方支援，在继续教书的同时，为重庆《中央日报》编辑了《平明》副刊。

他的自由主义文学理论取向，在其编辑《新月》月刊时已经全面形成。1928 年，他在新月书店出版的《文学的纪律》里系统地论述了自己的相关观点。在社会矛盾异常激烈的年代里，他完全否认文学阶级性，主张文学难得的是忠于人性，文艺是少数天才的独行以及艺术和艺术鉴赏的等级论等观点，并不为左翼文艺家所赞同，并认为是极为有害的。他与鲁迅的理论论战长达 8 年之久，牵动了中国所有的文艺神经。若不是鲁迅在 1936 年 10 月 19 日与世长辞，这场论战恐怕还会继续下去，而他的这些自由主义文学主张，以及与左翼文艺家的文艺论战，也主要是通过编辑《新月》和多种报纸副刊反复表现出来的。

梁实秋在编辑《时事新报》的副刊《青光》的同时，也与张禹九合作编辑《苦茶》杂志。他编辑《青光》的时间不到一年，旋即到暨南大学和东南大学任教，并于 1927 年与胡适、徐志摩、闻一多等人创办新月书店，编辑

《新月》月刊。1932 年，又应天津《益世报》总编辑刘豁轩邀请，主编了《益世报》的《文学周刊》。沈从文也主持过《益世报》的《文学周刊》，可能与梁实秋有时间上的交叉。他们的文学观点虽然不完全相同，引进的作家群也不完全一样，但自由主义的立场观点大体一致。1933 年，沈从文与杨振声一起接编了《大公报·文艺副刊》，也就各自在更宽阔的副刊舞台上开展各自的文学活动。《大公报·文艺副刊》以小说和散文作品为主，梁实秋的《益世报·文学周刊》则有散文和文艺批评的特色。

梁实秋创办《自由评论》的时候，并没有放弃报纸副刊编辑，前后短期主编过《世界日报》的副刊《学文》以及《北平晨报》的副刊《文艺》。接着就是到大后方重庆主编《中央日报·平明》。这期间，他除了在大学教书，还担任过国民参政会参政员，国民政府教育部小学教科书组主任和国立编译馆翻译委员会主任委员，一直到抗战胜利后回到北平师大任教。粗粗算来，在这 20 年里，他至少主编了 5 种重要报纸副刊、3 种重要期刊，在 5 所大学任教，编辑写作的时间超过教学。而他的《雅舍小品》也是那时散文的作品集。1949 年，梁实秋先后担任台湾师范大学文学院院长兼英语系主任，依然与台湾《中华日报》副刊专栏"四宜轩杂记"频繁互动，发表了很多的散文小品。

在他主编的副刊里，《益世报》的《文学周刊》和《中央日报》的《平明》时间虽然不长，但对梁实秋来说都比较重要。一个是在他的自由主义文学观点从南方走向北方，并同京派文学的发展发生交集之时；一个是抗战处于最激烈的时候开始写作散文小品。《雅舍小品》也许会引起望文生义者的联想，以为在国难当头之时，梁实秋已经闲情逸致到只谈风雅的地步。其实"雅舍"是一间坐落在重庆北碚山坡上的简陋房屋，是梁实秋初到重庆借住清华老同学吴景超的居所，因为没有门牌、邮递不便，因此商议着以吴夫人龚业雅的"雅"字为名，自然也暗合了"斯是陋室，唯吾德馨"的意思。梁实秋后来移居他处，但作为小品书名甚至品牌一直沿用下来，揭示了梁实秋的幽默与性情。《雅舍小品》是梁实秋的一部散文作品集，其内容多为身边的琐事和生活随笔。篇篇精致、优雅、幽默、有趣，从内容和题材上看虽前后也有不同，但大体上遵循了他的文学主张和艺术情趣。

《益世报》是天津影响仅次于《大公报》的老报纸，这张中文报纸很特别。1915 年，它是由罗马天主教天津教区副主教雷鸣远（比利时人）与中国天主教徒刘守荣等创办并主持。这位雷鸣远也很特别，他是比利时人，曾经在巴黎修道院当过修士，比较重视教育和慈善活动。在 1916 年天津法租界试图进一步扩张而引起天津市民抗议的"老西开事件"中，站到中国民众一边，由此扩大了他在天津的影响。此后，雷鸣远被迫离开中国。1919 年 5 月，《益世报》曾被北洋军队查封，报纸内部矛盾重重，一度陷入混乱，但很快就恢复正常。

1921 年 2 月至 1922 年 2 月，在法国勤工俭学的周恩来也曾经给《益世报》邮寄了 56 篇海外通讯，约 20 万字，全面介绍了旅欧勤工俭学运动和欧洲的工人运动。这同 1920 年应北京《晨报》与上海《时事新报》联合派遣瞿秋白、李宗武、俞颂华赴苏俄采访；派刘延陵赴法国；派陈筑山赴美国；派陈溥贤、刘秉麟赴英国。在报道体裁上有些遥相呼应。瞿秋白在北京《晨报》与上海《时事新报》发表的通讯有 48 篇，后收录在《赤都心史》与《饿乡纪程》。

1927 年，雷鸣远返回天津，索性加入中国籍，继续支持刘浚卿、刘豁轩办报，并创办了独立经营的《益世报》。抗日战争中，天津《益世报》迁到了昆明和重庆，雷鸣远最终病殁于重庆。

《益世报》主要由刘家兄弟刘浚卿、刘豁轩经营。尤其是 1932 年刘豁轩接任总编辑后，在版面调整上动作很大，首创了社会服务版，并先后聘请罗隆基、钱端升为主笔。罗隆基曾经两度加盟《益世报》，第一次是 1931 年，第二次是 1937 年全国抗战爆发前，一直到 8 月天津沦陷和《益世报》停刊。在副刊设置方面，刘豁轩将综合性文艺副刊《益智粽》改为《语林》，由新文化人戏剧家马彦祥任主编，并对另一个综合性文艺副刊也进行了版面革新，当时的文艺界名人如田汉、叶浅予等也都为此撰稿。一时间，老舍、张恨水、田汉、范长江和欧阳予情的文章和小说也都出现在《益世报》上，面貌为之一变。与此同时，重新创办周刊，并且聘请外来的知名人士和作家来主持。

梁实秋主编《益世报》的《文学周刊》正是在这样的背景下开始的。

1934 年，《益世报》由李长之主编《文学副刊》。李长之毕业于清华大学生物系，后转哲学系，但在文学评论和文学史研究领域卓有成果，著有《中国文学史略稿》（1—3 卷），此前主编过《清华周刊》的文艺栏。他曾得到鲁迅的直接帮助，并将《鲁迅批判》放在《文学副刊》上连载。李长之对书评的重视，与后来《大公报》的萧乾相比是有过之而无不及的，不仅对当时的名家作品都有涉及，而且直言不讳。1944 年，他在《时与潮》文艺杂志后又创办了《书评副刊》。

但是，版面革新并不等于办报宗旨发生变化。《益世报》总的发展趋势与《大公报》相近，虽然并未明确提出"不党、不卖、不私、不盲"办报方针，但同样持有自由主义立场，既反对北洋政府和国民政府的黑暗统治，又对共产党充满不信任。《大公报》在文艺问题和办刊方针上自然也具有一致性。因此，马彦祥主持《益世报·语林》工作的时间并不长，他的主要精力是投向戏剧。在抗战胜利后，马彦祥在北平主编《新民报》副刊《天桥》。相比之下，梁实秋主编的《文学周刊》更符合《益世报》的办报主旨，他在主编《文学周刊》期间，曾以多个笔名包揽了副刊的大部分文章，梁实秋的自由主义文学理论也得到了进一步发挥。1934 年，他出版的《偏见集》收录的大多是这一时期写的文章。

梁实秋在重庆主编《中央日报》副刊《平明》时，同样具有自由主义文学色彩。《中央日报》再次独立发行的副刊主要有梁实秋主编的《平明》和储安平主编的《中央公园》。除了编辑《平明》的梁实秋和编辑《中央公园》的储安平，还有比他们更早进入副刊编辑位置的孙伏园，以及后来接续主持《中央日报》的王新命和王平陵。储安平希望将《中央公园》打造成知识分子的言论阵地，也有些自由主义色彩，但《中央公园》刊出时间较短，因此影响不是很大。孙伏园是副刊老手，更倾向文艺界团结抗敌，他用很多版面连载了郭沫若的多幕剧《屈原》，遭致社方的不满而被迫离职。接替孙伏园的王新命是客串《中央日报》的社论主笔兼副刊编辑，既对文艺一窍不通，又用社论"不违背政府立场"的衡量尺度主持副刊，所以，《中央日报》

的副刊除了掀起青年从军热的文字，根本就谈不到文艺性。王平陵虽懂副刊，但他又是国民党"三民主义文艺"和"民族主义文艺"官方文学的执行人，其本人也在"夹缝"中求生存，难有大的作为。

梁实秋的观点，既不赞成王新命的副刊编法，也不赞成孙伏园的办刊思路，便在《平明》上再次提出文学题材无限制的主张。倘若在一般情况下，要讲文学题材无限制，虽然需要有道德与法的底线，但还可以纳入理论研究范畴，在抗战最激烈、最困难的时期，文学题材无限制就有些社会影响了。由此引起重庆报纸行业一次空前的大争论和文化论战，实属必然。

《新华日报》首先站出来反驳，最终落脚点放在与抗日有关还是无关的焦点问题上。《中央日报》的王平陵也持反对意见，但重在艺术尺度问题。梁实秋唯艺术而艺术近乎于执拗的坚持，在当时并没有更大的立足空间，也就离开了副刊，《平明》也随之无疾而终。梁实秋的文学题材无限制在本质上还是同他的文学无阶级性联系在一起的，他也提出过处理题材都有选择性，但这个"选择"最后还是落脚到也有高贵和低俗之分。由此可以看出，梁实秋的观点在很大程度上是将自己摆放在文学艺术"贵族"的位置上。

为艺术而艺术，既是梁实秋散文创作的精致之所在，也是他文学观的一个难以根除的症结。文学诚然不是口号，也不能简单地等同于阶级斗争的工具和武器，在阶级分化之外，还有更为复杂和多层次的人道理念和共同追求。但在一个变革激烈和多种矛盾相互变换的大时期里，世界并不是象牙塔里的世界，文学虽具有创造、包容的特质，但高端艺术品和普通艺术品从来都是相对的。艺术创造也有天分与禀赋的重要因素，却不是权利独占的理由。梁实秋的留学背景，深受白璧德新古典主义理论文艺观点的影响，历来主张文学审美是分等级的，似乎平民阶级只会欣赏评书、戏文、市井文学，这是一种认识局限，但他对充满底层生活气息的老舍小说也不得不折服。梁实秋虽惊异于老舍居然用他也很熟悉的北京方言写出优秀的文学作品，但他也许没有意识到，老舍曾经生活在北京的小羊圈胡同（现叫"小杨家胡同"），而那里有着艺术升华的魅力。老舍在伦敦出版的英文版《金瓶梅》，未必就比不上他的汉译作品《莎士比亚全集》，贵族式的文学偏见是他文学理论的一大硬伤。

斯人已去，阅读他的散文还是愉快的。尤其是他晚年谈到自己一生的四大遗憾：一是有太多书没有读；二是与许多鸿儒没有深交，转眼那些人已成为古人；三是亏欠那些帮助过他的人的情谊；四是陆放翁的"但悲不见九州同"，他也有同感。梁实秋的家国情怀还是异常浓厚的。1987 年，梁实秋病逝。北京文艺界人士为梁实秋举行了追思会。

10. 黎烈文与《申报·自由谈》

　　20世纪30年代，黎烈文是最负盛名的《申报》副刊《自由谈》的主编。他是中国现代著名作家、翻译家、教育家。笔名李维克、亦曾、六曾等。1904年出生于湖南湘潭。1922年任商务印书馆编辑。1926年赴日本留学。1927年又赴法国留学，并获硕士学位。在留学期间已介入《申报》采访工作，担任其特约撰述。1932年归国，担任了法国哈瓦斯通讯社上海分社编译。同年12月，应《申报》总经理史量才邀请，担任该报副刊《自由谈》主编。

　　《申报》是上海老资格华文新闻报纸。1872年4月，《申报》由来华经营茶叶和布匹生意的英国商人安纳斯托·美查和其他三位合伙人合股创办，是外商在上海举办的最大的华文商业报纸。先定名为《申江新报》，后按读者习惯称呼为《申报》。当时，上海还有中文新闻报纸《上海新报》，这两家报纸开始打价格战，后来《申报》订阅量居上。1889年，《申报》改组为美查有限公司，总资产达白银30万两。《申报》初创一年，就因为用"某生者"署名的笔记文体报道了"杨乃武与小白菜"案件，引起了社会的关注。《申报》派出记者采访，并在报纸上发表报道和评论，终于惊动慈禧太后下旨复查，平反了冤案，销量大增。《申报》又增刊了用白话文编写的《民报》两日刊，并创下了白话文报道和出版增刊两个第一，这其实就为该报副刊模式的出现在形式上做了一个铺垫。

　　辛亥革命之后，中国社会急剧转型，《申报》的经营状况经历了起起落落。1912年秋天，史量才从席子佩手里购得《申报》所有权，开始扭转亏损局面，并逐步发展为全国著名的华文报业重镇。从1912年起，《申报》

的发行量从 7000 份开始上升, 1925 年突破 10 万份, 1932 年超过 15 万份。黄远生、邵飘萍等都曾在《申报》当过记者或者编辑。

史量才购得《申报》所有权, 坊间有多种说法, 主要是购入资金 12 万块大洋从哪里筹措的, 一种说法是由张謇、应德闳、赵凤昌等企业家支持; 另一种说法是资金来自夫人沈慧芝 (也即秋水夫人), 因为史量才曾经在杭州西湖为其建造了一幢别墅——秋水山庄。1934 年, 史量才被刺杀, 正是从秋水山庄返回上海的途中遇害的。在史量才遇害后, 这幢秋水山庄和上海的史公馆前后捐赠给了慈善机构。资金问题虽说得如此简单, 其实是有些看轻了史量才经营报业的胆识与本领。史量才购入《申报》, 并非一开始就是全资, 而是与张謇、应德闳、赵凤昌共同合资经营的, 一直到 1916 年, 他收购了合资人的股权, 才成为独家经营的报纸。1927 年, 史量才进一步开始扩张报业, 由张竹平出面购入了《时事新报》的全部产权。1929 年, 他又购入美商福开森《新闻报》的大部分股权。《申报》在一个时期里, 一跃成为中国新闻业界最大的报业集团。史量才遇害,《申报》的黄金时代就此结束。《申报》两度停刊, 此时的《申报》完全被国民党控制。1945 年又被国民政府控制了 51% 的股份, 由杜月笙和陈布雷分任董事长和常务董事, 成为国民政府的舆论喉舌。1949 年 5 月, 上海解放后《申报》停刊。

史量才不仅是报业经营奇才, 也有明确的办报宗旨。史量才 1880 年出生, 原籍江苏江宁县, 原名史家修, 19 岁时考中秀才。后寄居上海松江县泗泾镇, 并在南洋中学、育才学堂任教。他曾经创办过一间女子蚕桑学校, 还在广方言馆担任理化教师, 因其精明干练, 又痴心于新学, 深受近代实业家和立宪派主要人物张謇的赏识。史量才在辛亥革命爆发前后也与革命党人建立了一定联系, 为其后来的报纸生涯奠定了政治基础。因此,《申报》虽然是商业性质的报纸, 但很关注时事政治。1915 年袁世凯称帝时,《申报》因披露袁世凯秘书的日记内容揭袁出卖维新派的材料而轰动一时, 加速了倒袁运动发展的势头, 一时之间, 洛阳纸贵。史量才强调报纸以"言论自由, 不偏不倚, 为民喉舌"的办报宗旨, 敢于抨击国民政府种种不得人心的政策, 敢于打开天窗说亮话, 也敢于引进新人, 这是《自由谈》出现改革气象和能够露出锋芒的主要原因。

在黎烈文之前,《申报》副刊《自由谈》一直存在,但是以茶余酒后消遣为谈资的流行综艺副刊,俗称"报屁股"。影响一时,却很快受到以推动社会变革和为新文学所应有的使命潮流的冲击。一直到黎烈文接手《自由谈》后,才开始呈现出与以往不同,也有与其他报纸副刊完全不同的面貌。在黎烈文的主持下,《自由谈》成为新文学尤其是杂文的重要传播载体,先后发表了鲁迅、瞿秋白、茅盾、陈望道、巴金等人的大量杂文、随笔、散文和诗歌,很快成为影响遍及全国的重要文化舆论平台,成为进步作家与读者交流的园地和针砭时弊的文化阵地。

黎烈文主编《自由谈》的时间只有一年多,因为发表的文章立场鲜明,很快受到国民政府舆论势力的打压。1934 年 5 月,黎烈文被迫离职。后由张梓生接编《自由谈》,延续了黎氏编辑风格,但张梓生也在同年 10 月 31 日被迫登出《自由谈》停刊启事,辞去主编职务。黎烈文、张梓生的相继离去,再加上不久后史量才遇害,《自由谈》终于还是像一道流星划过了夜幕,一去不复返。

史量才的遇害,一直是中国新闻史和政治斗争史上的一大疑案。1934 年 11 月 14 日,这天的《申报》在头版用非常醒目的黑体大字报道,史量才于 1934 年 10 月 6 日赴杭休养,11 月 13 日,他乘车从杭州返回上海途中遇害。史量才遇害,虽然蒋介石也明令悬赏一万元奖金,鼓励缉凶,但无疑有些"此地无银三百两"的意味。史量才遇害后,《申报》失去了抵御国民政府操弄报道的柱石,逐渐偏离了原先的办报方针,虽然史量才的儿子史咏赓后来在香港发刊了《申报》香港版,但是精气神已经不复从前。从史量才遇害的前因后果可以看出,黎烈文离任《自由谈》,其实是国民党右派围剿进步新闻力量和文化力量的前奏,史量才的遇害与黎烈文被迫离职《申报》,有着前后的必然联系。

《自由谈》的光芒同鲁迅杂文的光芒是分不开的,鲁迅的《伪自由书》《准风月谈》《花边文学》三本杂文集中的 178 篇文章,其中有 140 篇是发表在《自由谈》上的。在黎烈文编辑《自由谈》时期,也是鲁迅杂文创作仅次于《语丝》时代的第二个高峰期。

鲁迅先生这样写道："我的常常写些短评，确是从投稿于《申报》的《自由谈》上开头的；集一九三三年之所作，就有了《伪自由书》和《准风月谈》两本。后来编辑者黎烈文先生真被挤轧得苦，到第二年，终于被挤出了，我本也可以就此搁笔，但为了赌气，却还是改些做法，换些笔名，托人抄写了去投稿，新任者不能细辨，依然常常登了出来。一面又扩大了范围，给《中华日报》的副刊《动向》，小品文半月刊《太白》之类，也间或写几篇同样的文字。聚起一九三四年所写的这些东西来，就是这一本《花边文学》。"鲁迅在这三本杂文集中的前言和后记，特别在《伪自由书》的后记里，用剪报将有关报纸和人对《自由谈》以及对自己杂文的反应联结为一种实录资料，意在对照，也有立此存照的意思。

刚从法国回来的黎烈文，与鲁迅并不熟悉，一开始向鲁迅约稿是通过郁达夫介绍的。鲁迅虽然没有拒绝，但也观察了黎烈文一段时间。直到听到关于黎烈文妻子殁于生子，后看到《自由谈》上发表了一篇以笔名悼亡妻的文章，感于黎烈文的为人、为文、为事，也就开始向《自由谈》投出第一篇文章。从此，鲁迅的杂文写作一发不可收拾，随着鲁迅、黎烈文两人交往日深，慢慢产生了忘年友谊。

黎烈文有爱心、有事业心，也有强烈的社会正义感，这是鲁迅与他一见如故的重要原因。他不仅连续投稿支持《自由谈》，而且表达出一种共鸣和默契。他在致黎烈文的信中这样写道，有人中伤，本亦意中事，但近来作文，避忌已甚，有时如骨鲠在喉，不得不吐，遂亦不免为人所憎。后当更加婉约其辞，唯文章势必至流于苒弱，而干犯豪贵，虑亦仍所不免。希先生择可登者登之，如有被人扣留，则易以他稿，而将原稿见还，仆倘有言谈，仍当写寄，决不以偶一不登而放笔也。

鲁迅的理解和胸襟如是，也是对黎烈文最有力的激励和支持。鲁迅还向黎烈文讲到编辑如何应付文坛凶险的办法，他说，漂聚在上海的所谓"新文人"和一些"文探"，造谣生事，害人卖友，几乎视为当然，而最可怕的是动辄要你的性命，倘遇此辈，第一且戒愤怒，不必与之针锋相对，只要付之一笑，徐徐扑之。作为副刊作者与编辑，鲁迅、黎烈文两人的文字关系和社会共同关切，是现代报纸史和文学史的一段佳话，他们之间不仅文字相通，心也是相通的。

值得一提的是瞿秋白与《自由谈》的关系。瞿秋白当时在鲁迅家居住，由于他的敏感身份，曾经借用鲁迅的笔名"何家干""洛文"等，由许广平誊写，再投寄到《自由谈》，其中用"何家干"笔名发表的文章有《王道诗话》《伸冤》《曲的解放》《迎头经》《出卖灵魂的秘诀》《最艺术的国家》《内外》《透底》《大观园的人才》，以及《中国文与中国人》，署名为"余铭"。此外，还有署名"子明"的《儿时》，有些文章分别编入《鲁迅全集》和《瞿秋白文集》，这是《自由谈》的又一道光彩。

黎烈文离开《自由谈》后，鲁迅、黎烈文走得更近了。为了黎烈文的生计，也为了事业，鲁迅邀约茅盾、黎烈文到家中吃晚饭，三人一起商量创办《译文》杂志。后来，又由黎烈文主持编辑了《中流》半月刊，并得到鲁迅、茅盾和巴金的支持。鲁迅逝世前，将《女吊》和《死》等散文发表在《中流》半月刊上。

黎烈文对鲁迅的感情和敬仰一直影响着他的工作和生活。鲁迅逝世，黎烈文一直在万国殡仪馆治丧处忙碌，还是扶棺者之一，参加了鲁迅的下葬仪式。他在《中流》上发表的纪念文章《一个不倦的工作者》中写道，"别人不过从鲁迅先生的著作受到他的影响，而我却是近几年来常常在他家里走动，当面受着他的教益，得到他的鼓励的一人。望着那静静地睡在许多花篮花圈当中的他的遗体，再回忆着那永远不能够再听到的但又仿佛还在耳畔的他的谈笑，我无论如何也不愿设想鲁迅先生已经死去……"。

黎烈文在主持《自由谈》期间，不仅担负着沉重的编务工作，也写了大量的文章，尤其是与鲁迅杂文互动的文章。比如鲁迅发表了《推》，黎烈文则写下了《第三种人的"推"》，接着又引出鲁迅的另一篇《"推"的余谈》。鲁迅发表了《二丑艺术》，黎烈文也写出《按下二丑不表》作呼应。这是一种紧密互动的编辑艺术，黎烈文也是鲁迅杂文阵营的一员。

《自由谈》是左翼文化人与不同文艺思潮辩论的平台，比如廖沫沙与林语堂对《人间世》的争论就发生在《自由谈》上。林语堂是幽默小品的提倡者和有成就的作家。1932 年，林语堂创办《论语》半月刊，他强调幽默便是闲适，如"风雨之夕，好友几人，密室闲谈""如狐怪、苍蝇，英人古怪的脾气，中西民族之不同，琉璃厂的书肆，风流的小裁缝，胜朝的遗事，香橼的供法"，等等，引起一些对民族危亡更关切的人的不满。1934 年，林语堂创办的《人间世》更是这样，甚至用中日之间的共存共荣作对比，要求小品文与幽默互相融合，这就再次引起廖沫沙的反对。几天后，廖沫沙发表了杂文《人间何世》，而林语堂也连发三篇：《论以白眼看苍蝇之辈》《周作人诗读法》《方巾气研究》来呼应。而左翼文化人自然站在廖沫沙一边，廖沫沙继续批评林语堂。廖沫沙除了在《自由谈》上发表几篇文章外，也在《中华日报》的《动向》上发表了杂文《四六文的新生命》，指出幽默当然需要，但也要看场合与环境，这是争论的症结所在。1935 年，林语堂还创办过同一种格调的《宇宙风》，提倡"以自我为中心，以闲适为格调"的小品文，在当时是不合时宜的。林语堂的主要文学成就是以英文书写扬名海外，他的代表作是《吾国与吾民》《老子的智慧》《京华烟云》。

黎烈文是一个是非分明的人。1932 年，他主持《自由谈》时，曾经约稿写恋爱小说广有声誉的张资平，并连载了他的长篇小说《时代与爱的歧途》。连载两个月后，毅然停载了，这就是轰动一时的"腰斩张资平事件"。张资平原本是郭沫若留学日本时的同窗好友。1921 年，同郭沫若、郁达夫和成仿吾一起组织成立了创造社，并在第二年推出《创造》（季刊）。张资平善于写情节曲折的恋爱小说，受到上海一般市民读者的欢迎。所写《飞絮》《最后的幸福》等小说一书难求，也曾在 1930 年出版过反日题材小说《天孙之女》，其中《冲击期化石》也是新文学兴起后的第一部长篇小说。但张资平被利欲熏心，脱离创造社后专心写三角恋爱或者四角恋爱小说，并且情节描写露骨。张资平的小说被"腰斩"后，一些居心叵测的攻击者偏要怀疑鲁迅，说鲁迅常去的内山书店是日本人的情报机构；说黎烈文当主编全靠姊妹嫁作商人妾——其实黎烈文的长妹早逝，小妹年幼，可见此人心术果然不正。1939 年 10 月，张资平从香港回到上海后，出任了汪伪"兴亚建国运动本部"

文化委员会主席，成了汉奸。但他这个汉奸也当得尴尬，在汪伪报纸上写了吹捧汉奸的小说《青磷屑》，主人公起名汪兆麟，结果让汪精卫亲自下令停止刊登。

黎烈文具有较深的法国文学修养，因此译作也有不少，如剧本《妒误》和《医学的胜利》等。

黎烈文从《自由谈》一举成名并由此经受波折和磨难，使其后半生的新闻文化活动发生了一些变化。抗日战争全面爆发后，他更多地投身到抗日救亡的文化活动中。1938 年春天，他接受福建省教育厅厅长郑贞文的邀约，进入福建省省长陈仪创办的改进出版社，担任社长兼省政府参议，在宣传抗战方面做了许多工作。1945 年抗战胜利后，陈仪出任台湾省行政长官兼警备总司令。黎烈文又到台湾就任《新生报》副社长兼总主笔，不久，黎烈文辞去《新生报》职务。应时任台湾大学文学院院长许寿裳的邀请，担任该院西洋文学系教授，从此转入教学和文学翻译活动。

同一时期，与《自由谈》有关联的重要进步文化副刊和人物，还有在《自由谈》星期日出刊的《妇女园地》周刊。1932 年夏天，沈兹九进入上海中山文化教育馆上海分馆任《时事类编》助编。1934 年，她认识了史量才，托人询问可不可以在《申报》开设一个妇女周刊，史量才欣然同意，便将星期日出版的《自由谈》改版为《妇女园地》，聘请沈兹九为主编。《妇女园地》第一期面世，沈兹九撰写了发刊词。为了办好这份周刊，推动中国妇女解放事业的发展，沈兹九在文化教育馆搬迁南京时，她放弃了安定生活，留在了上海，这是《自由谈》的另一个重要亮点。史量才被暗杀之后，《妇女园地》也被压缩版面，她转而筹办了新的《妇女生活》月刊。1935 年 10 月，《妇女园地》被勒令停刊，但《妇女生活》一直坚持下来，皖南事变后才被查封。

11. 张恨水与《世界日报》《世界晚报》副刊

张恨水是中国现代文学史上最多产的作家，被尊称为"章回小说大家"和"通俗文学大师"。曾被归为鸳鸯蝴蝶派代表作家，因而长期并未得到公正客观的评价。他的主要成就在于创作了数量巨大、影响广泛的具有言情和社会批判色彩的小说，但作为报人和杰出的报纸副刊编辑，他对中国报纸副刊的贡献同样不小。他的早期长篇小说主要在《世界晚报》和《世界日报》的副刊《夜光》和《明珠》上连载，这是《世界晚报》和《世界日报》发行量最大的一个时期。张恨水正是这两个副刊的主要编辑者。因此，正像他自己所言，编报是他的主业，而写小说则不过是维持生计的玩意儿。张恨水的文学成就超过了新闻成就，但从总体上看，他仍然是一个典型的报人。他与张友鸾、陈铭德、左笑鸿、赵超构等新闻业巨子长期合作共事，终其前半生，他是一个有着巨大影响的报人和副刊编辑者。张恨水也恰如后来的金庸一样，堪称是副刊小说的一代宗师，他的职业生涯甚至文学成就都是与报纸副刊紧密联系在一起的。张恨水创作最旺盛时期，同时给 7 家报刊写连载小说，在《金粉世家》之后，较大部头的小说还有《斯人记》《满江红》《似水流年》等。而在民国初期，有一位通俗小说家李涵秋，最多也只是同时为 6 家报刊写连载小说。

所谓鸳鸯蝴蝶派，其实是一个极为复杂的中国近现代文学现象。一方面，鸳鸯蝴蝶派的兴起，盛行于辛亥革命后，社会思想开始分化，并在文学大潮激荡起伏中涌出一股文化潮流，使文学创作从传统的士大夫阶层走向商业化职业写作；另一方面，在五四新文化运动的冲击下，也成为社会文化大潮中的一股偏流，并在商业化的规模效应中出现了一批相互效仿，甚至无病呻吟的模版式小说，专一供给有闲者消遣。如一部作品的出现，引起一定的轰动效应后，效仿者立刻效仿起来，粗制滥造，作品远离现实生活，则是其题材的主要特征。这些作品的问题其实不在于言情，而是如何看待爱情和人性；问题也不在于鸳鸯蝴蝶派的隐喻，而是如何去认知文学的高雅与通俗。从文学形式上讲，这是新旧文学的一种过渡状态，既有白话文学的特征，又充满了传统文人的美学情趣。从当时出现的激烈的社会变革潮流上看，则与社会发展的主旋律有一定的距离。因此，它被新文学的拥护者蔑视甚者口诛笔伐，也是事出有因的。

"鸳鸯蝴蝶派"一词，一种说法来自刘半农之口，有些就事论事的随意性，但也透露出刘半农对社会文化流变观察的敏锐；另一种说法来自言情小说中的诗句"卅六鸳鸯同命鸟，一双蝴蝶可怜虫"。总之是反映当时婚姻不自由的一种小说套路，反映婚姻不自由，本来没有什么问题，但被模式化了，也就物极必反。像郭沫若将有些作家一律视为卖文为生的"文丐"，甚至是"流氓派文人"。推而广之，也就把涉及爱情题材的张恨水也一并打入了另册。

对鸳鸯蝴蝶派的批判，有文艺思想的冲突，也不乏成为新文学要与旧小说争夺读者的原因。打击面太宽，并由此殃及张恨水这位当红作家，也就不足为怪了。但总的来说，专门抨击张恨水的文章并不多见，更多的是对鸳鸯蝴蝶派的想当然。其实，无论南方还是北方，凡是与鸳鸯蝴蝶派沾边的作家里，也有文学水准和思想很高的职业写家，关键在于具体作品具体分析，不可作为一顶帽子，随便扣在哪位所谓言情作家的头上。如果是这样，恐怕连《红楼梦》和《梁山伯与祝英台》这样伟大的作品也会受到牵连。

就张恨水而言，其有普遍影响的早期小说，无论是《春明外史》《金粉世家》还是《啼笑因缘》等作品，都有符合当时社会的创作背景，具有比较深刻的社会认识意义。小说连载既出，人人传阅以致洛阳纸贵，许多读者在报社门口等着正在印刷的报纸，说明他拨动了成千上万读者的心弦。张恨水的小说取材于民国时期的社会背景，一般场景是在北京及周边地区，放在今天可以作为民国初年的社会历史去认识，在当时却是现实生活的实际面貌。

这样一种取材的视角，不能不说与他从事关注现实的新闻工作有关，至少是给了他最大的社会观察的滋养。因此，用寻常的鸳鸯蝴蝶派作品的视角来看待他的小说，无疑有些离谱。甚至可以说，他的小说要比琼瑶以民国时期为背景的系列小说，更具有现实社会美学的意义。张恨水小说反映了特定时代的社会特征，也是真正的京派小说的开山者。

《春明外史》的主角是新闻记者杨杏园，很像是作者的夫子自道，背景设于民国初年，在那个分不清什么是新闻事实什么是编故事的年代里，许多人是将小说当作"秘史"和"野史"来看的。与政界和新派文人们有无关联，也就成为大看点。而《金粉世家》则被一些人指为袁世凯或者唐绍仪的家事，对于一个跑新闻而想象力与人物刻画力兼而有之的作家来说，并不是一件难事，但需要很大的写作才气。

颇有意味的是，最早的京味小说来自两个不同的作家群：一个作家群是土生土长的旗人，老舍先生是其中的一座高峰；另一个作家群是来自客居北京并且将北京当作第二故乡的外省人，这也是最早的一批"北漂"。张恨水显然是后者里最有文学和新闻成就的一位，他代表了一批具有传统文化根底并有现实生活阅历的文化人。他一生并未参加过任何政治党派，但他的处世哲学，同样具有正义感、是非观和社会同情心。大概深受魏晋风度的影响，张恨水离政坛比较远，大有隐于市隐于报坛的风度。据很多报人回忆，因为张恨水在抗战期间的大后方，也曾积极投身"中华全国文艺界抗敌协会"的活动，使当时的进步文化人转变了对他的看法。1944 年，重庆的新闻界、文艺界要为他 50 岁生日张罗祝寿，因为动静大而被他婉言谢绝了。倒是老朋友，如张友鸾、张慧剑、万枚子以及马彦祥赶到他在重庆的南温泉住所把盏一聚。马彦祥是著名的戏剧导演、戏剧活动家，曾在张恨水主持的《新民报》主编过《天桥》副刊。有研究者说，作为新文学的代表人物鲁迅先生，从未发表过抨击张恨水的言论，张恨水也从未表示过对鲁迅的不满。张学良也是张恨水小说的粉丝，曾经三度请他出山为官，但三度遭到婉言谢绝。可见他是一个比较恬淡的传统文化人。

作为报人，他不会远离时事，因此在九一八事变以后，他同样写有抗战题材的国难小说。其中中篇小说《巷战之夜》描写天津爱国军民反抗侵略、浴血奋战，艺术视野趋于开阔，格调趋于豪放。连载于报纸，同样起到鼓舞士气的作用。全面抗战爆发之后，张恨水以南京大屠杀为背景，推出了长篇小说《大江东去》。张恨水到重庆后，小说写得少了一些，后来他加入了《新民报》，与张慧剑、张友鸾和赵超构一起，被称为"三张一赵"，而夏衍、吴祖光、孙伏园等也在此报供职过。1945 年，毛泽东的《沁园春·雪》首发在重庆《新民报·晚刊》。也许有这层关系，毛泽东曾约见过张恨水，但张恨水从来没有同别人提过此事。他不仅积极参加"中华全国文艺界抗敌协会"的活动，也写作出版了《魍魉世界》《巴山夜雨》《八十一梦》和散文集《山窗小品》《两都赋》，这些作品受到了读者的一致好评。就连当年评论《啼笑因缘》时曾说"很难达到文艺的高水准"的茅盾，也转而赞扬了张恨水的这些作品。

张恨水的文学成就和报业生涯也是那个时代很多青年人的奋斗目标，但他的天资和勤奋是成功的重要条件。张恨水，原名张心远，祖籍安徽，祖父魁梧有力，据说可以举得起百斤巨石。父亲是一位小官吏。张恨水自幼天资聪慧，与大人对答如流。据说他 6 岁入私塾，先生用"九棵韭菜"让学童对联，他脱口就是一句"十个石榴"，可见其文思之快。后来他成为"写作机器"，也非偶然。17 岁时，张恨水因父亲去世而中途辍学，但第二年他又考入了苏州蒙藏垦殖学校，不久该校解散，学农梦也就离他远去。19 岁时，张恨水到汉口，投靠在报馆工作的本家叔叔张犀草，开始接触媒体并自取笔名为"恨水"。那时，以"某某生"为笔名很普遍，但随着风气改变，也就简化为"恨水"二字。从笔名衍化的过程也可以看出，长期传说的所谓"恨水不结冰"的说法纯属子虚乌有。他在汉口待了不到一年便离开报馆，又随着当年到处流动的文明戏班子流浪了一段时间，这也为他日后偶尔登台表演打下了扎实基础。据说，张恨水的道白很有些功夫，声音洪亮，即使是临屏凑趣念一两句台词，也会获得满堂彩。

张恨水是安徽潜山县人，当年徽班进京的几大名角如程长庚、杨月楼也都是潜山县人，这种文化环境使他一生成为京剧戏迷，并且对京剧有很深的研究。他很注意研究戏曲知识，工作之余，经常与戏友和票友相互切磋，因此，在他主持的副刊上发表了不少戏曲评论的文章。有的文章涉及戏曲音乐配器问题，可见有很高的专业水准。他对一些新文学家的"废皮黄去胡琴"的过激主张很不赞成，认为可以改进而非丢弃。因此，他的戏曲评论并不像专一捧角的应酬之作，而是有自己的独特观点和社会影响力。

1918 年是张恨水再度进入报馆生涯的一年，但这个报馆是芜湖的《皖江日报》。《皖江日报》是一张只有 4 名编辑的报纸，张恨水的月薪虽然只有 8 块大洋，但还是很开心，毕竟开始接触报纸了。1919 年秋天，他典当了行李，又借了 10 块大洋，索性回到了北京。他从前门火车站走出来，天色已黑，落脚点是前门外的歙县会馆与潜山会馆。歙县会馆位于今宣外达智桥胡同，潜山会馆离此亦不远，就在路东偏南的西草场胡同山西街，他在那里住了很长时间。直到 1923 年秋，他与第二位夫人胡秋霞成婚，才算是在宣外铁门胡同一所住宅有了自己的家。铁门胡同这个地址，包天笑在其晚年的《钏影楼回忆录》中有记载，有一段时间，他们是共同拥有一批文友但互不相识的邻居。

不久后，张恨水碰上了自己的第一位贵人成舍我，当时的成舍我还在比利时神父雷鸣远创办的北京《益世报》担任总编辑。成舍我慧眼识珠，但刚刚开始"北漂"的张恨水也只能在《益世报》里充任一名月薪 30 块大洋的助理编辑。在这之前，他接到能够糊口的第一份差事是充任《时事新报》驻京记者的工作，每天发四条新闻稿子，月薪 10 块大洋。张恨水当时只有 23 岁，精力旺盛，笔下生风，到处兼职投稿。上海的《申报》《新闻报》也陆续找上门来，居然每月能拿到 200 块大洋，赶得上一个大学教授的薪水，因此，也就打消了进北大读书的念头。

1924 年 4 月 26 日，成舍我创办《世界晚报》，张恨水也开始创作他的第一部长篇小说《春明外史》，并在《世界晚报》副刊上逐日连载。不久之后，张恨水也就随之成为《夜光》副刊的主编。1925 年《世界日报》创刊，他又兼任《明珠》副刊的主编，前后干了 5 年。因为成舍我创办《世界晚报》时，手里只有 200 块大洋，报馆就设在西单手帕胡同 35 号自家的住房里。报馆除了他这位社长，还有一位经理叫吴范寰，一名记者，副刊编辑和主要作者只能是张恨水自己。成舍我的夫人杨璠也是一位不可或缺的义务员工，忙里忙外，自己没有印刷机，只能找人代印。幸好《春明外史》刚一连载便吸引了不少读者，经营情况逐步好转，《世界日报》报馆也迁址至石驸马大街90号。

成舍我是那个时代异常活跃的青年人，他结识过李大钊，宣传过社会主义。1917年1月底至2月初，成舍我和张春帆在《民国日报》《神州日报》上展开了关于《九尾龟》的论争。他抓住《九尾龟》第十三集第六回的一个描写情节，即书中主人公"两个人在这稠人广众的影戏场中，居然的惺惺惜惜，推襟送抱起来"，批评其为"情词秽亵"。《九尾龟》确乎是一本情色小说，但张春帆并不以为然，在《神州日报》为自己的描写咬文嚼字地开脱。成舍我不依不饶，猛打猛攻。论战一个多月，后在《自由谈》主编王钝根的调停下，论战才告收场。《民国日报》还发表文章，回顾了两人笔战的过程，后来，这次笔战被读者视为第一次以报纸为平台进行的文艺论战。

成舍我的名声一路飞涨，《世界日报》也不时揭露军阀统治下的黑暗，终于引起张宗昌及其直鲁联军的大举镇压。1926年8月6日，《社会日报》社长林白水在被张宗昌下令枪杀的第二天，成舍我也被宪兵逮捕。若不是张宗昌当晚迎娶姨太太，趁着这个时机，成舍我的夫人杨璠找到北洋政府第四任代理国务总理孙宝琦说情，也许成舍我就成为第二个林白水了。

成舍我办报有四句话，即"言论公正""不畏强暴""不受津贴""消息灵确"。成舍我的敢言是当时《世界日报》取得成功的重要原因，再加上《金粉世家》在《明珠》副刊上连载，业务蒸蒸日上。

《世界晚报》和《世界日报》创办之时，震惊全国的五卅惨案和三一八惨案先后发生。除了参与此次报道外，该报还刊登了鲁迅、许钦文和张闻天的文章，影响越来越大。但是《世界日报》在直奉战争中也被查封过，直接的原因是报纸将直系的前敌总指挥张福来误排成"张祸来"。不成想，三天后冯玉祥倒戈，直系大败，《世界日报》因"祸"得"福"，不仅很快复刊，也由此赢得更大的名声。

　　成舍我创办的世界报系，包括《世界晚报》《世界日报》《世界画报》，俗称"三个世界"。成舍我的祖籍是湖南湘乡，太平天国起义时，其祖父入幕湘军曾国荃，此后久居安庆后迁南京。1898 年，成舍我出生于南京下关，少年时来到北京，在五四新文化运动时期曾受到影响，但他更像是个"独行侠"。《九尾龟》评论事件是成舍我没有正式踏入报界时发生的，个人独立办报更是他的理想。在《世界晚报》《世界日报》《世界画报》工作之后，成舍我在南京创办了《民生报》。由于当时的政治中心转移，世界报系也随之进入衰退期，以致欠薪之事常常发生。

　　1935 年，成舍我又在上海创办新型小报《立报》。《立报》有一个副刊，由萨空了主持，第二年，萨空了成为总编辑兼总经理。《立报》提前并连续报道了"七君子"被捕的新闻，迫使当局不敢加害于"七君子"，报纸销量一时达到 20 万份。上海沦陷后，《立报》停刊。1938 年，八路军驻香港办事处由潘汉年、廖承志等出面筹资，同年 4 月 1 日在香港复刊，并设立副刊《言林》，刊登了来自陕北根据地的消息和文章。半年之后，萨空了离开《立报》远赴新疆，政治立场开始明显倒向当局的成舍我全面控制了《立报》，他一度辉煌的办报生涯也逐步走到了尽头。

　　在主编《世界晚报》《世界日报》副刊的日子里，张恨水几乎成了写作机器。从 1926 年开始，张恨水给外报写连载小说，其中给北京《益世报》写连载《京尘幻影录》，给《晨报》写连载《天上人间》。中原大战爆发前，冯玉祥、阎锡山进入北平，《晨报》停刊。《天上人间》没有完卷，一直到沈阳《新民报》和无锡《锡报》转载后才另行补齐。在这个时期，冯玉祥支持出版了《朝报》，请张恨水兼任总编辑，办刊不到半年便停刊，而张恨水也为《朝报》写了连载《鸡犬神仙》。《晨报》停刊两个月后，又复刊为《新晨报》，他又为《新晨报》写了连载《剑胆琴心》，接着又为沈阳《新民报》写了连载《黄金时代》，后改名为《似水流年》。张恨水经钱芥尘介绍，结识了上海《新闻报》的著名副刊编辑严独鹤，并答应为《快活林》写稿，他的另一部很有影响的长篇小说《啼笑因缘》也以连载的形式出现在《快活林》上。

张恨水除了完成《世界日报》《世界晚报》的副刊编辑和新闻编辑业务外，还要同时写作两三部长篇，自然身体有些吃不消，生过一次大病，几次想离去，但被社长成舍我多次挽留。《世界日报》毕竟是张恨水事业腾飞之地，报社欠薪，也无法要求张恨水不计代价地去工作，在本职业务要求上也就宽松一些，能让他有更多的时间去写小说，这也是张恨水一直在这里待了5年多的原由，并将办报作为自己生活归宿的主要原因。

成舍我从南京回到北京，《世界日报》又发生了一次欠薪风波，但张恨水还是留了下来。北京报纸变化无常，《世界日报》走了下坡路，再加上欠张恨水的稿债太多，他于1930年提出辞去《世界日报》的所有职务。成舍我也无理由挽留。张恨水同时在副刊《明珠》与《夜光》上刊出《告别朋友们》的声明，他的副刊编辑生涯也从此告一段落。

1930年11月，他应邀赴上海。经人说合，将《春明外史》和《金粉世家》的版权卖给了世界书局，并同后者签约了4部长篇小说合同，开始了职业作家的新生涯。在这段时间里，他最可称道的作品是在严独鹤主持的《新闻报》副刊《快活林》上连载的《啼笑因缘》，从此红遍大江南北，并为他后来到上海主持《立报》副刊打下了约稿的人脉基础。

在此之前，张恨水的家已从宣外大街铁门胡同搬到离西长安街不远的未英胡同。并将全家老小从安庆迁居北京，家庭人口达到14人，还要供弟妹上学，一切吃穿用度皆要仰仗他的稿费，写作小说成了他唯一的赚钱途径。在未英胡同住了四五年，全家又迁居前门大栅栏12号。那时，他与胡秋霞所生的两个女儿染上"猩红热"先后去世。不久以后，他又迎娶了周南。1937年，张恨水举家南迁，一直到抗战胜利后，才再次回到北平。

抗战全面爆发后，张恨水在南京居住过一年多，曾经创办一份《南京人报》，自任社长兼编辑副刊《南华经》。这大概是作为报社最高领导人仍不忘自己亲自编辑副刊的唯一一位报人。他长期为《南华经》版面补白，而且是不假思索地出口成章。有一次，张恨水接待来访客人，而副刊版面在即将付印时发现有缺，他就在楼梯口一边接待来访客人，一边作一首打油诗，立时补齐了版面。有人查阅了当时的《南华经》的补白版面，补白内容颇有弹性，一张口就是"楼下何人唤老张，老张楼上正匆忙。时钟一点都敲过，稿子还差二十行。日里高眠夜里忙，新闻记者异平常。今生倒做包文正，日断阴来夜断阳……"这段"楼上口占打油诗"的趣事，一时在报界传为美谈。打油诗合辙押韵，倒也无伤大雅，反映了那时小型报的一般文字风气，也展现了张恨水的文字功底与通俗办报的基本理念。

抗战中，张恨水一直在《民生报》工作，在新闻界和文艺界有较大影响。抗战胜利后，张恨水所在的《新民报》进入新的扩张期，在上海、重庆、北平、南京、成都建立分社，号称"五社八版"。张恨水主持北平《新民报》，其发行量很快从 1 万份增加到 4 万份。后来，因为一些灰色报纸言论受到稽查，改任经理兼主笔。1948 年 7 月，蒋介石亲自下令封了《新民报》，张恨水辞去了报社一切职务。1952 年初，《新民报》因经营不善，被收购并入了《北京日报》。从此，张恨水淡出报业。张恨水一度中风，恢复后笔耕不辍，又写作了长篇小说《翠翠》，并为上海《新闻日报》副刊写作《记者外传》的连载，每月供稿 6 万字。

一代报人和小说家张恨水的笔力深厚，不仅来自他的国学功底和古诗词修养，也来自他广泛的艺术兴趣。他对京剧的研究众所周知，也是痴迷于京剧的票友。据说，他嗓音洪亮但不善行腔，因此常常以"三花脸"形象示人。1931 年，武汉大水，北平新闻界举行了一次赈灾义演，名票徐凌霄也登了台，张恨水在《玉堂春·女起解》中饰演善良又风趣的崇公道，一张口就是个满堂彩。这次义演是京剧与话剧同台，是一次别开生面、引人注目的演出。1947 年，北平新闻界又有一次演出，其中《法门寺》有 4 个校尉，分别由当时报社社长充任，其中也有成舍我，可成舍我临阵脱逃，临时介绍了一位通讯社的社长，戴着眼镜上场，成为轰动一时的"眼镜校尉"的演艺新闻。

张恨水对绘画书法也有较深的造诣，他挥毫泼墨虽然属于自娱自乐和与友共赏，但也不是游戏笔墨等闲习作，只是书法作品存世不多。1931 年春，他曾经拿出部分稿费，同朋友一道筹集了资金，与画家弟弟开办了北平华北美术专门学校（以下简称"北华美专"），主要由画家弟弟主持工作，他作为董事之一，在后来兼任校长和国文教员，校长室也是他的写作室。陈半丁、王雪涛、李苦禅等曾在北华美专任教，他的老朋友齐白石、刘天华也来讲课，学生最多时有 200 多人，分为国画、西画和美术评论，据说张仃、凌子风、蓝马等人都是第一期学生。后来，张恨水举家南迁，学校也就停办了。

报界知名人士"三张一赵"（张恨水、张友鸾、张慧剑、赵超构）中，张友鸾也编辑过副刊。1925 年，张友鸾在北京平民大学新闻系读书，曾经为邵飘萍所聘，在《京报》编辑过《文学周刊》。他的老师李大钊也很器重他，1927 年担任过李大钊创办的《国民晚报》社长。后来，张友鸾在《南京早报》担任过社长，也在南京《民生报》《新民报》《南京人报》和上海《立报》分别担任过总编辑。1953 年，张友鸾在人民文学出版社古典部小说组工作，注释校订过七十一回本《水浒传》，也发表了《十五贯》《魔合罗》等 6 部中篇小说。

12. 徐凌霄与《大公报·戏剧周刊》

徐凌霄似乎被新闻界淡忘了，不是因为他当年名气不大，而是他比较低调。1961 年，徐凌霄与世长辞。那时正值三年困难时期，活人过得都艰难，逝者也多是悄然离去。徐凌霄是当时报界的一大名人，也曾作为著名新闻记者、著名的文史掌故研究专家和著名的报纸副刊编辑者闻名于世。

徐凌霄，祖籍江苏宜兴，原名徐仁锦，据说是族内各代按金木水火土五行大排行，周而复始，到他这一辈正好是金字旁，可见家族渊源之深厚。徐凌霄一名来自斋名"凌霄汉阁"，取壮志凌霄之意。他在当记者的时候，笔名徐彬彬。徐家历代科第有成，陆续出现过祖孙父子"一时同堂五进士"、"父子三翰林"和"三代十科十二举人"的家族科第奇观。他的祖父徐家杰（伟侯）也是一位进士，科考入宛平籍，当过县令，晚年曾在北京金台书院主讲；父亲徐致愉也是进士，当过山东某县县令。徐父喜欢听京戏，徐凌霄自幼耳濡目染，为日后举办《戏剧周刊》打下了扎实的童子功功底。根据当时世家子弟的传统教育路径，徐凌霄 13 岁入学，每年进行两次考试，常常获得第一名，由此而为享有钱粮补助的廪生，但他并不满足这种埋头读经的道路，转而考入山东高等学堂。在那里，他学习了英文，并且第一次知道了莎士比亚戏剧，知道了中国戏曲表演、中国演员的文化地位与西方戏剧有何不同，这对他后来从事剧评和主持《戏剧周刊》的理念产生了很大的影响。从山东高等学堂毕业以后，他又考入了京师大学堂，即后来的北京大学，进入土木工程科学习，但毕业后并未从事有关职业，而是再次转向，开始了与专业毫不搭界的文化和新闻工作。

这与他敢于自我创新的性情有关，但更有关联于社会风气大变。家族影响也很重要，徐凌霄的二伯父徐致靖是当时维新派官员里的头面人物，曾经举荐过梁启超、康有为和谭嗣同等维新人士。戊戌变法失败之后，徐致靖曾被列入斩首名单，由于李鸿章等旧人的一再斡旋，改判绞监候，直到1900年才出狱。作为维新派朝廷重臣，他对徐凌霄这样讲过，只靠几个做官的恐怕不会改变什么，需要社会力量的支持与帮助，这给予徐凌霄极为深刻的影响。但真正的机缘巧合，是来自他的一篇与专业有关的考察议论文章。在校学习期间，徐凌霄到长江实习考察桥梁工程，对技术问题和社会经济问题乃至国际比较联系在一起研究，文章投给了南京的《民生报》，刊发后产生了很大的反响。这篇文章提出一个振聋发聩的观点，即一味依靠外人绝非兴邦之策。一时间，《申报》《大公报》纷纷向他约稿，他也因此名声鹊起。1910年，徐凌霄正式投身报纸写作工作，先后成为《申报》《大公报》《时报》的特约撰稿人，因为文笔犀利，见解独到，他与黄远生、邵飘萍被并称为"撰述界三杰"。那时的徐凌霄用名徐彬彬，因此时人皆知徐彬彬而不知徐凌霄。

　　1916年，他接替黄远生，成为《申报》和《时报》的驻京特派记者，长期为两报撰写北京通讯和随笔。因为他交友很广，甚至因为袁世凯的次子袁克文（寒云）也喜欢京剧，他们多有交流，徐凌霄也多有新闻斩获，一些有关袁氏筹备称帝的"秘闻"在《时报》上刊出，经常引起轰动。但京剧归京剧，政治归政治，他在政治立场上还是泾渭分明的。投靠袁世凯的杨度曾经找到他说，徐袁两家是世交，不该相互为难，希望他在政府中挂个咨议的头衔，并可投入资金支持他来办报。徐凌霄不仅拒绝了杨度，而且劝杨度远离袁世凯。

　　应当说，这是徐凌霄记者生涯中最为高潮的一幕。1917年，新文化运动风云乍起，兼有国学与西学基础的徐凌霄陷入彷徨，一时不知道应当选择什么样的文化道路。论文化功底，他的国学根基更深厚，对白话运动既有理解也有自身的局限。1918年，同为"撰述界三杰"的邵飘萍开始创办自己的《京报》，邀约徐凌霄担任特约撰述。这个职务介于记者与主笔之间。此时的徐凌霄因擅长旧体诗词，并经常在报上发表，与北京的旧体诗人沈宗畸、徐半梦和袁克文一时并称"京师四才子"。在《京报》决定设立《戏剧周刊》

的时候，也就决定了徐凌霄开始走上剧评人的道路，开始长达数年的戏剧副刊编辑生涯，从而确立了他在报纸业的新地位。

对于他所熟悉的京剧，当时的新文学家态度比较偏激。胡适评论道："京剧太落伍，甩一根鞭子就算是马，用两把旗子就算是车，应该用真车真马才对！"周作人更是在《论中国旧戏之应废》中讲："从世界戏曲发达上看来，不能不说中国戏是野蛮。"徐凌霄并不以为然，他反驳说，自新文化运动以来，中国的几部小说，如《红楼梦》《水浒传》《儒林外史》等，经过一点评，地位马上高起来，可惜他们只肯捧小说不肯捧戏剧，未免有些莫名其妙。他认为，中国戏剧的价值和意义要超越小说十倍。这里虽然有斗嘴的成分与情结，而且也不可简单类比，但他为中国戏剧鸣不平，也并非没有道理。

徐凌霄肯定不是新文化阵营的人，但也不是守旧者。他的戏剧评论在当时有些卓尔不群，原因有三：一是他的职业是剧评家；二是他懂京剧，也有一定的舞台经验；三是他了解西方戏剧理论。

徐凌霄的戏剧副刊编辑是旧文人"菊部"评论方式的一个大终结，他不仅是《京报·戏剧周刊》的开山者，也应天津《大公报》之邀，前后两度主编《戏剧周刊》。在1928年1月4日出版的第一期《戏剧周刊》上，徐凌霄撰写了《戏剧周刊述旨》的"开场白"，并提出公共讨论的编辑思想。在他主持《戏剧周刊》的这段时间里，林林总总刊登了300余篇评论文章，展示了当时中国戏剧的生存状态和研究成果，至今还具有重要的研究价值。

20世纪30年代初，徐凌霄也曾介入梅派与程派的流派争论，背景比较复杂，是戏曲艺术的一种争鸣方式。1932年，程砚秋创办了《剧学月刊》，徐凌霄担任主编，因此，他被视为"程党"。有评论者说，这一切都是巨商争斗，连累艺术家，颇有些道理。徐凌霄很注重文德与笔德。20世纪40年代，有一本连载小说谣传梅兰芳先生的私生活，有很多不实之词。他仗义执言地批评道，演员讲究艺德，我们写这些方面的文章，也要注意笔德。

在编辑《戏剧周刊》的同时，徐凌霄还有一大文化贡献，那就是与其弟徐一士共同完成了民国中期的三大文史掌故名著之一的《凌霄一士随笔》。

他还写有一部小说《古城返照记》，也是早期京味小说的一种，他的《皮黄文学研究》是研究京剧剧本的独门专著。《凌霄一士随笔》也与副刊或者附刊有密切关联。在徐凌霄编辑《戏剧周刊》的时候，《大公报》总编辑张季鸾和总经理胡政之知道他有精深的文史功底，就约请徐家兄弟联手为其综合性周刊《国闻周报》撰写清末民初的文史掌故。这些随笔写了 8 年，累计150 万字，涉及从道光、咸丰至清末民初的人物和朝野故事及风俗流变，在一定程度上可以补《清史稿》的某些细节。对于这部随笔，连海内外知名的"补白大王"郑逸梅也大为赞叹，认为徐氏兄弟累世重家举，正史之外，兼通杂书，有些事又是亲身经历，有比较可靠的近代史资料价值。1949 年，徐凌霄应其母校北京大学聘请，从事了较长时间的古籍整理工作。1954 年，他被聘为北京市文史研究馆馆员。

13. 刘云若与《北洋画报》

　　自张恨水凭报纸副刊连载小说一举成名之后，天津也崛起了一位更为年轻的副刊编辑兼通俗小说家刘云若。他的副刊编辑活动和通俗小说创作是紧密联系在一起的，《北洋画报》的主编生涯直接促成了刘云若由记者编辑向通俗小说大家的转型。但是，他的副刊编辑活动无论从报刊类型还是编辑格局上，都明显呈现出区别于同时期其他报纸副刊编辑的两个显著特点：一是画报化和小报化；二是为人办报办刊与自己办报办刊兼而有之。大约也是这个原因，他的连载小说被人称之为"报人小说"。

　　刘云若的副刊编辑和通俗小说创作活动，为什么会出现迥异于其他报刊的特点呢？除了他个人的偏好，也同当时天津报业发展的大格局有关。

　　天津是北京的门户，但又是中国北方最大港口城市和商业城市，新闻资讯和来源比较丰富。从庚子事变前后起，天津的报业就开始进入一个大的爆发期。许多外国人插足报业，有一定背景和财力的中国商人也开始大规模地经营报纸。前者如《益世报》，是罗马天主教教会创办在华出版的中文日报；后者则是最有名气和影响最大的《大公报》，它是由天津盐业银行总经理吴鼎昌出资5万元新办的。为什么说是新办的呢？因为最早的《大公报》其实是由天主教徒柴天宠、主教樊国梁、法公使鲍渥等在1902年筹资合办的，创刊后，由英敛之任总经理。1916年，该报售予王郅隆。1925年，《大公报》因经营困难被迫停刊。不久后，由吴鼎昌、胡政之和张季鸾接办，走上了一条起死回生和脱胎换骨的新路，发展成为民国时期最有影响、最具权威的一张民营大报。除这两张大报之外，当时还有从美国哥伦比亚大学普利策新闻学院毕业回国的董显光创办的《庸报》，于1925年3月在天津创办出版。董显光曾在奉化龙津中学当过英文教师，教过中学时代的蒋介石，与蒋介石有师生之情。因此，后来他也当过国民党中央宣传部副部长，主管国际新闻传播。这样几张由重量级人物创办的重量级报纸三足鼎立，并没有给其他的报刊留下更多的生存发展余地。一些报人只能另辟蹊径，或者剑走偏锋，在其他报刊形式上打主意。尝试"小报大办"或者"大报小办"是一条新路，然而彼时的上海早已是小报风行，个人杂志名满天下。或许受到上海《点石斋画报》和《良友》画报的办报启发，兼顾新闻和娱乐的津派画报也就蜂拥而出，盛极一时，津派画报填补了天津报坛的一大缺口，也构成了天津报坛的一大特色。在 20 世纪 30 年代，画报用铜版纸印刷，以零售为主，带着时兴的华丽包装，成为彼时中国新闻传播的一道风景线，其繁盛程度远远超过了上海。

津派画报在天津的兴起也有自身的社会文化土壤，与天津在 20 世纪 20 年代之后的文化氛围是分不开的。这个时期是天津商业发展的黄金期，也是天津世俗文化发展的膨胀期，天津的社会形态，既区别于北京，又区别于上海，有着庚子事变前后所形成的独特商业环境。一方面，天津作为中国北方最大的港口城市，聚集着新兴海港大城市所具有的商业元素和时兴文化元素乃至科技元素，为文字阅读和视觉信息的接受，提供了相互结合的市场需求和物质条件。另一方面，天津租界林立、华洋杂处，社会环境的发展也非常容易形成独特的商业文化，再加上自辛亥革命以来，这里就成为许多前清遗老遗少和民国前期轮流上台下台政客们"大隐于市"的首选地。由此形成了数量庞大的寓公阶层和相应的商业服务群体，为多层次的休闲文化提供了非同一般的气氛，使之成为天津高层文化和世俗文化消费的基本底色。其中最为突出的一点是，京剧在北京形成，人才也主要在北京涌现，却要由天津观众来当评委和举行名角儿的加冕礼。在那个时代，天津是北方各路演艺界人士的"兵家必争之地"，甚至是艺海"龙门"，艺人要想一举成名天下知，不到天津露脸献艺，永远出不了山，更成不了名角儿。

天津也是各色人物频频出现的一个鱼龙混杂的大社会，政坛明星在半掩半遮中不时神秘现身，自然为大小新闻记者和画报摄影记者提供了太多的报道机会，也给津派画报提供了大量的新闻线索。画报除了主打摄影图片和娱乐新闻之外，还是封面人物和头条新闻的主要来源。这些津派画报画刊，不仅刊登上海的电影明星和京津的戏曲名角儿的照片和材料，而且也把张学良的有关图片和逸闻摆在显著位置。这样一种近乎燃烧的社会现象，也为通俗小说的创作和发表提供了机遇，是画刊拼盘里不可缺少的一道菜肴。在这样一种编辑格局中，我们去看刘云若的画报编辑和通俗小说创作在市民读者中的影响，也就不难理解其办刊风格。刘云若编辑副刊与其文学创作的关联如此紧密，图文并茂的画报画刊成为他的连载小说的最佳载体，而他的连载小说又提高了画报的观赏乐趣。从这个意义上讲，所谓报人小说，不如称作画报小说更贴切一些。因为说到底这是一种发表形式，而不一定是要把新闻与小说混搭在一起。

刘云若出道虽不算晚，但也是从业余写作开始的，一步步地走上画刊编辑之路，又一步步成为流行小说作家。他迈出副刊编辑的第一步，与连续不断地向《东方时报》副刊投稿不无关系，更与另一位著名的副刊兼画刊编辑的慧眼识珠分不开，这位编辑就是《东方时报》《北洋画报》的主编吴秋尘。

吴秋尘善写杂论，笔锋犀利，行文诙谐，有"嬉笑怒骂，皆成文章"之名。他原来在北京平民大学新闻系学习，北京平民大学新闻系是著名新闻家王小隐、黄远生、邵飘萍、徐凌霄共同举办的，是中国人创办的第一所正规新闻教育机构，因此他与王小隐有直接的师生之情。后来，王小隐到天津，担任《东方时报》中文版总编辑。他力邀吴秋尘来天津担任《东方时报》副刊主编，吴秋尘欣然前往天津就任。《东方时报》副刊一开始叫《杂货店》，吴秋尘来后不久，改变办刊风格，并将刊名改为《东方朔》。《东方朔》办得比较生动活泼、气象一新。吴秋尘的妻子徐凌影也在《东方时报》办副刊，主持另外两个文艺专刊《文艺》和《小说半月刊》。他们是平大的同学，又一起从事副刊编辑，这是副刊编辑史上的一对夫妻档。吴秋尘后来还主持过天津《益世报》的"社会服务版",也自己办过《玫瑰画报》。

吴秋尘重人才、重感情,北派武侠小说家宫白羽困居北京,只身来天津投奔吴秋尘,靠给《东方朔》写稿才渡过难关。刘云若稿件屡投屡用,得到吴秋尘的器重,认为他是一个难得的人才,因此也就引见给他的老师王小隐。不久后,《东方时报》股东内斗,报社解体。王小隐担任了《天津商报》副刊《古董摊》编纂,而吴秋尘也转向正在筹办的《北洋画报》,刘云若也就在这种情况下,与《天津商报画刊》和《北洋画报》建立了影响他一生事业的关系。吴秋尘主编过《北洋画报》部分版面,刘云若协助打理其副刊。据有关资料记载,刘云若并无助手,编校均他一手承办,这在编辑史上也是极为罕见的,说明刘云若的副刊编辑业务上手很快,也很能吃苦耐劳。那时,他兼着两份副刊编辑工作,此后不久,他在吴秋尘离开《北洋画报》后也担任过画报的主编,同时也开始了他的长篇小说创作生涯。

《北洋画报》创办者冯武越,也是民国时期的一位著名报人。他的笔名叫"笔公",原籍广东番禺。其父冯玉潜曾任国民政府驻墨西哥公使,所以自幼随父海外游学。曾在比利时和瑞士学习航空机械及无线电等,学成后遍游欧美实习考察,《北洋画报》其版式比较新颖,内容包括时事、人物、戏剧、电影、书画等。他办画报的主张很明确,认为好的画报要关注社会,追求时尚、艺术和科学,因此,《北洋画报》也摆脱不了当时小报、画报捕风捉影的陋习。冯武越办画报的理念影响到刘云若后来的创作,集中体现到他的《红杏出墙记》小说里,也影响到他的画报编辑风格。

冯武越思想比较开放,不囿于陈规,所以《北洋画报》报中有报,报外也有报,并且不拘一格地设立了画报副刊,固定连载长篇小说和漫画。1927年7月至9月,《北洋画报》还另出版副刊20期,编辑形式独立的副刊随报发行或者单独发行,而这种模式正是刘云若所喜欢的。九一八事变爆发后,冯武越还创办了《图画新闻》,由王小隐担任主编。他因多年积劳成疾,肺病复发。1932年停办了《图画新闻》,将《北洋画报》兑与最初的一位投资合作者——同生照相馆经理谭某。1936 年，吴秋尘在其主办的《玫瑰画报》中特意推出"画报先进冯武越先生纪念专页"。

1930 年，刘云若最终辞去《北洋画报》的编辑职务，担任了《天津商报画刊》主编。《天津商报》办画刊，画刊中带副刊。《天津商报画刊》一开始是周刊，并不适合小说连载。1931 年 6 月，从周一刊改为周二刊，两个月之后又改为周三刊，到了 1936 年，最终改为日刊。这样一来，长篇连载又成为主打内容。《天津商报画刊》连同《天津商报》，也在 1937 年一道停刊了。刘云若编辑《天津商报画刊》达 7 年之久，这 7 年也是他创作最旺盛的 7 年。

在此期间，他还主编了《天津商报》副刊《鲜花庄》，同时还兼任了多家报纸的主笔，其余的精力全部投入小说写作。1930 年，对刘云若来讲，无论是编辑还是创作都是一个重要的年头。这年春天，沙大风创办了小报《天风报》，刘云若应邀同时编辑了《天风报》的副刊《黑旋风》，而他的第一部长篇小说《春风回梦记》就发表在《黑旋风》上。在《春风回梦记》之前，他还写过一部《燕蹴红英录》，但半途而废。因此，《春风回梦记》应当是他的小说处女作。刘云若发表这部小说的时候只有 27 岁，创作上还没有进入成熟期，但已经显露出写长篇小说的才华。《春风回梦记》从总体上并没有跳出清末民初流行哀情小说《玉梨魂》《雪鸿泪史》等作品的情节与人物命运布局，并且是以传统章回体结构展现的一个典型才子佳人的故事，又混杂了妓女、名伶等人物形象，使人感到了他对旧的言情小说的刻意模仿，甚至在语言运用上，也是文白相杂、诗词相间的风格，显现出旧小说的某些典型特征。但其中的人物性格刻画颇具北方色彩，同时也引入了现代小说的心理描写，与大家已经熟悉的老掉牙的南派言情小说相比，在风格上还是有所不同的。一经发表，就引起京津读者的关注。从此以后，刘云若的通俗小说创作一发不可收，在各家画报上连载发表了《红杏出墙记》《歌舞江山》《情海归帆》《海誓山盟》《旧巷斜阳》《粉墨筝琶》《换巢鸾凤》《小扬州志》等长篇小说 40 余部，其中小说《红杏出墙记》是刘云若的代表作。

《红杏出墙记》是在《天津商报画刊》上连载的。《海誓山盟》也刊出了400多期。《红杏出墙记》已经摆脱了章回小说的传统写作结构，也摆脱了传统的人物关系，进入了与时代平行的男女知识青年的社会感情生活领域。所谓"红杏出墙"一词，题目上扎眼，情节上并不暧昧。这部小说在文字语言上生动，情节对话有现场感，再现了包括京津在内的北方都市的社会生活场景。大概就是这些原因，20世纪40年代末期，《红杏出墙记》也被搬上了银幕。

1933年10月，刘云若自办一份《大报》，虽名为《大报》，实则是小报，出版了两年，因为转载了上海《新生》周刊上的一篇《闲话皇帝》，触动了日本的政治敏感神经，对天津当局施加压力，报纸被迫停刊。刘云若也无法再继续自己的报纸编辑活动，转向职业写作。1937年，京津相继沦陷，他守住了底线，既没有像一些落水报人一样，为日本人去办报，也没有从事任何编辑工作，主要是埋头写作。因为身在沦陷区，他无法写出像老舍《四世同堂》那样不朽的作品，也多少透露出沦陷区非人的生活状态。他在这个时期的许多作品，例如《旧巷斜阳》《粉墨筝琶》都发表在灰色的三四流小画报上，目光集中投射到社会底层，着重刻画沦陷区的社会百态和人们陷入绝境的生存状态。

抗战胜利后，刘云若重操旧业，再次创办了《星期六画报》。《星期六画报》在形式和出版结构上还保持了《北洋画报》和《天津商报画刊》的特点，增设了副刊《鲜花庄津号》和漫谈专版《小扬州》。《星期六画报》更像是一本活页杂志。

天津解放后，刘云若也没有停笔，写作了新的小说《云破月来》，但只刊出4期，因突发心脏病去世而中断。

刘云若生于1903年3月，病亡于1950年2月18日。关于他的出身背景，一个说法，他出身于天津的一个铁路职员家庭，因为他少年就读于天津铁路系统举办的扶轮中学，最初的工作又是列车员，似乎有铁路世家子弟的背景。另一个说法，他出身于天津一个军人家庭，他在念书的时候，就喜欢阅读西方翻译小说并广泛涉猎各种笔记小说和野史杂记，这打下了他编织故事的文字功底。18 岁时他当列车员，也开阔了他广泛接触多种人士的观察视野。20 岁时，他开始投稿，文章主要见诸于《天津商报》和《东方时报》的副刊《东方朔》上，也在《大公报》和《益世报》发表过文章，所用笔名有流云、刘云、刘霜等。年少时打下的基础，足以让刘云若受益一生，但过早的离世却令人惋惜。

14. 沈从文与《大公报·文艺》

　　一个薄暮时分，沈从文走出前门火车站，这是他第一次到北京，舟船劳累，路上走了 19 天。他寄住在一位亲戚介绍的位于杨梅竹斜街的酉西会馆里，从此开始了他的"北漂"生活。

　　人民文学出版社出版的《从文自传》里写道，在辛亥革命时期出现的这个酉西会馆，沈从文的父亲曾经住过，并参与了刺袁的"铁血团"，事败后远走热河赤峰，后来他的哥哥将父亲找回湘西。沈从文在北京无至亲，只能先投靠同乡，大约也是缘于与创办香山慈幼院的前北洋政府总理熊希龄有同乡关系，有一段时间，沈从文在香山慈幼院图书馆谋得一个小职员的差事。香山慈幼院是由旧时代的天王庙改成的，他就只能寄居在这个寂寞的环境里，一边读书写作，一边寻求文友，并到燕大、北大去当旁听生。据他后来回忆，在香山慈幼院时期，到这里拜访他的有骑驴上山的北大学生陈翔鹤，他们是在北大旁听时结识的。那时，沈从文已经开始在报纸上发表文章了。1924 年，他先认识了董秋思、张采真等一批燕大学生，接着又结识了成为《光明日报·文学遗产》的主编陈翔鹤和他的同学陈炜谟以及冯至、杨振声、杨晦、蹇先艾等。这为他日后成为京派文学青年领军人物积累了最初的人脉与文脉关系。

　　1924 年 12 月 22 日，沈从文的散文《一封未曾付邮的信》在《晨报副刊》上发表了，这是他在北京大报上首次发表的文章。徐志摩很欣赏沈从文的文笔和散文立意，在北大讲学时他就认识了沈从文。他们之间也有过一些书信来往。1925 年 9 月，沈从文到徐志摩东松树胡同七号的寓所去拜访。因为沈从文很喜欢徐志摩的文章，这次拜访不仅不显得冒昧，反而一见如故。沈从文才华横溢，形象又清秀帅气，他们很快便成为亦师亦友的文字朋友。

1925 年 10 月，徐志摩接编了《晨报副刊》，当期就发表了《我为什么来办，我想怎么办》一文，并将胡适、闻一多、郁达夫和沈从文都列为主要约稿对象。这是沈从文与副刊发生文学关系的真正开始，他除了给《晨报副刊》写稿，也为其他报纸副刊写稿。

那时，独幕剧很流行，讲究戏剧悬念，而风头正健的丁西林的独幕剧给他小说创作带来很大的启示。因此，沈从文早期的短篇小说很有戏剧的味道，他的小说构思和清新脱俗的文笔征服了很多青年读者，一颗文学新星正在冉冉升起。

1928 年，北伐军兴，北洋政府消亡，南京国民政府成立。政治文化中心开始南移，大批文化人包括鲁迅、徐志摩等先后到了上海，而胡适很早就离开北平，报业和出版业重心也移向上海，还有一批人到青岛去教书。沈从文的文友大部分离去，北平文坛日渐萧条，后来他同胡也频、丁玲一同南下。

1925 年初，丁玲与沈从文相识。那时丁玲只有 20 岁，沈从文也只有 22 岁。沈从文向《京报》投稿，胡也频那时是文艺编辑，当时丁玲与胡也频尚未同居，但经常来往，他们与沈从文都住在香山。丁玲与胡也频不善理财，需要靠丁母不时汇款接济，因此日子过得很清苦。丁玲曾经写信向鲁迅求助，但因为她的字体很像沈从文，鲁迅误以为沈从文在恶作剧，没有理会。

1928 年，沈从文、胡也频与丁玲来到上海，胡也频任职《中央日报》副刊《红与黑》主编，《红与黑》的刊名还是他们共同商量决定的。因为他们在上海住在同一个公寓，被小报一时传为三角恋爱。丁玲与胡也频同居之前，也与沈从文有过感情纠葛，这在当时的年轻人中寻常可见，丁玲最终选择了胡也频，但这并不妨碍他们三人的友谊。同年，丁玲发表了著名的《莎菲女士的日记》，蜚声文坛，私生活必然遭到小报记者的关注和放大，一枪两鸟，也确乎是小报记者最得意的独家抢眼新闻。后来，也有学者在丁玲和沈从文之间的个人恩怨上做研究，总之是沈从文与丁玲协助胡也频编辑了《红与黑》，而胡也频那时可以领到每月 300 块大洋的总收入，足够维持他们的编辑和创作生活。因胡也频有更大的理想追求，他辞去了《红与黑》副刊的编辑工作。在 1929 年 1 月创办了红黑出版社和《红黑》月刊与《人间》

月刊，还编辑了"红黑丛书"。创办经费来自胡也频父亲准备投资饭馆的一笔钱，但约定亲父子明算账，月利 3 分。《红黑》月刊由胡也频编辑，《人间》月刊由沈从文编辑，但他们经营能力有限，摊子又铺得大，杂志又带有同人色彩，发行量不大，资金收不回来，终于因组稿原因大家发生分歧而导致散伙。沈从文赔了 300 块大洋，丁玲的母亲补助了一些资金，胡也频也不得不去山东教书。散伙后，沈从文到武汉去教书，其中的酸甜苦辣都尝遍，陷入了生活困顿，沈从文将其书斋名为"窄而霉斋"。

　　要想成为一名以写作谋生的职业作家，几乎是不可能的。就连郁达夫这样早已成名的作家，也不得不去北京大学和北京师范大学兼职教书，而最初的月薪也只有 36 块大洋。鲁迅正式的职业是在教育部做事，写小说也只是业余为之。因此，事业受挫后的沈从文也只得另谋生计。他也一直想着到大学里去教书，然而他只有高小学历，转而求助于早已到了上海的徐志摩。徐志摩虽然相信他的能力，完全可以进入大学去当老师，但困于学历门槛，也无法帮忙。徐志摩不得不写信给正在吴淞中国公学当校长的胡适，求得后者的鼎力相助，沈从文也曾为此直接写信给胡适。根据当时教育部的一条规定，"凡于学术有特别研究而无学位者，经大学之评议会议决，可充大学助教或讲师"，因此，中国公学校长兼文学院院长胡适也就破格延请沈从文为国文系讲师。沈从文主讲大学一年级学生的新文学研究和小说习作课程，很受学生们的欢迎。进入大学教书，对沈从文来说不仅解决了生计问题，对大学文科教育来说，又是一种革新的试验。因此，沈从文后来谈及此事，将此举比作胡适在新诗《尝试集》之外的另一次大胆尝试。

　　1928 年至 1931 年，沈从文在上海一共生活了 3 年多，其中也包括 1930 年秋到 1931 年初到武汉任教的半年。在上海，他前后写作了 70 多篇小说和一些散文，出版了十几本集子，名气进一步提升，但生活过得并不如意。1931 年冬天，沈从文从武汉回到上海，与胡也频、丁玲再次见面，丁玲曾经动员沈从文加入"左联"，但沈从文既未加入"新月派"，更不会考虑参加其他文学组织，于是他婉言谢绝。他是现代文学家里从来没有参加过文学社团的一位作家。

尽管两人意见不合，但胡也频入狱，沈从文还是尽力营救，写信给徐志摩和胡适，请他们找蔡元培帮忙，并陪同丁玲到南京去找陈立夫，找到上海的刘建群帮忙。但那时的胡也频已经在国民党的龙华警备司令部被秘密杀害，后来沈从文写了《记胡也频》。当时，丁玲刚分娩不久，孩子还没断奶，沈从文和丁玲假扮夫妻，将丁玲的孩子送回湖南母亲家里，沈从文为此丢了武汉大学的工作。1933 年 5 月，丁玲在租界被秘密逮捕，宋庆龄、蔡元培、鲁迅和胡适都参加了营救，罗曼·罗兰也给予声援，沈从文则写了《记丁玲》，在营救丁玲的过程中起到了舆论作用。

沈从文南下的经历充满了曲折，对生于湘西发展于故都北平的沈从文来讲，上海是一个比较陌生的世界。他曾经说，我总觉得我是从农村培养出来的人，到这不相称的空气里不会过好日子，无一样性情适合于都市这一时代的规则。他也在努力地适应上海的文学生活，最典型的就是创作了《阿丽思中国游记》。这篇游记借一位英国女孩子的游历，展现了中国的一个真实侧面。对这部长篇游记，他在第一卷《后序》中认为，这是一部失败的创作，但第二部引入苗疆的文学记忆，也就吸引了上海的更多读者。1931 年，沈从文怀着北平的北风和阳光，比起上海和南京的商业和政治来，前者也许还能督促我，鼓励我，爬上一个新的峰头，贴近自然，认识人生的想法，离开上海到青岛去教书，又应杨振声的邀请，毅然回到了故都北平。在此之前，他是在青岛大学任教的。那时，青岛大学邀请了多位北平的作家和教授到校任教，例如闻一多也在这个时期到青岛大学国文系任教，其间年轻的臧克家考入青岛大学英文系，还是找到国文系主任闻一多才转入国文系学习的。

回到北平后，一开始沈从文与杨振声一起编辑中小学教科书，但他依然心系创作。1932 年，他曾主编过一段时间天津《益世报》的副刊《文学周刊》。1933 年，天津《大公报》的《文艺副刊》创刊，聘请杨振声和沈从文在北平约稿、看稿，编好后寄往天津出版。当时杨振声的精力还在中小学教科书上，组稿和编辑都落在沈从文头上。《大公报》的《文艺副刊》成为北平作家群的主要园地，主力则是当年沈从文在燕大、北大结识的师生与作家群。1933 年 9 月至 1935 年 8 月，《大公报》的《文艺副刊》出版了 166 期。

1933 年 9 月，《大公报》将原有的副刊和《小公园》合并到强大的《文艺副刊》里，新副刊定名为《大公报·文艺》，每周刊出 4 期。直到 1936 年由萧乾接编，沈从文前后参与编辑工作有 3 年左右。

这段时间是《大公报》向文学领域发展的重要时期，也是沈从文小说创作进入巅峰和最终确立北方文学领袖地位的重要时期。1934 年，他的中篇小说《边城》在北平出版了，这是他最有影响力的代表作品。1936 年，他又出版了《湘西散记》《新与旧》等作品，影响进一步扩大，引起上海出版界的注意。1936 年夏天，诗人与出版家邵洵美专程来到北平，希望邀集北平的作家在上海出版丛书。沈从文和朱光潜接受杨振声的建议，索性自己筹办《文学杂志》。1937 年，《文学杂志》由上海商务印书馆出版，朱光潜担任了主编。1939 年，陈岱孙和潘光旦主编了《今日评论》，沈从文负责其中的文艺版块。从 1933 年算起，短短的几年里，京派文学的阵营俨然出现，并不断壮大。

当时，京派文学是与海派文学旗鼓相当的文学流派和南北作家群体，一直持续到中华人民共和国成立前后，发展势头迅猛。但后来随着沈从文的淡出和历次政治运动的淘洗，其实已经开始烟消云散。近年来，京派文学再次得到学界关注，一方面是因为对沈从文的研究在深入，另一方面也是因为京派文学温婉叙事的写作风格，其实一直未曾离开。随着最后一位具有鲜明京派文学写作风格作家汪曾祺的离世，以及"民国文学"概念的提出，研究浪潮再起，而"民国文学"概念的确立，则是从孙郁的《民国文学十五讲》发表开始明确的。

京派文学与海派文学的比较甚至出现争论，沈从文从湘西来到北京，一度为了谋生再到上海，但因不适应那里的文化气氛，返回北平后主编《大公报·文艺副刊》，形成北平较大的文学阵容，开始发表了《文学者的态度》和《论海派》的文章，从而引发了民国文学史上关于京派与海派的一场讨论。在《论海派》中，沈从文对海派颇有微词，对京派称赞有加。但是，作为一个在特定时期出现的文学现象，也因为国内外形势的剧变。尤其是抗日战争全面爆发，作家人群出现分化，留在北平与走向大后方作出各自的选择，必然出现新的嬗变和组合，而继抗战胜利之后的内战同样会催生新的文学状态。京派文学如此，海派文学也是如此。因此，他们同历史上众多的文学流派一样，说到底还是一种与历史环境相吻合的文学流派。正因为如此，晚年时期的鲁迅对京派和海派之分并不以为然，他更强调需要新的知识阶级和相应的文学家，既不是象牙塔里的，也不应当有太多敏锐的感性。

那么究竟应当如何回看历史的京派文学和海派文学呢？对于20世纪30年代海派文学的特质，人们的认知一直是清楚的。什么是京派文学，似乎有两种不同的理解，比如将京味文学等同于京派文学，其中或许有重合和联系，但现代京味文学的大旗显然由老舍来扛。京味文学是由地区文化决定的地域文学流派概念，其视野和文学语言都有明显特征。京派文学从创作视野和作家群来看却有些五湖四海。他们多半寄居在北平，在人生经历、文学情怀和审美取向上有着共鸣，在知识结构上也比较完整。他们不一定是北平人，创作题材也不一定取之于北平，但具有一致的审美评价和观察视角。

一般认为，京派文学并不是京味文学。民国文学视野中京派文学的代表人物有沈从文、朱光潜、俞平伯、凌叔华、废名、朱自清、何其芳、卞之琳、林庚和周作人等，林徽因则是潜在的批评家，他们各自性格和能量或有不同。比如，先在北大任教后又调到吉林大学的废名，虽性格乖直，但文学名声与沈从文齐名，被认为是周作人的"私淑弟子"，创作风格又是一样。一些影响很大的作家，如周作人为日伪政权做事，毁掉了他的文学事业。但在一定程度上，庇护了没有撤到大后方的京派作家，继续在沦陷区里挣扎。他们形成所谓"苦雨斋"作家群体，度过了一段艰难的日子。从广义上讲，鲁迅、胡适、徐志摩、闻一多、朱自清未必不是京派作家；上海地区的作家，如巴金、钱钟书也未必是沈从文心目中的海派作家。因此，当时的情况要比想象的更复杂些。

从知识结构上讲，京派文学中大多数人具有学者和作家的双重身份。抗战胜利后，国立西南联合大学各自复校，沈从文也担任了北京大学国文系教授。许多人曾经用现代士大夫去描述他们，恰恰说明他们都有用当代知识观念看待传统文化的特征。延续到后来的汪曾祺、张中行、金克木等身上，主要是从写作风格上讲的。他们在文学气质和创作气韵上比较温婉、内敛和沉潜，反映的又多是北方城乡的生活，构成了写作风格流派比较意义上的同一作家群。

但是，仅从知识结构和写作风格流派比较意义上去分析还是不够的。京派文学和海派文学之所以在 20 世纪 30 年代上半期提出比较的问题，至少还有另外几个重要的衡量尺度：其一是地域社会文化形成的主流经济形态因素；其二是重要作家群和文化群流动分布的因素；其三则是文学传播赖以实现的工具属性。

第一个尺度很明显。从区域经济社会发展角度上讲，海派文学植根于大都会商业化土壤，有一定的市井文化色彩；京派文学更多弥漫于传统文化城市的空气里。京派文学离传统文化相距不远，海派文学则与现代商业文化更近。在清末民初，商业文化气息更浓的粤港文学也形成过很大的影响，但最终有些被边缘化，并没有对中国现代文学发展形成更进一步的影响。上海是一座美丽的国际大都市，它所具有的市民文化气场必然决定他们会接纳和选择什么样的文化和文学实现形态。北平是一座历史悠久的名城，但作为传统文化和政治中心，对包括自然经济在内的多种经济形态更具包容性，同样也会决定他们接纳和选择什么样的文化和文学实现形态。不同的文化接纳和选择取向决定了北平的平民文化诉求同上海的市民文化诉求具有较大的差异，反映在文化和文学风格流派上，自然会出现这样和那样的不同。

第二个尺度同样重要。在北伐成功之前，北平集聚了主要的新文学作家群，包括周氏兄弟，海外归来的徐志摩、陈西滢乃至更早一些的胡适等作家，以沈从文为代表的北漂新生力量同样十分重要。随着狂飙社、语丝社等文学社团不断出现，北平俨然是新文学的第一中心，不会产生文学流派的比较问题。北伐成功前后，随着北洋政府垮台和国民政府定都南京，许多作家南下上海，或者转到青岛去教书，出现了一次明显的文学群落地域分化。随着狂飙社、语丝社海归们在沪上升起了新月，提倡普罗文学的则在创造社之后崛起了太阳社，接着就是中国左翼作家联盟的成立，这样一些新的因素注入，在一定程度上重塑了海派文学总体形象。留守北平的则多半是北大的教授兼作家，如周作人、朱光潜、废名和俞平伯等。他们在一时清冷中办起了耐旱的《骆驼草》周刊，一直到沈从文从南方辗转归来并接办了《大公报·文艺副刊》，京派文学才真正成了大的气候。但是，京派文学也不是完全一体的，学者兼作家们更倾心于明清以来的灵性小品和文学研究，小说家沈从文的创作则更多地带有平民色彩。有研究者曾用"隐士派"来描述京派文学中的学者兼作家群体。1927 年前后，五四新文学群体呈现了"隐士派"和"战士派"甚至还有"策士派"的纷争。如果此说能够成立，京派文学中的许多人倒是隐于文学的群体。他们总体上比较低调前行，至少没有海派文学那么热闹。

第三个尺度则经常会被忽略。即京派文学在 20 世纪 30 年代中期崛起，20 世纪 40 年代中期再次短暂发展，是借重于《大公报·文艺》强大的传播力。《大公报》一直主张"不党、不卖、不私、不盲"为办报方针，《大公报·文艺》也必须与之契合。这同海派报纸往往出现正刊与副刊相背离的现象有所不同。因此，《大公报·文艺》也就是大众文艺，这样去看京派文学的历史现象，或者更贴近一点。

这并不会降低京派文学的独立价值和沈从文在现代文学史上的重要地位，随着京派文学的出现，打破了 20 世纪 30 年代初期笼罩在北方文坛的一片沉寂，出现了引人注目的新亮点。在此后一段时间里，北方虽然有左翼作家在活动，但没有形成有效的文艺平台，唯一能在这一潭死水里搅出较大浪花的就是京派文学的作家群。

在这个时期里，沈从文的小说创作有了更大的升华，尤其是《边城》的出版，成为他创作的一个高峰期。沈从文的作品不但语言精练，刻画入微，更具有强烈的人文主义情怀和人道主义色彩，他是京派文学作家里最接地气的一位。他在《边城》里创造的青年农村女性翠翠，形象朴质生动，给人久违了的艺术美和人性美，并不能视为"象牙塔"里挤出来的人物。沈从文喜欢赞美农村，厌恶城市，不只是因为他在上海的一段生活和创作，差一点让他迷失本性，而是因为他自小生活在湘西这个风景优美、民风虽然强悍但不失本真的热土里。他个人并没有传统文人常显露的纵情山水的士大夫情愫，而是选择了他最熟悉的生活场景。把现代士大夫的头衔送给他，实在有些望文生义。他也描写自己曾经经历的行伍生活，不仅是因为湘西尚武精神以及他的父亲曾经在辛亥革命后参加过"刺袁行动"，而是他在湘西的兵营里当文书，那未必就不是他的一所社会大学。

在京派文学作家群里，也有不少学者教授，但他们各有各的知识系统和生活经历，或者有着自己的艺术认知，但他们的探索是认真的、执着的。如参与创作并一直默默支持京派文学的林徽因，与梁思成跑遍中国的山山水水，为的是中国的古建筑艺术，并不是寻常的猎奇者。她的"太太客厅"和朱光潜的"文艺沙龙"活动虽然来自欧美的文艺聚会，或者其间也有历代文人雅逸之举和情怀寄托，是当时最有效最能聚合作家和艺术家的互动形式。

与京派文学相比较的海派文学，从今天来看，同样价值巨大。由于社会经济形态的不同，历史文化环境的不同，文学流派也不同，这其实是文学反映生活的一种地缘规律，并不能由自身的文学生活经验来判别和区分，也不能由一般的观感来区分高低。

我们以最为随性的散文创作来讲，京派的风格比较雍容，海派的风格比较清秀，但论起人间烟火气，海派散文更浓厚也更真实，海派散文渗透着都市情怀，京派散文却有着更多的山野气息和对过去时代的追忆。张爱玲就这样说过："我喜欢听市声。比我较有诗意的人在枕上听松涛，听海啸，我是非得听见电车声才睡得着觉的。"这就道出了南北文风的不同。或者说，海派散文的琐碎化源自生活细节的放大，京派散文的写意和写意中的刻意留白，却源自生活中的闲适，虽然京派散文的作者有许多来自南方，但生活久了也就入乡随俗了。

京派文学与海派文学的差异，也在于上海是一个开放的商业城市，从总体上更容易接受海外文化的影响，表现在文学上，经常是闪现洋场情调，或者更多借鉴西方现实主义的表现形式。

不管京派文学，还是海派文学，其实是不同时期、不同地区、不同作家群体的文学集合概念。文学流派或者各有长短，但它们都是推进文学艺术发展的重要文化实现形式。这也影响到办报办刊的风格，影响到副刊的面貌。

按照沈从文的一贯文学追求，1946 年 10 月，他与杨振声、冯至第二次主持天津《大公报·星期文艺》副刊，不久，冯至主编《星期文艺》。沈从文编辑写作两不耽搁，接任了《益世报·文学周刊》《平明日报·星期艺文》，京派文学园地进一步扩大。1947 年《文学杂志》复刊，朱光潜担任主编，但当时朱光潜在北京大学西语系任系主任，并代理北京大学文学院院长，工作繁忙，实际组稿编辑工作还要依靠沈从文。这一年，沈从文在《文学杂志》上先后发表了《乔秀和冬生》和《传奇不奇》两篇小说，文学创作就此结束。在形势的变化中，京派文学开始从高潮进入尾声，但这也符合文学艺术发展的一般社会变化规律。

沈从文在北京大学的经历直接影响了他的文学创作，他也为中国现代文学的发展作出了突出贡献。沈从文决意进入中央革命大学学习，一方面对中国的未来充满期望，另一方面又时时担心自己能不能跟上时代的变化，开始了另一段人生。中华人民共和国成立后，他在中国历史博物馆和中国社会科学院历史研究所工作，主要从事中国历史和各民族服饰研究，出版了著名的服饰艺术专著《中国古代服饰研究》，成为整理中国非物质文化遗产的卓有成就的专家和先行者，并在文学贡献再次得到社会认可中安然离世。

沈从文作为中国一流的小说家，著述颇丰，但他的大半生都与文艺副刊打交道，他是一位与报纸文艺副刊相伴而行时间最长、频次最密的优秀作家。他成就了文艺副刊，文艺副刊也成就了他的文学事业。他也是一位编辑艺术家，不仅效率高，也具备优秀编辑的素质：一是不厌其烦，认真细致地对待每件文艺作品并悉心修改，大到立意小到错别字都不会放过；二是培养后进生，萧乾的第一篇小说《蚕》就是经他细致修改后，发表在《大公报·文艺》上的。萧乾曾经回忆，沈从文对他讲了文字的基本功，并说"活跃的字，正如活跃的人，在价值上便有了悬殊的差异"。他强调文笔洗练，少用虚字，语言精致而富于情韵之美，这让萧乾受益匪浅。沈从文的创作追求也直接影响到青年萧乾，萧乾的短篇小说《矮檐》《落日》等作品同样具有泥土气，而他的《雨夕》写出了对一位疯女子无限同情的故事，他的《流民图》真实反映了天灾人祸、民不聊生的悲惨状况。

　　像萧乾这样一位刚刚毕业的大学生，能够在沈从文之后接手《大公报·文艺》，并且干得很出色，与沈从文的培养和推荐有着直接的关系。他不仅用自己的写作支持萧乾，甚至在萧乾为鼓励创作设立中国第一个文艺奖金评选时，亲自担任评委。沈从文力求不埋没好的稿子，萧乾也是如此。《废邮存底》其实是沈从文与萧乾的一个合集，在巴金主编的《文学丛刊》上发表，名震一时的沈从文与初出茅庐的后辈合集，也是当时文坛的一桩美谈，他自始至终关注着《大公报·文艺》和萧乾。沈从文是一个有眼光、有耐性的文学编辑家。

　　广西大学文学院学者彭林祥曾对《从文自传》的不同版本作过比较研究。据他统计，在近70年里，《从文自传》出版的10余种版本，最主要的是出版了邵洵美的"自传丛书"，那时沈从文文学活动暂时处于低潮时期。接着出现了良友本、开明本、人文本、选集本、文集本等不同版本。前后有文字修改和家世资料的内容增加，尤其是在人文本里，有关于沈从文有四分之一苗族血统的补充记录。沈从文的湘西和湘西文学传奇色彩更加引人注目，但他的文学活动和相应的文艺副刊活动记录并没有多少变化。文艺副刊编辑与文艺创作的互动，贯穿在他前半生的事业追求里，实际上也是他在小说创作之外的另一条重要的文化生命线。

15. 萧乾与《大公报·文艺》

　　萧乾是沈从文一手培养并移交《大公报·文艺》的优秀副刊编辑，也是《大公报·文艺》最后一任主编。1935年，萧乾初任主编时正值七七事变爆发前夕，《大公报》撤离天津，在上海创办了《大公报》（上海版）。上海沦陷后，《大公报》又开创了香港版，萧乾随之在香港任《大公报·文艺》主编一年。虽然总共任职时间只有4年，但他不负众望。

　　1935年，萧乾大学毕业后进入《大公报》，担任报纸副刊《小公园》的主编，基本是天天出刊，他主编《小公园》共出版60期。同年9月，《小公园》的版面并入《文艺》。不久后，在沈从文的支持下萧乾全面接编了《文艺》。

　　迁沪与迁港后的《大公报·文艺》编辑活动，是在抗日战争的烽火中度过的，刊期必然不甚稳定，在内容上也需要刊载战地通讯一类的文章。因此，所谓京派文学的大本营，在沪港大公报时期已经不复当初，萧乾也不能继续发扬沈从文开创《文艺》时的编辑传统。但是，在萧乾同时编辑津沪两版《文艺》的时候，也是萧乾副刊活动最活跃的时期，他不断开辟各种专栏，使副刊的文学性和报纸的新闻性进一步结合起来，特别是书评的集中出现，成为萧乾《文艺》副刊的一大特色。每个月他都要组织写作茶会，地点在中山公园的"来今雨轩"。在纪念天津《大公报》十周年的时候，他还从《文艺》发表的作品中选编了《大公报文艺丛刊小说选》，并由林徽因任主编，其中既有名家作品，也有新人新作，共有30篇文章。萧乾主持《大公报·文艺》工作，虽然时间不算长，但推出一些很有影响的栏目，主要有《书报简评》《文艺新闻》《读者和编者》《文艺通讯》《文艺短论》等。他还首次设立文艺和科学奖金，受到作者和读者的支持。

《大公报》经营地点的迁移，也使萧乾开始了新的写作人生，那就是担任了给他带来巨大声誉的"二战"国际随军新闻记者资格。1938 年夏天，萧乾到香港《大公报》继续编辑副刊《文艺》，一直工作至香港沦陷。1939 年至 1945 年，他的人生事业亮点至少表现在两个方面：一是《文艺》编辑的创新活动，为时只有一年的时间，1936 年末，萧乾调到上海，筹备沪版《大公报》，同时管理天津版和上海版《文艺》；二是担任战地记者，至少有 6 年至 7 年的时间。其间也有赴英国伦敦大学东方学院教书的短期经历，后来又进入剑桥大学读书。

在英国伦敦大学东方学院教书时，萧乾就兼为《大公报》驻英特约记者。1943 年，"二战"进入关键时期，萧乾放弃继续读书的机会，再次进入《大公报》，并申请到战地记者资格，成为中国当时唯一一位奔忙于法国战区并随同美国第七军进入柏林的战地记者。

萧乾，原名萧秉乾或萧炳乾，生于 1910 年 1 月 27 日，这个生日日期是他在后来通过新旧历对照表确定的。因为他出生在北京的一个蒙古族贫民家庭里，13 岁时他就成为孤儿，根本没有条件和机会弄明白自己的阳历生日，一直沿用阴历。他是个遗腹子，生下来就没有见过父亲。母亲为人帮佣，一个月才会有一次机会回家看望他，所以他除了由亲戚偶尔照料，很小的时候就到地毯作坊里做学徒帮工，甚至到奶羊圈里去干别人不愿意干的杂活。即便生活如此困苦，他还是断断续续地完成了中学学业。1928 年，萧乾 18 岁时到外地中学教书一年，回京后，居然考入门槛很高的燕京大学。也许是因为他的孤儿身份而得到过基督教会的关照，让他能够继续学习，但他凭着自己的勤奋和天资上了大学。不久后，他由燕京大学转入辅仁大学，先是学习英国文学，后改学新闻专业。在这里，他遇到了自己的第一位新闻老师埃德加·斯诺，他的中英文底子都很好。1931 年，萧乾与埃德加·斯诺一起编译了《中国简报》和有关报道文集，初露中英文写作才华。

萧乾非常热爱文艺创作。1933 年，在燕京大学读大三时，他就在《大公报》文艺副刊上发表小说处女作《蚕》，引起了读者的关注。尤其是一直关注《大公报》的林徽因看到这部短篇小说，就通过沈从文邀请萧乾到她家做客，林徽因对萧乾当面的评价是"你是用感情写作的，这很难得"。令萧乾没有想到的是，林徽因居然把其中的文字大段地背了出来。从此萧乾成为林徽因"太太的客厅"的常客，经常听取她对文艺作品和文艺刊物的精辟分析。林徽因欣赏萧乾的才华，萧乾也一生感谢这位文学领路人。百花文艺出版社出版《林徽因文集》时，重病住院的萧乾口述作序，这是萧乾的最后一篇文章。

萧乾的战地采访是颇有特色的。他的新闻视野很宽，除了欧洲战事的进展，还在后期采写了第一届联合国大会和对纳粹战犯的审判现场。他不仅是一位新闻事件的记录者，还具有一般记者少有的整合思考。这在他出版的《一个中国记者看二战》一书中可以看出来。

他也是把具有感染力的文学语言同新闻的真实性有机结合在文章里的出色记者。他的新闻报道不失真，但读来身临其境，这与他从事过创作和编辑过副刊是紧密相关的。比如他后来也采访过抗战期间中国军民用血肉筑成的滇缅公路。他说，"世界上再也找不到第二条公路同一个民族的命运如此息息相关的了""有一天你旅行也许要经过这条血肉筑成的公路。你剥橘子糖果，你对美景吭歌，你可也别忘记听听车轮下面咯吱吱的声响。那是为这条公路捐躯者的白骨，是构成历史不可少的原料"。人们真可以将其当作诗来读，那是他最真实的报道和史诗式的文笔。

萧乾钟情于新闻特写的写作，因为在他看来，特写是用文艺笔法写成的新闻报道，宛如在鼓面上跳舞。他一直受他的第一位也是唯一的新闻老师埃德加·斯诺的影响，更希望用生动的细节去报道新闻事实。他在《人生采访》一书中说："我只是想怎样把新闻文章写得稍有点永久性，待事过境迁后，还值得一读。"他擅长抒情，也善于白描，后者又有沈从文的影子，文字幽默清丽，内涵很深。他有倚马可待之才，对于这一点，冰心也称赞他"真能写""是快手"。

1949 年，萧乾回到香港《大公报》，他当年的同学杨刚，后来是《人民日报》第一位女性副总编建议他回大陆发展。1956 年，萧乾成为《人民日报》为数不多的特约记者。1957 年被错误划为右派。1979 年平反昭雪。他一生著述很多，涉及文艺和新闻采访，主要有《枣核》《梦之谷》《萧乾散文》《一个中国记者看二战》《萧乾自述》《一本褪色的相册》《玉渊潭漫笔：萧乾随想录》《老北京的小胡同》和副刊文丛之《武艺十八般》。晚年转向翻译工作，与妻子文洁若共同翻译了难度极大的文学名著《尤利西斯》，获得第二届全国优秀外国文学图书奖。1999 年萧乾逝世于北京。

萧乾早年主要服务于《大公报》，在副刊编辑和国际新闻采访中都有大贡献，是一个难得的多面人才。由此说来，《大公报》在报业历史上能取得多方面的成功，主要是发现和使用社内及社外人才。《大公报》拥有最出色的政论家，拥有最出色的副刊编辑，也拥有最出色的新闻记者，他们中有许多是两栖或者多栖人才。

在副刊方面，《大公报》除了沈从文和萧乾以及徐凌霄，还有不少行家里手。《大公报》不拘一格使用人才，使得副刊体系最完备，编辑水准也最高。从 1939 年开始，周太玄为《大公报》编辑《星期论文》和《现代思潮》周刊。《星期论文》是一个综合性理论版面，既要懂各方面的专业理论，又要懂报刊文章的编辑技巧。周太玄毕业于中国公学，他在张季鸾担任过总编辑的北京《中华新报》当编辑，是位杰出的综合理论编辑人才。有了这样优秀的人才，《星期论文》成为《大公报》的王牌栏目，而更多的副刊、周刊也就纷纷出现。一直与《大公报》竞争的天津《益世报》别开蹊径。在 1935 年 10 月至 12 月，记者王瑞霖到上海采访记录了 97 岁高龄的马相伯的回忆谈话共计 67 篇，以《一日一谈》为题，在《益世报》上连续刊出。《一日一谈》谈慈禧、溥仪、袁世凯、丁汝昌、张之洞、郑孝胥一直到胡适。马相伯是中国第一位神学博士，是中国近代高等教育的开拓者。他创办了复旦大学，也代理过北大校长，蔡元培、于右任和邵力子都是他的门生，是一位跨越道光、咸丰、同治、宣统和民国，经历过重大历史事件的人物。青年时代，他见过忠王李秀成在教堂里祈祷，也在李鸿章手下办过洋务，曾任清政府驻日公使馆参赞、驻神户领事和民国第一任南京市市长。他也是一位著名的爱国人士，在抗日救亡中发表《泣告青年书》和《国难人民自救建议》

等，呼吁"耻莫大于亡国，战虽死亦犹生"。上海沦陷后，移居桂林，桂林危难，绕道越南赴重庆时，因病体不支，滞留在越南谅山。1939 年 11 月 4 日，马相伯在异国他乡溘然长逝，灵柩安葬于上海。

在新闻采访方面，《大公报》拥有的名记者最多，自己培养的名记者也最多，如范长江、彭子冈、孟秋江、陆诒、徐铸成等。清华大学的吴宓为《大公报》编辑《文学副刊》，画家黄永玉年轻时在《大公报》工作过，《三毛流浪记》漫画作者张乐平以及作家金庸，都因《大公报》而出名。在民国政界，胡政之和吴鼎昌不必说；在作家圈里，鲁迅、茅盾在《大公报》都有作品或者专栏。沈从文的主要文学成就更与《大公报·文艺副刊》分不开。而萧乾则是一位《大公报》内部跨界写作的杰出编辑和作家。1937 年，范长江从四川内江出发，沿着龙门山区北上陕甘宁青绥，连续采访发表了《中国的西北角》和《塞上行》所有的通讯。范长江是中国青年记者协会的主要领导人，翌年由周恩来介绍入党。皖南事变后，他前往香港，参与筹备《华商报》，之后经武汉、上海进入苏北抗日根据地，担任了《新华日报》（华中版）社长，后来担任了《解放日报》和新华社副总编辑。

跨文艺与新闻两界的人才一般文字灵动，又有社会活动能力，知晓新闻和文艺的异同，能够担负更多的报刊编采角色，这里可以举一个后来从香港去台湾的副刊编辑陈纪滢的例子。此人有时被偶尔提起，其实也是位身手了得的编辑和记者。后来陈纪滢成为台湾专任"立法委员"，并在台湾《中央日报》担任董事长。这里有什么奥妙不得而知，但他到台湾后出版了几十种著作，主要是游记，如《欧阳剪影》《美国访问》《美国的图书馆》《西班牙一瞥》《欧洲眺望》《西德小驻》《了解琉球》，还有小说和传记《荻村传》《报人张季鸾》《贾云儿前传》《华夏八年》《华裔锦胄》《百年来中国文艺的发展》等。他的《荻村传》写了一个白天是人世界、夜里是鬼世界的故事，被张爱玲译成英文出版。

陈纪滢生于 1908 年，河北安国人。1924 年，就在北平《晨报》上发表作品，后来到哈尔滨《国际协报》主编文艺周刊《蓓蕾》。1928 年，曾与孔罗荪发起成立蓓蕾文艺社，由此开始形成东北新文学的作家群。1931 年一度兼任《大公报》的特派通讯员。1933 年在《大公报》发表长篇通讯《东北勘察记》。陈纪滢作为新疆特派记者和驻苏特派记者在 1938 年开始了天山行。1940 年和 1942 年两度赴新疆，发表了游记《新疆鸟瞰》，后由商务印书馆结集出版，填补了范长江未能到达中国最西端的缺憾。1946 年，他脱离《大公报》后，当起了自由新闻人。

16. 老舍与《青岛民报·避暑录话》

　　1935 年，青岛出现了一个特别的微型副刊《避暑录话》，存续时间不长，但在全面抗战爆发之前，也是一片难得的文艺亮色。

　　当时的青岛陆续集聚了许多著名的学者、作家和艺术家，其原因：一是青岛大学改为国立山东大学，需要很多知名作家和教授；二是杨振声被聘为国立山东大学校长，请来近 20 位作家教授到国立山东大学任教，包括老舍、闻一多、梁实秋、李达、沈从文、王统照、丁西林、童第周、王淦昌、游国恩、萧涤非、张煦、王恒守、王普、博鹰、吴伯箫、洪深、赵少侯等，其中有很多是作家和艺术家，或先或后来到青岛。老舍、王统照、洪深、赵少侯、王亚平以及刚从山东大学毕业的臧克家聚于青岛，在《青岛民报》副刊编辑刘芳松（刘西蒙）的操持下，很快就促成了《避暑录话》附在《青岛民报》上独立发行。1935 年，《避暑录话》开始刊出。萧军从东北流亡到青岛，在另一家报纸副刊当编辑，因为有同业竞争的关系，也就无法参与《避暑录话》的编辑工作。但王余杞加入了《避暑录话》，因为他在铁路供职，正好到青岛筹备铁路展览业务，也就欣然撰稿。

　　《避暑录话》表面上有些避暑消闲文化的味道，但如果将其视为一般的消闲纳凉的小报副刊，自然会有些望文生义。《避暑录话》或借用杜甫《饮中八仙歌》的说法，或来自苏轼的有关典故和笔记文，这其实并不重要。关键有两点：一是青岛大学在 1932 年正式改为国立山东大学之后，一时群贤毕至，进入了新的文化发展期，青岛进步文化人士也有干点事情的热情和冲动。二是由京沪汇集青岛的文化人士在执教之余，也需要发出自己的社会声音，两种诉求碰撞在一起，也就促成了这桩盛事。正像洪深撰写的发刊词题解所言，"他们要和政治家的发施威权一样，发挥所谓文艺者的威权"；也像老舍所说的，"天下大事都有英雄俊杰在那儿操心，我们只向文海投了块小石，多少起些波圈，也正自不虚此'避'"。洪深后来回忆说，取名《避暑录话》，意在"避国民党达官老爷们之炎威也"。而老舍也在《避暑录话》上发表的一则短文里不无幽默地写道："有钱的能征服自然，没钱的蛤蟆垫桌腿而已。"

《避暑录话》自 1935 年 7 月 14 日正式刊出至 9 月 15 日停刊，共出版了 10 期。老舍在其中的 9 期里刊出了 11 篇文章，包括小说一篇、旧体诗 3 首。王余杞的连载《一个陌生人在青岛》也连续刊出了 9 期成了连载。洪深则刊出了老友田汉在狱中的明志诗："江山已待争兴废，朋辈都堪死共生。壁上题诗君莫笑，明朝又是石头城。"

《避暑录话》的发起人由 12 位文人组成，因此也就出现了所谓"同人副刊"的说法，老舍在代终刊词中也确实提及，"不滥收外稿，不乱拉名家，这个刊物或者能很出色。《避暑录话》未能把这些都办到"。老舍的这个说法，可能是从艺术水准的进一步提升上讲的，但也是因为《避暑录话》后来被当局盯上，为遮人耳目而讲的。《避暑录话》里也有消闲的文章，其实也和刊名相吻合，《避暑录话》的背后毕竟并无文学社团支撑，带有灵活性。《避暑录话》出版第 10 期之后，老舍连国立山东大学教职工作也一并辞去，忙着写他的小说《骆驼祥子》去了。

《避暑录话》多少有些志趣相投的同人性质，但也有一些质量较高的外稿，作者局限在青岛。比如有"水同天"的化名稿件，水同天是甘肃省榆中人。1931 年毕业于美国奥柏林大学的英文系。1933 年获得哈佛大学比较文学硕士学位，著有英语读本，曾经翻译过巴尔扎克的小说，也发表过不少作品，其时他在国立山东大学任教时，与吴伯箫同在一系。另一位潘炳皋（冰高）毕业于北京师范大学英文系，与吴伯箫是同窗校友，在北平上学时多次参加学生运动，喜欢文学，曾经发表过《鲁迅先生访问记》，在太原教书时，他组织过新文学社团——澎湃社。《避暑录话》发表了他们的作品，有利于扩大刊物影响。而《避暑录话》在很短的时间被外界所知，说明它有一定的社会开放度，不能以一般的同类刊物视之。

《避暑录话》来自叶梦得的《避暑录话》，这是一本世说式的笔记文，主要是前朝典章、时事旧闻。叶梦得是南宋词人，当过翰林学士和户部尚书，号石林居士，有《石林词》《石林诗话》《石林燕语》等。以《避暑录话》命名副刊，看似清闲和随意，但又带有必然性。抗日战争爆发前夜，红军进入陕北，并发布了建立抗日民族统一战线的主张，但西安事变尚未发生，敏感的文艺家们处于重新组合寻找方向的过程中，而青岛成为南北文化和人员流动集散地的重要过渡带，必然会在文化交流中擦出新的火花。从这个意义上讲，《避暑录话》的出现，是在不经意中出现的进步文化人和文学火花碰溅与自我检阅的一次小集结。

《避暑录话》的组稿聚会轮流坐庄，刘芳松作为《青岛民报》副刊主编在具体环节上代司其职，稿子的选取一般在 12 人聚会中决定，因此制度也不甚严密。在编辑形式上，《避暑录话》有点像胡适和徐志摩在上海创办的《新月》，没有董事会，经营由《青岛民报》代行。但这并没有降低刘芳松的主导作用，如果不是他力推和参与具体编辑工作，《避暑录话》未必能够出现。

刘芳松在青岛开始文学创作，在《青岛民报》上发表文艺作品，并认识了《青岛民报》总编辑杜宇。1929 年参加艺术团体"一八艺社"。1930 年南下杭州，进入西湖艺术学院，接触美术创作，旋即到上海加入"左联"，用笔名"风斯"在《北斗》和《文学周报》上发表文章。1931 年加入中国共产党，并担任了"左联"美术党团书记。1934 年他回到青岛，开始编辑《青岛民报》副刊。《青岛民报》有与国民党改组派人士合作的背景，但属于私营报纸。1932 年 1 月，青岛《民国日报》报道了刺杀日本天皇事件的新闻，并称暗杀者为"义士"，恼羞成怒的日本人提出《民国日报》不能在青岛继续出版。《青岛民报》避过了这一劫，并获得发展空间。《青岛民报》创办之初，因为在不同的报纸编辑副刊，这也是近在咫尺的萧军未能与《避暑录话》发生交集的原因。先后担任《青岛民报》副刊编辑的有姜宏、于黑丁和刘芳松。1936 年，刘芳松去了北平。1937 年，孟超接编了《青岛民报》副刊。刘芳松在任时，《青岛民报》副刊叫《花絮》，此外还有一个周刊叫《每周文艺》。刘芳松的笔名有西蒙、叶绿素、风素、风斯等。后来，他回到安徽工作，担任过安徽省文联主席，一直工作在文化界。他发表过不少优秀作品，也有很高的业界威望，尤其为黄梅戏《天仙配》的改编付出了心血。他对当年《避暑录话》的出版记忆犹新，留下了比较权威的访谈记录。

对于《避暑录话》，有一段时间也发生过一些细节争论，主要涉及 12 位发起人究竟是谁？臧克家在《避暑录话》发表文章，对他来讲，这是一个重要的文艺时期和人生转折点，看重《避暑录话》也是必然的。王余杞也在回忆文章中谈到《避暑录话》，主要是遗漏了李同愈，而李同愈是由青岛走出来并在香港继续发展的青年作家，在创作上受到王统照的鼓励和影响。后来，在香港参加文艺抗战。在《避暑录话》12 人里，杜宇、刘芳松、孟超、臧克家和李同愈都是胶东籍作家，占到总人数的近一半。这说明《避暑录话》是跨地域文学互动的产物，但非偶然出现的组合，其发挥了强大的文学交流功能，并为青岛乃至山东文学力量的崛起发挥了积极的作用。

孟超不仅是《青岛民报》副刊最后一任主编，在洪深的影响下，也成为著名剧作家。孟超是山东诸城人，他毕业于上海大学中文系。1927 年，他在在武汉全国总工会工作。1928 年在上海加入太阳社，并与冯乃超、夏衍等人创办艺术剧社。抗战结束后，曾经编辑过《西南日报》副刊。1947 年赴香港，编辑过《大公报》《新民报》文艺副刊。中华人民共和国成立后，先后任戏剧出版社副总编辑和人民文学出版社副总编辑。1964 年因创作的历史剧《李慧娘》受到批判。1979 年平反昭雪。

臧克家是著名诗人，山东诸城人。1925 年发表处女作《别十与正罡》。1929 年发表新诗《默静在晚林中》，在加入《避暑录话》之前，就受到在青岛大学任教的闻一多的影响，出版了第一本诗集《烙印》以及《罪恶的黑手》和《运河》。1936 年，他曾经三赴台儿庄前线采访，写有长篇报告文学以及《从军行》《淮上吟》《古树的花朵》等。他担任过《诗刊》主编，出版有《臧克家全集》（十二卷本）。

《避暑录话》没有固定编辑，但灵魂人物是老舍，主持工作的也是老舍，发刊词出自洪深，终刊词《完了》则是老舍在《避暑录话》上发表的。这应当是老舍直接介入副刊编辑组稿活动的唯一一次，因此很有些象征意义，也展现了老舍内心活跃的另一面。随着《避暑录话》的结束，老舍或许有别的考虑，但专心投入《骆驼祥子》的创作，则是最主要的原因。

老舍的创作风格比较沉稳，他的幽默文字也属于冷幽默，不疾不徐，但有非凡的悲喜剧效果。《避暑录话》共出版 10 期，从名称到内容都有些老舍风格，期数不多，绵里藏针，因此也很令人回味。假设老舍更多地投入副刊编辑，那会是什么样子？一定是阅读者如潮，就像他的小说与话剧一样。

老舍是我国现代杰出的小说家和剧作家，这一点新文学各派人士都是公认的，即便如梁实秋这样挑剔的文艺批评家，都惊异于老舍用地道的北京方言写作，居然有那么大的魅力和幽默感。

老舍原名舒庆春，字舍予，生于 1899 年，逝于 1966 年，是满族正红旗人，是位杰出的语言大师和人民艺术家，也是新中国第一位获得"人民艺术家"称号的著名作家，他的作品有浓厚的底层生活气息，也有十分强烈的家国情怀。他的父亲阵亡于抵抗八国联军巷战中，幼时家道艰难，总算读完了师范，在北京方家胡同小学当过校长。1921 年，发表于日本《海外新声》的白话文小说《她的失败》，虽仅有 700 字，但是迄今发现老舍最早的作品。1922 年，老舍受礼加入基督教，在燕京大学补习英文，这为他日后赴伦敦大学亚非学院讲学奠定了语言基础。1923 年，老舍在《南开季刊》上发表短篇小说《小铃儿》被视为处女作。他在英国完成长篇小说《老张的哲学》《赵子曰》《二马》的创作。1930 年回国，任教于齐鲁大学文学院。此后几年，陆续发表长篇小说《小坡的生日》《猫城记》《离婚》，以及中篇小说《我这一辈子》《月牙儿》等作品。1934 年到国立山东大学任教，补上了没有亲自编辑报纸副刊的缺憾。

1939 年，伦敦出版社还出版了最权威的《金瓶梅》译本，这是由老舍合作帮忙翻译的。1946 年，老舍在美国讲学一年。1949 年 10 月回国，继续从事话剧创作和小说创作并担任北京市文联主席、中国作协副主席。在"文化大革命"期间，不甘受批斗之辱，自沉北京西城太平湖。

　　他的长篇小说《猫城记》《骆驼祥子》《四世同堂》都连载于报刊上，许多更为通俗的作品也主要发表在报纸副刊上。他主持《避暑录话》，看似机缘凑巧，但其中也有他对副刊的一种无为而有为的举重若轻，犹如他的小说和话剧，在自然态中见风骨。因此，《避暑录话》虽是一朵一跃而逝的小浪花，但晶莹剔透，值得细细研究。

17. 夏衍与《华商报》副刊

　　夏衍是著名电影和话剧剧作家、报告文学家，也是著名的红色报人，并与报纸副刊的编辑有不解之缘。夏衍原名沈乃熙，字端先，浙江杭州人。1900 年 10 月 30 日，夏衍生于余杭彭埠严家弄。1914 年毕业于德清县高小，当过染坊店学徒。15 岁时考上了浙江省立甲种工业学校，后来又到日本明治专门学校电机科学习。1924 年加入国民党。1927 年，他在"四一二反革命政变"后被开除党籍，同年 5 月回到上海后加入中国共产党，在上海闸北从事工运工作。

　　1929 年，夏衍参与筹备中国左翼作家联盟，被推举为执行委员，并翻译了高尔基的作品《母亲》。1929 年 10 月，他与郑伯奇组织上海艺术剧社，开始进入影剧事业。1932 年，他先后主编了左翼电影戏剧刊物《艺术》《沙仑》，并担任明星电影公司编剧顾问。1936 年，他写作了著名的报告文学作品《包身工》，后由离骚出版社出版，并产生了较大的社会影响。在这段时间里，他还创作了《赛金花》和《自由魂》（后改名《秋瑾传》）。1937 年，发表了话剧剧本《上海屋檐下》。抗战全面爆发后，担任《救亡日报》总编辑，开始了较长时间的办报活动。《救亡日报》从上海撤离，他先后在广州、桂林继续坚持《救亡日报》的出版，同时创作了《愁城记》《心防》《法西斯细菌》等剧作。《救亡日报》在辗转中坚持出版，夏衍一直伴随《救亡日报》的曲折图存。1941 年皖南事变爆发，在此前后，他创作了《女儿经》《自由神》《压岁钱》等电影剧本。1941 年初，夏衍撤退到香港后，又与邹韬奋、范长江等筹办了《华商报》，《华商报》是中国共产党在香港出版的第一份机关报。1941 年 4 月 8 日正式出版，廖承志是主要负责人，夏衍、茅盾、乔冠华、金仲华都是编委会成员，夏衍全面主持《华商报》副刊编辑，并发表了许多政论时评及大量杂文和随笔。当时颇有影响的专栏还有廖沫沙以"怀湘"的笔名写作的军事评论。

《华商报》在香港出版了8个多月。香港沦陷后，于1941年12月被迫停刊，1946年1月复刊至1949年10月15日终刊。在《华商报》第一次停刊后，夏衍先后还在《世界晨报》《新华日报》《新民晚报》《大众生活》担任编辑或主笔。后来，夏衍出任上海市文化局局长、文化部副部长、中国电影家协会主席和文联副主席，并创作了《林家铺子》《革命家庭》《在烈火中永生》等电影剧本。

夏衍的新闻文化活动大致分为四个时期："左翼电影"时期、《救亡日报》出版时期、《华商报》前后时期、大后方新闻活动时期。

夏衍与左翼电影的出现有着直接的关系。1932年5月，他与同为"左联"执行委员的钱杏邨见面，谈到明星电影公司希望邀请左翼文化人担任编剧顾问，以摆脱业务低迷的状态。这件事当时由瞿秋白主持的会议前后讨论了两次，在洪深策划，郑伯奇赞同的情况下，瞿秋白同意由钱杏邨、夏衍和郑伯奇分别用化名张凤梧、黄子布、席耐芳担任明星电影公司编剧顾问，并迅速成立了电影小组，在剧本创作和电影评论以及电影译制方面先行着手，陆续推出《狂流》《三个摩登女性》等一批电影。

1937年8月24日，《救亡日报》在上海创刊，它是上海市文化界救亡协会主办的，社长是郭沫若，总编辑是夏衍，以宣传抗日为己任。上海沦陷之后迁往广州，广州沦陷以后又迁往桂林。武汉失守后，周恩来与白崇禧同车撤往长沙，白崇禧在途中同意并确定在桂林设立八路军办事处，由李克农任处长，也同意在桂林恢复《救亡日报》。1939年初，《救亡日报》在桂林正式复刊了。那时，桂林文化人士云集，多达千人以上，进步文化团体也有40多个，《救亡日报》成为宣传抗日的主要舆论阵地，日发行量一度从3000份扩大到10000余份。抗战胜利后，1945年10月10日，《救亡日报》改名为《建国日报》在上海复刊，但出版两周后，又被国民党当局封禁。

《救亡日报》桂林版有《文化岗位》和《十字街头》等副刊，大量刊登进步文化人士的作品。当时发表文章的除了茅盾、巴金、田汉，还有邵荃麟、韩北屏、孟超、秦似、端木蕻良等。值得称道的是胡志明在《文化岗位》和《十字街头》上连续发表散文，如《安南歌谣与中国抗战》《两个凡尔赛政府》以及国际时评《意大利实不大利》，他的遣词用语选题谋篇水平之高，连当时一些中国作家也感到望尘莫及。1940 年 10 月，胡志明同武元甲、黄文欢、冯志坚等来到桂林，担任桂林八路军办事处救亡室名誉主席，为中国的抗日战争作出巨大贡献。在桂林，还有日本作家兼翻译家鹿地亘领导的在华"日本人民反战同盟准备会"，鹿地亘依然在《救亡日报》发表文章。木刻家李桦不仅在《救亡日报》发表木刻作品，还发表了《战地走笔》。另一位青年木刻家黄新波则创作了《准备》《还击》等作品。桂林的报纸和文艺出版物很多，报纸副刊也很多。

需要提到的，还有与《救亡日报》一同出现的救亡姊妹报《每日译报》。1937 年上海沦陷后，上海租界成为"孤岛"。除了日伪接管的《新申报》和苟延残喘的《新闻报》，多数报纸停刊或者准备撤离，《大公报》和《文汇报》陆续迁往香港。但在上海有一家由英商挂名的《每日译报》创刊了，《每日译报》聘请原《申报》编辑钱纳水为主笔，梅益、王任叔、恽逸群、杨帆等负责编辑工作，钱杏邨、钟望阳、于伶、陈望道分别主持专刊或副刊，姜椿芳、林淡秋、胡仲持等参与翻译工作。《每日译报》一开始是一份四开小报，后来扩充为对开大型报。这张报纸实际出面推动创办的是夏衍、梅益和姜椿芳。《每日译报》因为是英商挂名，在上海租界沦为"孤岛"期间尚能坚持，《救亡日报》是上海文化界救亡协会举办的，只能撤退到大后方。因此，在一段时间里，这张由进步文化人士和救亡人士实际掌握的《每日译报》，担负了上海抗日救亡的主要舆论工作。

《每日译报》刊登了大量海外战事消息和前方将士的有关报道，为上海的读者打开了更多了解敌后战场的窗口。1938 年 6 月至 8 月，该报刊登了埃德加·斯诺《在日军后方的八路军》和埃德加·斯诺夫人的《华东战场上的新四军》译文，并从 8 月 23 日起连续刊载了毛泽东的《论持久战》。1939 年 4 月 6 日该报发表《声讨汪精卫及其奸党》，还译载了杜威、罗曼·罗兰、爱因斯坦等人支持中国抗战的联合声明，这都是在上海别的报纸上根本看不到的文章和了解不到的重要信息。这份报纸的专刊与副刊也很有特色，专刊有《新奇评论》《时代妇女》《职工生活》《书报评论》《青年园地》《社会科学讲座》《戏剧电影》《科学知识》《儿童周刊》《语文周刊》，副刊有《燃火》《大家谈》《前哨》《文艺通讯》《上海读物》等。《每日译报》还有一种附刊《译报周刊》。《每日译报》日发行量达3万份。但在日伪的压力下，1939年5月，上海租界当局也曾发出停刊两周的命令，以后复刊无期，终被扼杀。1939年6月22日，《译报周刊》发表了《告别读者》，上海进入了新闻窒息期。

夏衍在香港《华商报》从事新闻工作，尤其是副刊编辑的时间有两个阶段：第一个阶段他是经历《华商报》从创刊到停刊再到复刊为数不多的人之一，因此是他报纸编辑生涯中最重要的阶段；第二个阶段是香港《华商报》在抗战中和国内解放战争中，在南方的地位仅次于《新华日报》的报纸，是《救亡日报》的接续，担当了《新华日报》停刊后在解放区之外的多种作用。

香港《华商报》出版分为两个时期：第一个时期是在皖南事变后至太平洋战争爆发，时间在1941年4月8日至12月12日，历时8个月。由香港总商会邓文田任总经理，邓文钊任副总经理，范长江任副总经理兼主持日常事务。1941年5月，中共中央香港分局文化工作委员会在八路军驻香港"八办"主任廖承志的领导主持下成立，下设文艺、学术、新闻3个小组，由廖承志、夏衍、潘汉年、胡绳、张友渔5人组成，中共香港文化工作委员会也就成为香港《华商报》的领导和指导机关。

1941年2月，夏衍由桂林只身来到香港。当时，桂林《救亡日报》已经被封，内地数十种宣传抗日的进步报刊陆续停刊，许多进步文化人和报人转至香港，在《华商报》和其他报纸杂志上继续宣传抗日。在这种情况下，香港《华商报》的采编们进行了分工，社论由邹韬奋、张友渔主持，乔冠华、张铁生等撰写国际述评，夏衍、廖沫沙与范长江在每日一题的《今日的问题》评栏写作了大量文章，产生了很大的影响。乔冠华的国际评论文笔生动，立论精当，署名乔木。胡仲持担任过《华商报》总编辑，此外还有金仲华、羊枣（杨潮）、张明养等人一起为《华商报》工作，阵容很是强大。对于这一段历史，夏衍在1982年发表的《白头记者话当年——记香港〈华商报〉》中，有比较全面的回忆。

《华商报》的报头由孙中山手书集字而成。在抗战中，香港《华商报》坚定地呼吁实行民主政治，建立反法西斯国际统一战线，成为高挂在香港上空的一盏抗日明灯。在《华商报》的影响下，香港也成立了文化人抗敌协会分会，团结了大批在港文化人，诗人戴望舒担任了分会干事。

第二个时期是1946年1月4日复刊至1949年10月15日终刊，这是它的全盛时期。抗战胜利后，中共中央筹备《新华日报》上海版。恢复《救亡日报》的计划受到国民党上海当局阻挠，《救亡日报》改名为《建国日报》，十几天后也遭封闭，在香港复刊《华商报》的计划提上日程。章汉夫、胡绳、乔冠华、廖沫沙到达香港，广东方面派出饶彰风、杨奇等人，经过3个月的努力，《华商报》于1946年1月4日正式复刊。《华商报》吸收了许多在港民主人士，如胡愈之、刘思慕、萨空了、高天等分别担任社论和其他评论的撰写工作。

香港《华商报》复刊后，立即产生很大影响。1946年初，《华商报》刊载了李济深、何香凝向国、共、美三方发出的和平呼吁电，6月又发表了毛泽东提出美国停止和收回对国民党独裁政权的一切军事援助的声明。报纸有力地抨击了国民党推动内战实行政治独裁的政策，也成为联系民主人士、华人华侨和香港社会各界的纽带。特别是由晚报改为日报后，发行量迅速攀升。

1947年春，香港分局设立报刊工作委员会，由章汉夫任书记，《华商报》正式由报刊工作委员会领导。华北银行副总裁邓文钊出任总经理，陈嘉庚、夏衍、饶彰风、廖沫沙、杨奇等参与管理，杨奇担任董事会秘书。报纸拥有自己的印务公司和新民主出版社。从1947年到1948年，香港《华商报》成为读者了解国内形势变化的主要窗口，尤其是廖沫沙以"怀湘"为笔名撰写的"每周战局"和其他军事评论，准确形象地给出了国民党军节节败退的结论。这个专栏从1947年4月24日刊出，到1948年10月10日停刊。关于美国的国际评论和经济新闻评论也是重要看点，许涤新、马寅初、沈志远的专题报告，以及揭露通货膨胀的新闻分析，如《米价破五百万》《请当局维业权救生活》等文章，都引起了社会的不同反响。

值得强调的是，《华商报》还承担了另外两项别的机构承担不了的工作，即在新政协会议举行前，分三批转送民主人士和工商业家。第一批是沈钧儒、谭平山、蔡廷锴和章伯钧，第二批是郭沫若、马叙伦、许广平和沙千里，第三批是李济深、茅盾、章乃器、柳亚子、马寅初和翦伯赞等人。《华商报》还为粤东起义、粤北起义、闽西起义和两航起义作出了贡献。

在夏衍的直接领导下，副刊也成为《华商报》的一大亮点。那时香港一般报纸副刊还处于"报屁股"时代，无非是杂感小品、影评剧评、西方翻译、人生幽默，《华商报》副刊带起一股新鲜空气。复刊后的《华商报》副刊一开始是《热风》，由昆明转道香港的吕剑编辑，吕剑此前编辑过昆明《扫荡报》副刊。《热风》改版为《茶亭》之后，华嘉是编辑，总主持人是夏衍，夏衍在推动文艺大众化、通俗化方面作出了卓有成效的贡献。他在发刊词中提出，在香港办副刊，只要没有毒、不低级、不猥亵，也都受欢迎。在形式上，不论小说、短剧、诗歌、报告、杂文、通讯、特写、打油诗、填词、说书、讲古、漫画、木刻，以及不属于上述的"怪乐府""歪诗"也都可以。文字尽量通俗，不拘一格，方言乃至文言，均无不可。夏衍与华嘉、胡希明（三流）等同志，几乎每天都在副刊上轮流写杂文和打油诗，这些打油诗绵里藏针，往往反映老百姓的心声，也是投向独裁政府的飞镖。

《华商报》副刊连载了黄谷柳的《虾球传》和司马文森的《观街的人》，还有《白云珠海》《山长水远》也很受欢迎。设有"花边文学"专栏，夏衍在这里发表了大量杂文和杂感。为了杂文能够通俗易懂，夏衍学习粤语，并在副刊上刊载了方言小说《炒家散记》《忙人世界》。

方言写作在诗歌和歌曲创作上一时兴起，《华商报》副刊在这方面开了一个新头。在粤港报纸副刊史上，向来有这样的传统，南音和木鱼、说书龙舟是老百姓喜闻乐见的文艺形式，写人、写事、讲故事也就成为维新人士办报必不可少的副刊文字。方言不仅在粤港地区流行，而且在无方言区也有类似的文学现象，用吴侬软语写小说，说评弹，也直接影响到地方报纸的副刊形态。这些方言作品与读者更接近，因此也就成为《华商报》提倡的写作形式。20 世纪 40 年代，粤语诗人庞岳以"符公望"为笔名，发表了的粤语诗《古怪歌》《矮仔落楼梯》《亚聋送殡》《黄肿脚》等，就是发表在《华商报》副刊上的。《华商报》刊登粤语诗，影响到《正报》《群众》《新诗歌》等一批刊物，形成了符公望、黄宁婴等一批粤语诗人，连《华商报》副刊编辑吕剑、华嘉也加入其中，形成一股浪潮。

方言诗歌没有什么忌讳，可以直呼国民党为"刮民党"，因此有很强的冲击力。比如符公望的《矮仔落楼梯》，讽刺地说道："你地睇，国币关金又试低，又试低，又试低，好似矮仔落楼梯。"

方言诗人不仅有符公望、黄宁婴，还有客家语诗人楼栖、川语诗人沙鸥等人。方言诗不仅可以朗诵，还可以谱成方言歌来传唱，而且传唱速度惊人。

由于方言文学的这种特质，在文艺理论研究中，一向不登大雅之堂的方言创作被引起了注意。郭沫若在《当前的文艺诸问题》一文谈到了这个题目，茅盾在《杂谈"方言文学"》一文也提出了有关概念，邵荃麟和冯乃超更是郑重地起草了《方言文学问题论争总结》。

一般地讲，这种方言诗歌更合乎讽刺诗歌的创作规律，在内容和手法上有情缘关系，这就是为什么在大后方和香港有它们发展的时代土壤。夏衍作为文艺经验丰富的副刊编辑里手，最懂得通俗化和大众化是文艺副刊的重要元素。

在夏衍的主持下，1949 年初，香港《华商报》还增加了《星期增刊》，同时开辟了华东版，为他重返上海做好了准备。1949 年 10 月，香港《华商报》代总编辑杨奇写了《暂别了，亲爱的读者！》休刊词，携同最后的一批采编人员加入了《南方日报》。后来杨奇著有《粤港飞鸿踏雪泥》一书，对《华商报》的办报岁月进行了长篇追忆。

在香港编辑报纸副刊中，比较有成就的诗人是戴望舒。1937 年，戴望舒主编过《大公报》文艺副刊。抗战全面爆发后，戴望舒全家赴港，主编了香港《星岛日报》副刊，并与艾青主编了《顶点》。《星岛日报》成为当时香港的副刊重镇，他自己谈到有关经历也曾说过，当时旅居香港的知名作家很少没在《星岛日报》上发表文章的。在香港，他也担当了全国文艺界救亡协会香港分会的工作，并由此被日本占领军捕入狱中，足足坐了两年牢。中华人民共和国成立后，他回到北京，因为他早年留学法国，熟悉法国文学，一直在主管新闻出版总署法文科，从事编译工作。

18. 戈宝权与《新华日报》副刊

　　《新华日报》的副刊从大的方面可以分为两个阶段，第一个阶段是《团结》，第二个阶段是《新华日报》副刊。在那个时代，抗战军兴，资源紧缺，一般报刊都是对开四版，甚至是两版。因此，从副刊的规制性上讲，一般将第四版或第二版当成副刊是常见的事情。《解放日报》和《新华日报》一开始都是如此。

　　《新华日报》实际上是周恩来亲自在河北邯郸涉县八路军 129 师司令部研究决定创办的报纸，这是《新华日报》除了汉口版和重庆版，还有太行版与华中版的缘故，汉口版由长江局领导，重庆版由南方局领导，太行版由北方局领导。第二次国共合作，《新华日报》拟在南京出版，后因南京失守，遂于 1938 年 1 月 11 日创刊于武汉汉口。汉口版曾在广州设立分支，由陈绍禹（王明）、秦邦宪（博古）、吴玉章、凯丰、邓颖超、董必武组成董事会，陈绍禹担任董事长，潘梓年担任社长，华岗担任总编辑。后来担任领导的还有傅钟、张友渔、吴克坚、章汉夫和熊复等。1945 年 9 月，重庆《新华日报》拟在上海设立总报馆，并在南京和重庆设分馆，但上海与南京两馆的计划没有实现。

　　1938 年 10 月，汉口版和广州分支，分别迁往重庆和桂林，重庆版成为主要部分。由楼适夷主编《新华日报》副刊《团结》。此外，还有由胡风主编的《星期文艺》，但只出版了 5 期，仅一个月即不告而终。"团结"是那时共赴国难的通俗口号，《新华日报》发刊词提出，"本报愿将自己变成一切愿意抗日的党派、团体、个人的喉舌"。《团结》的开场白就是以"促进团结，拥护抗战"为主旨。但由于共产党内关于独立自主建立抗日统一战线和王明的一切通过国民党的主张存在严重分歧，付诸宣传的效果大不相同。楼适夷主编的《团结》在呼唤团结抗日的同时，也在编发的稿件里批评了国民党内部的腐败，与王明等人的意见不合，因此，工作了两个月也就辞职了。

楼适夷是文学翻译家和作家，浙江余姚人，生于 1905 年，原名楼锡椿，曾用名楼建南，并在《太阳月刊》《语丝》《萌芽》等刊物上发表小说与诗歌。1929 年留学日本。1931 年归国担任《前哨》编辑。1933 年到江苏省委机关工作，后被捕入狱。1937 年出狱后，他南下广州、香港，协助茅盾编辑《文艺阵地》。在上海"孤岛"时期，他与王元化、许广平等共同创办《奔流新集》月刊。1946 年楼适夷回到上海后，在《时代日报》担任副总编辑。1947 年，楼适夷又赴香港与周而复创办《小说》月刊。中华人民共和国成立后，担任了人民文学出版社副社长和《译文》《世界文学》杂志编委等职。他的主要作品，除了在狱中翻译的高尔基的《在人间》，主要有《话雨录》《蟹工船》《第三时期》《适夷诗存》《四明山杂记》和剧本《活路》以及电影文学剧本《盐场》。2001 年楼适夷在北京逝世，享年 97 岁。

《新华日报》汉口版和重庆版是互相接续的。1938 年 10 月《新华日报》迁到重庆，因此汉口版和重庆版副刊设置大体分为五个阶段：第一个阶段是第四版，主要刊登文艺随笔和文艺批评，但第四版《团结》时断时续，未能逐日刊出，之后就停刊了。1938 年 7 月，报纸加大抗日统一战线宣传力度，辟有专栏刊登 70 多位参政员关于抗日救亡的讲话与读者来信。第二个阶段是从迁往重庆到 1940 年底，《新华日报》只有称为四版的综合性副刊版面，主要刊发战地通讯、诗歌、杂文和文艺评论，但在有关版面上刊登了《解决粮食问题的症结》调查报告，并与《商务日报》展开论争。汪精卫投敌之后，及时发表了社论《汪精卫为什么做汉奸》。1940 年 2 月，《新华日报》开始创办《文艺之页》《青年生活》《工人园地》《妇女之路》《自然科学》《经济讲座》等副刊专页，逐日刊出。影响很大的还有由乔冠华主笔的《国际述评》专栏。《文艺之页》主要设有"书志杂拾""文坛漫步""国内外文坛"专栏，偏重于书评和文艺动态。此前还有《友声》《边鉴》《日本研究》等，吸引了更多读者。第三个阶段是 1941 年皖南事变爆发，《新华日报》增出两个版面，第二版仍然有刊登文艺作品的版面，但以剧评为主。在这个时期里出现与国民党当局新闻检查展开斗争的"天窗事件"和周恩来发表"千古奇冤，江南一叶；同室操戈，相煎何急！"的题诗。这个阶段是《新华日报》副刊的艰难期，也是活跃期，在团结进步文化人士与民主人士方面写了大量文章。例如，1941 年 11 月 16 日，是郭沫若先生的五十寿辰，为郭沫若出版四版增刊作为专题庆祝，刊载了社长潘梓年的《诗才·史学·书征气度》以及绿川英子的《一个暴风雨时代的诗人》、董必武的《沫若先生五十大庆》等文章和诗词。第四个阶段是从 1942 年 2 月恢复四个版发行开始，新增《日本研究》《戏剧研究》《时代音乐》《科学专页》等。郭沫若、茅盾、叶圣陶、艾青、丁玲、臧克家、侯外庐、邓初民、何其芳、夏衍、徐迟等都是撰稿人。第五个阶段是开始于 1942 年 9 月 18 日，《新华日报》按照延安整风精神开始调整版面，所有专页停止刊出，此后第四版成为综合文化副刊，也即《新华日报》副刊，《新华日报》副刊具有强大的文化亲和力。1943 年向国统区读者传达毛泽东《在延安文艺座谈会上的讲话》，并及时发表了《文艺上的为群众和如何为群众的问题》《文艺的普及与提高》《文艺和政治》这三篇文章。《新华日报》副刊一直办到重庆《新华日报》停刊而随之终结，是中国共产党在中华人民共和国成立前创办的规模最大、涵盖领域最多的报纸副刊。

《新华日报》汉口版和《新华日报》副刊刊登了大量的抗日前线的战地通讯。一批热血青年记者纷纷进入战地，在枪林弹雨中发出通讯特写，形成一个时期文学和新闻的写作主流，比如在著名的台儿庄战役中显示了抗日报纸的风采。其中最具代表性的活跃在《新华日报》上的记者和青年文化人有张天虚和范长江、陆诒等。

张天虚是云南呈贡人，生于 1911 年，是聂耳的同乡和挚友。1930 年，他与聂耳一起到上海，加入"左联"。1933 年与聂耳先后加入中国共产党。张天虚到过北平和浙江，写有长篇小说《铁轮》，聂耳则在进入左翼戏剧联盟前加盟田汉主持的明月歌舞剧社。后来，他又进入联华影业和百代唱片公司，创作了《义勇军进行曲》《毕业歌》《码头工人歌》《大路歌》等。

1935 年，张天虚为了摆脱特务追捕，到日本东京一所大学去读书。不久后，聂耳也到了东京。1935 年 7 月，聂耳在日本海泳时遇难，张天虚赶到现场料理后事并于 1936 年初将聂耳的骨灰、提琴、日记和其他遗物带回国内。他参加了丁玲领导的西北战地服务团，担任通讯股股长，写作了关于动员抗战的话剧《王老爷》，丁玲也在话剧中出演了角色。毛泽东站着观看了演出，得知剧本是张天虚写的，从上衣兜取出一支钢笔送给他。西北战地服务团走遍山西和陕西的戏台，张天虚也写了《军训日记》《西线生活》《征途上》，在台儿庄战役前，他被派到多数是滇籍军人的国民革命军第六军 184 师，同去的还有薛子正、蒋南生等。他协助创办了中国军队首份油印报纸《抗日军人》，同时写了《台儿庄通讯》《血肉筑成的长城》《指挥所里》，发表在《新华日报》《文艺阵地》《云南日报》上。1939 年，张天虚受南方局派遣到缅甸参加华侨报纸《中国新报》的编辑工作。1941 年因病回国，后因肺部疾病恶化不幸在昆明逝世，他的遗体安葬在聂耳墓旁。

《新华日报》记者陆诒关于"五十七人敢死队"的英雄故事，出自台儿庄前线的采访，并由《新华日报》首先发表。陆诒是《新华日报》汉口版编委兼采访部主任，当时，台儿庄前线记者有几百人，许多人主要依靠战报来报道，但陆诒与范长江骑着 20 军团送的两匹战马到了第二集团军孙连仲的司令部。当天下午，又换骑孙连仲准备的两匹马，去到距台儿庄不远的 31 师池峰城的前沿指挥部，而这正是大战前夜。当天晚上，先头部队与盘踞城内的日军发生肉搏战，消灭 800 残敌。第二天一早，陆诒与范长江又向城内进发，进入交通壕，到了火车站，遇到敌机轰炸，但他们进入西门，采访到曾经带领敢死队的 91 旅旅长王范堂。当时王范堂是连长，在台儿庄战役初期同敌人激战 3 天，在日军快要占领全城时，王范堂率领 57 人发起突袭，消灭敌人 60 人，他们也只剩 13 人。有关新闻通讯见报，轰动了全国。1949 年 12 月，王范堂率部在成都起义，他与陆诒成为终生的朋友。

《新华日报》重庆版也是这样，更多关于敌后抗日的通讯和特写出现在新闻版里，也出现在副刊中。

一般来讲，《新华日报》副刊编辑为楼适夷、张企程、蔡馥生、陈克寒、戈宝权、胡绳、徐光霄、欧阳凡海、袁勃、郑之东、刘白羽、林默涵、李亚群和林仰峥等，但他们是在不同的段落和时间里编辑《新华日报》副刊的。楼适夷的情况已如前述。张企程也是在汉口版时期的编辑。蔡馥生是经济学家，他主持过《经济周刊》。1939 年，陈克寒担任了《新华日报》太行版副总编辑。不久之后，袁勃也加盟《新华日报》太行版，并随着《新华日报》太行版转为晋冀鲁豫《人民日报》，晋冀鲁豫《人民日报》与《晋察冀日报》合并为华北局《人民日报》，进入北平后，袁勃担任副总编辑，后来还主编过《北平解放报》。1950 年，袁勃带着一批编辑记者去云南，组建《云南日报》，并担任了《云南日报》社长、总编辑。1950 年 3 月 4 日，新的《云南日报》创刊。袁勃编辑《新华日报》副刊的时间，应当主要在武汉时期。

胡绳是哲学理论家和党史学家，是《新华日报》编委之一。1938 年 11 月，钱俊瑞和胡绳根据此前董必武与第五战区司令李宗仁达成的协议，在襄阳成立文化工作委员会，接办了《鄂北日报》，钱俊瑞兼任社长，胡绳任总编辑。胡绳撤离《鄂北日报》，转入《新华日报》担任编委，更多偏重理论宣传，在与战国策派的论战里写了不少文章。欧阳凡海是重庆版《新华日报》编辑，后来调入鲁艺教员及文学研究室工作。刘白羽和林默涵都担任过《新华日报》编委，他们进入《新华日报》工作，林默涵在后期也主编过《新华日报》。郑之东曾经在《新闻战线》第 2 期发表过《在艰苦斗争的日子里——回忆重庆新华日报的副刊》，他在《新华日报》工作的时间比较长，经历了许多反国民党当局新闻检查封锁事件。后来郑之东从事文字改革和教学工作，在新闻学研究领域有一定成就，他翻译了 9 部著作，晚年仍然坚持带博士研究生。

林仰峥是著名版画家。1923 年生于福建诏安，擅长版画。1939 年先后在《救亡日报》《华商报》《新华日报》任美术编辑，其中《香港的受难》画展上展出的《神圣的教堂》《码头》两幅作品引人注目，反响强烈，画展还受到周恩来的传令嘉奖。他的版画风格洗练，有的作品被中国美术馆收藏。

在铅印报刊时代，版画最适宜报纸印刷，也颇有感官冲击力。尽管木刻被一些人认为是雕虫小技且视其为洪水猛兽，但在鲁迅的支持下，木刻专页和木刻周刊陆续出现在报纸上，并在抗战中产生巨大影响。版画创作的特殊地位使林仰峥在重庆版《新华日报》副刊组里起到独一无二的作用。

1946 年，李亚群在《新华日报》编辑副刊的时间也只有一年。1947 年他撤退到延安，开始了新的文化转战。就《新华日报》副刊而言，无论从时间的长短还是整体影响来讲，除了胡绳和后期加入的林默涵、刘白羽，与《新华日报》副刊关联度更大一些的，还是徐光霄和戈宝权。

徐光霄是山东莘县人，原名徐兵。1934 年加入中国共产党。1937 年赴延安，担任过党校文化教员和西北战地服务团通讯股股长。1941 年 3 月，由西北战地服务团调入《新华日报》，他出版有诗集《草原牧歌》《将军的马》等。中华人民共和国成立后，他曾任文化部副部长。徐光霄进入《新华日报》时，正值皖南事变爆发，他较有影响的文化行动，是与《中央日报·平明》副刊展开了一场关于文艺是否要为抗战服务的激烈论战。

在较长时间里，戈宝权一直担任《新华日报》编委，而且他是一位经历了《新华日报》副刊演变全过程的编委。

戈宝权生于 1913 年，江苏东台人，笔名葆荃、北泉、北辰、苏牧等。1932 年肄业于上海大夏大学（今华东师范大学），曾在《时事新报》任编辑。1935 年，担任天津《大公报》驻莫斯科记者，3 年后回国。1938 年秘密入党，在《新华日报》汉口版和重庆版以及在《群众》杂志担任编辑和编委工作。抗战胜利后到上海，在生活书店和时代出版社任编辑并主编了《苏联文艺》杂志。1947 年出版第一部译文集《普希金诗集》。1949 年 7 月，担任新华社驻苏记者，接管中国驻苏大使馆并任临时代办和参赞。1954 年回国任中苏友好协会副秘书长。

1933 年，戈宝权开始从事外国文学的翻译和研究工作，主要译作有《普希金诗集》、高尔基的《海燕》。其中《海燕》和《渔夫和金鱼的故事》是家喻户晓的作品。他一生嗜书，在两万多本藏书里，居然有一套九十卷本的《托尔斯泰全集》。戈宝权编辑《新华日报》多种文艺副刊的时间长达近 8 年，他是编辑和见证《新华日报》副刊的最主要的人。

19. 王平陵与《中央日报》副刊

近年来，随着报刊史研究的全面展开以及现代文学史研究的深入，尤其是"民国文学"概念的提出，《中央日报》的副刊沿革和不同时期的变化，需要从整体上进行梳理，这有助于廓清在理论和实践中看不真切的一些问题。

从总体上看，《中央日报》和《中央日报》副刊的历史沿革、性质前后变化以及管理人群和副刊编辑群体是比较复杂的，但也有明显的衍化过程。在特定的时段里，副刊和副刊编辑有所分化，人们经常提到的进步文化人利用意识形态和新闻政治观点完全不同的报纸，开展相关副刊文化活动，有时具有偶然性，有时则反复交替发生。这不仅反映了报纸正刊与副刊关系的复杂性，也反映了复杂关系的相对性。

就副刊的数量和副刊编辑的变换而言，犹如走马灯，副刊的种类和名称也使人感到头绪繁杂。编辑既有共产党人，也有国民党人，还有一些是自由主义者。研究王平陵在《中央日报》的副刊活动，一是因为他在《中央日报》编辑副刊的时间恰是《中央日报》开始确立其国民党党报地位的前期和中期；二是因为他担任过国民党中央宣传部专设的副刊管理机构的官员，也直接介入了国民党所谓"民族主义文学""三民主义文学""抗战文学"的宣传和有关社团活动，因此被鲁迅斥为"御用文人"。他作为国民党的文化官员，必然要不遗余力地宣传国民党的文艺主张，但作为在五四运动时期主编过《时事新报》副刊《学灯》的一位资深文化人，所编辑的《中央日报》副刊并没有令他的上司感到满意，离开副刊之后，只得去教书。他后来也去了台湾，但晚景冷落，给人留下许多值得回味的记忆。

《中央日报》沿革与演变大致可以分为四个阶段和一个"尾巴"。第一个阶段是南京出报时期，第二个阶段是重庆出报时期，第三个阶段是南京复刊时期，第四个阶段是台湾出报时期。一个"尾巴"是国民党败退台湾后再次复刊，一直到改制和停刊清算。

在不同的时期里，其副刊编辑人群和编辑倾向是不一样的。第一个时期可以称为武汉时期。在国民党"宁汉合流"之前，其副刊在总体上具有国共合作下的革命色彩，刊发的最具代表意义的文章，一是毛泽东的《湖南农民运动考察报告》，二是郭沫若的《脱离蒋介石以后》。1926 年，北伐战争开始之时，广东国民政府就决定创办这张报纸，同年 10 月 10 日北伐军攻占武汉。1927 年 3 月 22 日，《中央日报》在汉口创刊。

汉口版《中央日报》社长由国民党中央宣传部部长顾孟余兼任，陈启修担任总编辑。顾孟余毕业于柏林大学，曾经当过北京大学德语系教授；陈启修毕业于日本东京帝国大学，也担任过北京大学法学院教授。顾孟余是一个颇具传奇色彩的人物，在"七一五反革命政变"中转向了蒋介石，两度出任国民党中央宣传部部长。陈启修则在"七一五反革命政变"中遭到通缉，因为他横跨两党，又编发了许多反蒋的文章，也同郭沫若一样被迫流亡日本，后改名陈豹隐。他是中国著名的经济学教授，但喜欢文学创作和办报。他写有剧本《齐东恨》，出版小说集和多种译著，与齐聚武汉的进步作家都有交往，他也是中国翻译《资本论》的第一人。他在担任《中央日报》总编辑之前，曾经担任过北京《国民新报副刊》主编和《广州民国日报》的主笔。抗战全面爆发后，他还一直在重庆《大公报》与《中央日报》上写文章。这位总编辑决定了武汉《中央日报》及其副刊的开放度和包容度。著名副刊大王孙伏园和翻译家楼适夷都当过《中央日报》副刊的主编。由于孙伏园的关系，鲁迅也给《中央日报》副刊写过两篇杂文，一篇是《无声的中国》，另一篇是《老调子已经唱完》。

武汉时期的《中央日报》副刊连载了谢冰莹的《从军日记》，引起文坛震动。林语堂还将全文翻译成英文，在《中央日报》英语版上连载，在海外也产生了很大影响。谢冰莹出生于湖南新化，原名谢鸣冈，又名谢彬，她后来改名为谢冰莹，与陈天华、成仿吾并称"新化三才子"。1926 年，谢冰莹考入武汉中央军事政治学校（黄埔军校武汉分校），次年参加北伐战争，并写下了《从军日记》。谢冰莹在 1931 年和 1935 年两渡日本留学，曾因为"抗日反满罪"在日本被捕。抗战全面爆发后，在湖南组织妇女战地服务团，又写了《抗战日记》，与另一位女作家胡兰畦成为抗战中的两名女将。抗战后期，谢冰莹在重庆从事文化活动。1944 年，谢冰心在内迁成都的燕京大学讲学，与在成都教书的谢冰莹还见了面。谢冰莹后来著有《女兵自传》。1948 年，她任教于台湾师范学院。1971 年，她定居美国。

第二个时期的《中央日报》在"宁汉合流"后重组于上海，潘宜之兼任总经理，彭学沛是总编辑。彭学沛是日本京都帝国大学毕业生，任北京大学政治学教授，曾经是改组派成员，后来投奔 CC 系，担任过国民政府代理内政部长和国民党中央宣传部部长。他通晓四国语言，有关于国际问题的著作，显然志不在编报。

社长潘宜之则是一个传奇人物，毕业于保定军校。在龙潭战役中一举击溃孙传芳的主力，又与被捕的共产党员刘尊一结了婚。做过北伐军总司令部秘书，又顶撞过蒋介石，参加过"四一二反革命政变"，又不满于对共产党员的大肆屠杀。由中央党校出版社出版发行的《历史漩涡中的蒋介石与周恩来》第三章第五节中记载，"四一二反革命政变"第二天，周恩来在撤离中被捕押解到潘宜之的淞沪警备司令部，被认识他的潘宜之趁着混乱当即放走。潘宜之后来又是新桂系的中坚力量，并在派系平衡中出任过交通部常务次长，他与曾养甫和徐恩曾一起共事，总是格格不入。抗战胜利后，他在国民党派系倾轧中被边缘化，愤而自杀以示抗争。他担任《中央日报》社长，也就在客观上造成国民党对《中央日报》控制不力的一个过渡期。那时，潘宜之的主要职务是淞沪警备司令部司令兼上海市政府秘书长。1928 年 10 月，时任国民党中央宣传部部长的叶楚伧提议将《中央日报》迁往南京，但一时也扳不倒这位特立独行的将军，一直到 1929 年，潘宜之被通缉后流亡伦敦去上学。在那段时间里，《中央日报》并没有确立国民党中央党报的正式地位，在新闻编辑上有所控制，但在副刊编辑中相对较松。所以人们看到，上海时代的《中央日报》副刊呈现出的是另一番景象。

1928 年之后,《中央日报》副刊有《摩登》《红与黑》《艺术运动》《中央画报》《文艺思想特刊》《文艺战线》。《摩登》的主要编辑者是田汉和王礼锡及邓以蛰。《摩登》副刊一语来自英语的音译应当更准确,主要含有时兴和现代的意思,这在其发刊词里讲得也很清楚。田汉主办《摩登》副刊,一是因为文艺活动本身,二是为南国戏剧社筹措经费。田汉的编辑费大约每期 300 块大洋,成为南国社的主要经费来源。当时的副刊主要依靠外援文艺家来编辑,实行编辑稿费定额拨付,这对经济来源无定的文艺界人士来讲,具有多方面的吸引力。这也是为什么在一个时期里,报纸副刊旋生旋灭走马灯式替换的主要原因。胡也频、丁玲与沈从文从北平南下,在《中央日报》编辑《红与黑》副刊,也是同样的道理,并不能说是有传播的倾向。这些副刊有进步的文艺倾向和色彩,多来自编辑者的本真取向,他们的介入注定要给一些副刊注入新的活力。其时,胡也频没有加入更多的进步文艺团体,在离开《红与黑》副刊与自己开办的红黑出版社失败之后,他参加了"左联",后加入了中国共产党。

《摩登》副刊的作者,多半是南国社成员。田汉发表了戏剧剧本《黄花岗》和一些诗歌,王礼锡发表了《国风冤词》,欧阳予倩发表了《伤兵的梦》。但也有不少非南国社成员稿件,如沈从文的《爹爹》,新月社成员陈西滢的译作以及狂飙社成员常乃德的作品。《摩登》副刊的停刊是因为田汉的一篇小说有影射蒋介石与宋美龄结婚之嫌,追究之下,田汉辞职。

当时,除了鲁迅、胡适、徐志摩、闻一多、沈从文、丁玲以及茅盾、阿英、蒋光慈,有从欧洲归来的林风眠、巴金和徐霞村,有从日本归国的夏衍、冯乃超、刘呐鸥、成仿吾以及从东北入关的萧军、萧红,还有从四川来的沙汀、艾芜以及湖南的叶紫,先后齐集沪上,一时社团林立,或自立刊物,或进入报纸,都以不同的方式介入了报纸副刊活动。这也是从武汉迁入上海后又迁到南京的《中央日报》副刊不得不面对的选择,《中央日报》副刊蜂拥而起也就不难解释了。

沈从文协助胡也频编辑的《红与黑》副刊,《红与黑》的创刊似乎与《文艺思想特刊》的停刊相衔接。《文艺思想特刊》于 1928 年 3 月 20 日创刊，同年 7 月 12 日停刊。《红与黑》改为文艺副刊。《红与黑》是上海《中央日报》最后一个纯文艺副刊，没有豪言壮语，主要是文学作品，这大概与沈从文协助编辑有关。胡也频在办刊宗旨中提到，凡能把握时代脉搏，位置在艺术，同时也忘不了艺术的极致，是真、善、美，是真实、自由、平等的拥护，才是编辑者的"同道"。胡也频在每期里都有自己的作品发表，《红与黑》刊物的停刊是胡也频自己的选择。他有自己的信念，无惧生活无着，还是毅然离去，去编辑理想中的"红黑丛书"。从刊期和内容上判断，《文艺思想特刊》似乎是田汉辞职后《摩登》的接续。

《艺术运动》主要刊登艺术类文章，例如有关国内外音乐、美术、建筑等方面的作品。《艺术运动》是蔡元培发起的"艺术运动"的产物，虽然蔡元培不是副刊《艺术运动》的主编，但是其文艺思想对整个副刊的影响却是巨大而深远的。由艺术运动社成员林文铮和李朴园担任主编，刊登过林文铮的翻译作品《恶之花》。

总之，上海《中央日报》前前后后有包括国际和经济类在内的 8 种专副刊，其中 6 种涉及文艺，文学性最强的副刊是《摩登》与《红与黑》。

上海《中央日报》只办了短暂的几个月。随着潘宜之离开，《中央日报》迁往南京，由国民党中央宣传部部长叶楚伧直接接任社长，严慎予任总编辑，国民党当局强化了对《中央日报》副刊的控制。纵观《中央日报》举办的各种副刊，在数量上堪称各报之冠。

在叶楚伧兼任社长时，南京《中央日报》首先推出的副刊就是《文艺战线》，《文艺战线》主要刊登文艺理论文章。如第一期就发表了题为《阶级与艺术》的文章，认为艺术没有阶级性，由此又引出文艺工具说的有关文章，直接拿共产党影响下的进步作家说事。这其实是南京《中央日报》推行文化专制控制的一个热身性的文艺副刊，他的出台时间正好是国民党中央宣传部酝酿文艺控制政策的时候。

1929 年 2 月 21 日，副刊《青白》发刊，至 1931 年 12 月 17 日之后停刊，先后存续了将近 3 年。王平陵辞去上海暨南大学教职到南京主编《青白》，这一时期（1929 年 4 月 21 日—1930 年 5 月 9 日）是《青白》发展的鼎盛时期。1930 年 7 月，王平陵又主编理论副刊《大道》，与《青白》相呼应，成为《中央日报》的"二踢脚"。王平陵没有一直主编《青白》，不是因为别的，而是有更重要的事。一是在叶楚伧和潘公展等人的筹划下，配合南京国民政府发布的《训政宣言》，宣传《确立本党之文艺政策案》，推动所谓"三民主义文艺"的发展。二是参加建立中国文艺社，主编了鼓吹"三民主义文艺"和"民族主义文艺"的《文艺周刊》和《文艺月刊》以及《读书顾问》等刊物。三是王平陵担任了国民党中央宣传部全国报纸副刊及社论指导室主任，专门关注和试图控制报纸副刊总体活动。他虽然说自己是个"跑龙套的"，但在社会文艺思潮斗争中所起的作用是十分明显的。

诚然，《中央日报》副刊向着文化专制方向发展，关键还是叶楚伧和潘公展这样的人物，他们直接掌握舆论和文艺的话语权。叶楚伧是江苏吴县人，著名南社诗人，早年办过报并加入同盟会。辛亥革命之后，曾在上海创办了《太平洋报》《生活日报》。1916 年，叶楚伧与邵力子合办《民国日报》并任总编辑，后来加入国民党西山会议派并主持《民国日报》及其副刊《觉悟》，开始被西山会议派所控制。因此，在南京国民政府发布《训政宣言》后，他不遗余力地去寻找控制舆论和文化话语的理论根据，提出"三民主义文艺"和极力主张"民族主义文艺"的推行。潘公展更是一位直接宣传"坚持奉行一个领袖、一个主义、一个党的最高信条"的 CC 派人物。他当过《民国日报》总编辑，又当过上海市社会局长，看似新闻出身，干的却是扼杀舆论的"业务"，他的"民族主义文艺"自然是他从自己撰写的《领袖、政府、主义》衍化而来的得意之论。他从报纸副刊入手并将副刊作为宣传平台也是必然的。正是因为如此，《中央日报》副刊《大道》，对"三民主义文艺"和"民族主义文艺"的喧嚣，在 1930 年前后达到了高潮。1932 年，《中央日报》正式确立其国民党中央党报的地位。这一年，《中央日报》由国民党中央宣传部直接负责，首任社长程沧波。程沧波也是由教育入报再入政界又入报的人物，曾经两度主持《中央日报》，两度担任香港《星岛日报》主笔，又两度在重庆与成舍我《世界日报》合作，也是一位有名的书法家。

王平陵为了"三民主义文艺"和"民族主义文艺"，要与鲁迅论战，被鲁迅斥为国民党的"御用文人",也被他的上司和同路人誉为"文艺斗士"。大概也是因为"斗"过了头,再加上上司不断变换,王平陵并没有得到重用,有一段时间甚至坐了"冷板凳"。

王平陵鼓吹"三民主义文艺"和"民族主义文艺",但他自己编辑的《青白》和后来的副刊并没有完全做到。他主编出刊的《青白》几乎每期都有戏剧专题,大部分是主张为艺术而艺术的南国社成员作品。他主编《青白》,大量报道南国社南京公演的报道。田汉主张民众戏剧,王平陵对戏剧创作情有独钟,虽不认同田汉的观点,但也想争取与田汉合作,刊登的作品和文章并不总是"三民主义文艺"和"民族主义文艺"的模仿。在副刊《大道》上,他一方面刊登前锋社的《民族主义文艺运动宣言》;另一方面刊登潘公展的《从三民主义的立场观察民族主义的文艺运动》。为推动"三民主义文艺"和"民族主义文艺"的合流,也提出办刊思路,内容包括:评论、研究、译述、社会状况、谈话、书报批评、文艺、游记、通讯、随感录数种,话题远超"三民主义文艺"和"民族主义文艺"的范围。在一定程度上表现出学术和文艺创作并存的办刊姿态。

王平陵是江苏溧阳人,原名王仰嵩,笔名有西冷、史痕、秋涛等,他出身书香门第。在杭州省立第一师范学校读书时受到老师李叔同的器重,据传1918年李叔同落发为僧时,曾将自己的全部文艺藏书赠送给他。20岁时,王平陵的独幕剧《回国以后》发表在《妇女杂志》上,由此产生了一定影响。王平陵曾在沈阳和家乡中学任教,在沈阳任教的美术学校与南京美专有关联。1922年,他在震旦大学南京分校攻读法文。1924年毕业后主编过《学灯》,思想比较新潮。1928年任教于暨南大学中文系。1929年应《中央日报》总编辑严慎予邀请主持《青白》副刊,并参与叶楚伧任社长的中国文艺社,与张道藩、范争波、朱应鹏等国民党文化理论骨干走得很近。1937年,他把自己主编的《文艺月刊》改为半月刊。

1938年9月,《中央日报》迁往重庆,此期间曾在芷江出版,副刊为《新路》。《中央日报》迁往重庆与《扫荡报》联合出版,未设副刊。王平陵参与了发起全国文艺界抗敌协会,各路文艺家实现战时联合。在全国文艺界抗敌协会里，他担任组织部主任，另两位副主任是楼适夷和华林。在冯玉祥担任理事长后，他担任常务。1939 年，王平陵作为《中央日报》桂南会战战地记者报道过昆仑关大捷。1940 年，王平陵写有揭露汉奸祸国殃民的剧本《狐群狗党》。他一生发表散文、小说、戏剧、诗歌达 40 余种，主要有长篇小说《茫茫夜》、短篇小说集《残酷的爱》、散文集《雕虫集》和诗集《狮子吼》等。

《中央日报》独立性较强的副刊，主要有梁实秋主编的《平明》和储安平主编的《中央公园》。《平明》引发了一场"与抗战无关"的争论，而储安平主编的《中央公园》则希望将副刊打造成一些知识分子的言论阵地。1933 年，储安平任职《中央日报》。《中央日报》举办的《妇女周报》由端木露西担任主编，并编辑了 94 期。这一年储安平赴英国留学兼任驻欧特派记者，端木露西因追随储安平到英国留学，辞去主编一职，《妇女周报》由张充和接编。1936 年，储安平随奥运会中国代表团前往柏林采访，写有 20 多篇通讯。1938 年回国，到《中央日报》任主笔兼国际版编辑，后主持《中央公园》，此间前后发生了波及《中央日报》社长程沧波的一系列纠纷，程沧波辞职。1940 年 11 月，储安平也到湖南安化国立蓝田师范学院任教。不久后，储安平与端木露西离异。也许是有感而发，端木露西发表了《蔚蓝中一点黯淡》，因提出反思五四新文化妇女解放运动的弊端而遭到批评。例如，《力报》副刊《新垦地》，连续发表了聂绀弩和邵荃麟的批评文章。

就《中央日报》而言，在其前期历任社长中，程沧波还是比较宽松的一位。程沧波毕业于上海复旦大学，陈布雷的胞弟陈恕训是其同学，而在陈布雷担任上海《商报》主笔时，程沧波时常投稿，文笔得到赏识。因此，随着陈布雷进入蒋介石幕中，推荐其到改组后的《中央日报》担任首任社长。

程沧波主持《中央日报》的时间并不短，尤其在重庆时期，抗战大势犹在，言论在表面上控制相对较松，所以出现了梁实秋和储安平办副刊的状态。但梁实秋主持《平明》和储安平主持《中央公园》的时间也不是很长，对副刊影响较大的还是王平陵以及真正的国民党"御用文人"王新命，他们先后主编《中央副刊》的时间更长。1942 年下半年，国民党中央宣传部还推出过

《文化先锋》和《文艺先锋》两个文艺刊物，前者偏重综合理论，后者则是以"三民主义文化"为定位的文学刊物，一时形成与《中央日报》报纸副刊相呼应的局面，王平陵在此期间起了主要作用。

1943 年，陶百川和胡健中先后接任《中央日报》，主张加强副刊建设，《中央副刊》才固定下来。追溯其编辑根源，这个副刊是由孙伏园编辑的，因为连续刊登了郭沫若的《屈原》剧本，被国民党中央宣传部副部长潘公展读后，大发雷霆，撤销了孙伏园的编辑职务。后来，王新命是《中央日报》社论主笔，声称不违背政府立场，在副刊上掀起青年从军热，失去了副刊的更多文学性。接着由为商务印书馆主编《大时代文丛》的王平陵再次接编，在文学性上略有改观，但此时的王平陵已经被边缘化。不久后，他又进入《扫荡报》主编副刊，他以重庆米荒为题材创作了五幕剧《维他命》，发表在《扫荡报》副刊上。战后，王平陵一度在巴蜀中学教书。1949 年赴台湾。他主编过《文艺月刊》，出任曼谷《世界日报》总编辑，晚年还不得不为了生活到菲律宾去讲学。1964 年亡故，终其一生，王平陵是国民党文艺政策的一个陪葬者。

《中央日报》接收了南京日伪《中央日报》资产并在其旧址上复原。1945 年 9 月 10 日，《中央日报》重新出版，由马星野出任社长。此时的重庆《中央日报》作为陪都版继续存在。南京《中央日报》副刊仍旧是《中央副刊》，由沛森主编。1946 年，《中央日报》又创办了由卢冀野主编的以古诗文为主的《泱泱》副刊，专门刊登旧体诗和考据文章，此外还有《儿童》周刊、《地图》周刊、《文史》周刊和马星野自己主编的《报学》双周刊。被聘为《中央日报》主笔的陶希圣主编了一份《食货》周刊，内容上开始出现更多的消闲话题。《中央日报》改组为股份制公司，并建立了董事会。到1949 年 4 月 23 日在大陆宣布停刊，前后历时 22 年。1979 年开始出现亏损，加上国民党中常会停止补助，于 2006 年 6 月起暂时停刊，马英九曾批准其转型为网络版，纸质版在 6 月 30 日印完最后一期，于 6 月 31 日停止印刷。

王平陵之于《中央日报·青白》，与他参与编辑的国民党中央宣传部创办支持的《文艺月刊》有可以互证相似之处。《文艺月刊》从 1930 年 8 月出版至 1937 年 8 月终刊，是那个时期刊行时间最长的文艺期刊，编发了大量汉译文学作品。一方面，它是国民党"民族主义文学"理论的实践平台；另一方面，又按自身的办刊思路运作，编发了大量汉译文学作品。王平陵作为编辑之一，也写有"民族主义文学"主张的大量评论，但他作为编辑之一，并不能从总体上将《文艺月刊》办成国民党中央宣传部所期望的旗帜刊物。究其原因：一是另一位编辑左恭是中共地下党员，周旋于文化圈游刃有余的丰富经验；二是供稿者大多是中央大学的教授学者，并不希望趟浑水，立场持中的作家沈从文和梁实秋也是刊物的供稿者，因此作品政治倾向并不那么明显。此外，王平陵到底还是一位学者出身的作家，并不是政客，作为编辑和文艺评论者，本身就有人格和文格上的分裂，这也是他最终得不到国民党当局重用的原因。

20. 柯灵与《文汇报·世纪风》

柯灵是上海"孤岛"时期最重要的报纸副刊编辑，也是中国著名的作家和电影剧作家。柯灵祖籍浙江绍兴，1909 年生于广州，原名高季琳，笔名朱梵、宋约。他曾在《越铎日报》和《妇女杂志》发表散文及叙事诗《织布的妇人》，开始走上了文学道路。在散文、杂文、小说、电影话剧创作以及儿童文学、报告文学、影剧理论领域中都有很大的成就，他的代表作有《柯灵散文选》《柯灵杂文集》，电影剧作有《夜店》《为了和平》《不夜城》。作为《文汇报》副刊《世纪风》的主编，20 世纪 30 年代末至 40 年代，他在抗战文学史和报刊史上占有重要地位。

柯灵的文化生涯是从电影事业开始的。1931 年他到上海，先在明星影片股份有限公司担任厂务秘书和宣传主任，主编过《明星半月刊》，发表了影评文章和杂文。抗战全面爆发之后，他投身抗日救亡运动，并担任《救亡日报》编委，《文汇报》创刊后担任了第四版《世纪风》的主编。

徐铸成生于 1907 年，江苏宜兴人。1927 年进入新闻行业。1929 年在《大公报》当记者，受命采访被阎锡山软禁在太原的冯玉祥，没有人知道冯玉祥被隐藏在哪里，徐铸成居然找到了冯玉祥。三次会面后，并在严格的消息封锁中发出了轰动一时的《晋祠访冯记》，由此一炮而红，深得张季鸾和胡政之的器重。1932 年，他被派到汉口任特派记者兼《大公报》驻汉办事处主任。1936 年，他参与筹备《大公报》上海版，已经可以独当一面，担任要闻编辑和总编辑。上海沦陷后，《大公报》上海版停刊，徐铸成与严宝礼在上海租界以英国商人名义创办了《文汇报》，继续坚持抗日宣传。

租界工部局以影响租界秩序为名，强令将有抗日倾向的《文汇报》《译报》《导报》《大英夜报》停刊。在这个时期里，《世纪风》发表了进步作家茅盾、巴金、郁达夫、于伶、巴人（鲁迅）的文章。上海"孤岛"时期的抗日文艺斗争在很大程度上都是通过《世纪风》和《译报》、《导报》的副刊版面实现的，《导报》的副刊是《晨钟》，《循环日报》的副刊是《海风》，《译报》的副刊是《爝火》。

《文汇报》被迫停刊，《世纪风》也暂时告别了上海的读者。徐铸成赴香港《文汇报》，香港沦陷后，他又辗转到桂林，继续主持《大公报》桂林版，报纸同样办得有声有色。《大公报》重庆版著名记者彭子冈在重庆无法刊出的内幕新闻，在《大公报》桂林版照登不误，《大公报》桂林版成为桂林发行量最大的报纸。上海《文汇报》再度复刊，徐铸成继续担任社长、总编辑。1957 年，他被划为右派，后来得到平反。"文化大革命"结束后他戏称自己是"旧闻记者"，写作了《新闻艺术》《报海旧闻》《杜月笙正传》等多部著作。

在《文汇报》第一次被停刊的时候，柯灵继续留在上海。柯灵与师陀合作，根据高尔基的话剧《底层》改编为话剧被命名为《夜店》，后来拍成了电影。1943 年 7 月，他编辑出版《万象》月刊，前后共出版 43 期和一期增刊。1945 年 6 月《万象》也被迫停刊。在上海沦陷时期，柯灵的文化活动一直没有停止，几乎贯穿了整个"孤岛"时期。1944 年至 1945 年，他两次被日本宪兵逮捕，被营救脱险后暂时撤离上海。

1945 年 8 月，《文汇报》在抗战胜利的鞭炮声中复刊，最初的副刊仍为《世纪风》，主编为柯灵。1946 年《文汇报》改版，《世纪风》由日刊改为每周两期，至 1946 年 10 月停刊。1946 年 7 月，《文汇报》副刊《笔会》正式推出，一直延续到今天。《笔会》没有发刊词，每周刊出 5 期或者 6 期，仍以刊登杂文为主，在反饥饿、反内战、反迫害斗争中推出过特刊，当年的专题包括"纪念聂耳逝世一周年""悼念闻一多先生特辑""鲁迅先生逝世十周年祭专辑"等，形成了很大的气势和民主舆论氛围。1947 年 5 月，《文汇报》被当局勒令停刊，《笔会》也随之停刊，一直到上海解放后才再次复刊。1967 年，《笔会》改为《风雷激》副刊。1977 年 5 月 25

日，巴金先生在《风雷激》文艺副刊发表了影响深远的散文《一封信》，标志着《笔会》再次启程，但并未恢复到原来每天刊出一期的传统，不久后才逐步恢复正常的出版状态。但总体来看，正如柯灵后来回顾时所言，《文汇报》的副刊时间跨度之长，经历之曲折，在副刊史上罕有其匹。作家孙郁则在《笔会》创刊 70 周年时评价说："在我心目中，中国的副刊，应当就是这个样子。"

柯灵在《文汇报》再次停刊后到了香港，担任香港《文汇报》副社长、副总编。1949 年回到上海，继续担任复刊后的上海《文汇报》副社长、副总编。1950 年，他加入中国共产党。柯灵还担任上海电影剧本创作所所长和上海电影艺术研究所所长、《大众电影》主编、上海作协书记处书记和影协常务副主席等职。1954 年后，柯灵历任全国政协第二、三、四、五届委员，第六、七届常务委员。"文化大革命"结束以后，他继续在政协工作，一直到 2000 年 6 月 19 日，于上海去世。

《文汇报》改版后，《笔会》曾经风行一时。《笔会》一名是柯灵起的，由钱钟书题签，主要由唐弢和刘绪源、徐开垒以及周毅等陆续接编。其时柯灵主要精力放在群众性的副刊《读者的话》，他曾经说，在别人看来，我应该编文艺副刊的，可是我却编了群众性的副刊《读者的话》，而且留有最深厚感情的，也是《读者的话》。这里范围虽小，可是园地公开。上至国家大事，下至市井琐屑，乃至个人的切身痛痒，有意见不妨贡献，有问题不妨讨论，有义愤不妨控诉。

《读者的话》从 1946 年 1 月出刊至 1947 年 5 月 24 日报社被封时，几乎天天与读者见面，成为那时影响最大的副刊栏目。《读者的话》是报纸与群众互动的主要渠道，在反饥饿、反内战、反迫害斗争中独树一帜，也反映了柯灵办副刊的重要思想。《读者的话》立场和倾向鲜明，柯灵有一次刊出失物招领启事，主要是因为其中有一册陶行知纪念教育基金会的募捐簿，后柯灵物归原主，也反映了他对民主事业的分外关心。

柯灵曾经回顾自己文艺生活的历程时说："我经历的是一个伟大而艰难的时代，每走一步都不是轻松的。时代考验了我，也哺育了我。这是不幸，也是大幸。"他为什么这样讲呢？恐怕是对上海"孤岛"时期的报纸副刊生涯记忆深刻，也是对 1946 年前后民主运动的追念，那的确是一个不平凡的特殊年代，他手不释笔。在晚年时，他还写作了长篇小说《上海一百年》。他的第一卷《十里洋场》发表于《收获》时，引起人们对上海滩光怪陆离的历史回忆，他也被列为中国世纪文坛的历史典范人物之一。

唐弢接编《笔会》，他是柯灵的挚友。唐弢出生于浙江省镇海县，原名唐瑞毅，笔名除唐弢外，早年有风子、韦长、仇如山、桑天等，写作《晦庵书话》时用笔名"晦庵"。自他到上海的邮局当练习生时就开始写作，以散文杂文为主，因为行文风格近似鲁迅，得以与鲁迅相识，并由此奠定了他后来的"著名鲁迅研究专家"和"现代文学史家"的重要学术地位。1933 年，他在中学任教并编辑了《文艺界丛刊》。他发表的第一篇散文是《故乡的雨》，文笔清新，后来又陆续发表《海》与《怀乡病》，叙述了对镇海家乡的记忆。此后陆续出版《推背集》《海天集》《投影集》《劳薪集》。抗战初期在《文汇报·世纪风》《导报·晨钟》《循环日报·海风》《译报·爝火》，以及在《宇宙风》等报刊发表文章。抗战胜利后，与柯灵共同编辑《周报》，后《周报》被停刊。在柯灵的邀约下唐弢加入《文汇报》，并编辑《笔会》。《文汇报》被租界工部局关闭后继续留在上海，1943 年，邮局被汪伪政权接管，他不愿留在邮局，转入一家私人银行做职员，抗战胜利后重回邮局，并主编了《笔会》。后他出版杂文集《识小录》。在鲁迅研究方面，他参加《鲁迅全集》的部分校对与补遗，并出版《鲁迅全集补遗》。中华人民共和国成立后，历任上海戏剧专科学校教授、上海市文化局副局长，也曾在邮政工会工作，担任过《文艺阵地》和《文艺月报》副主编。1959 年，调入中国科学院文学研究所（今属中国社会科学院）任研究员，担任《文学评论》副主编。1980 年，他与严家炎共同主编《中国现代文学史》（全三卷）。1984 年，人民文学出版社出版了他的两部专著《中国现代文学史简编》和关于鲁迅的学术著作《鲁迅的美学思想》。唐弢虽然编辑《笔会》时间不长，他认为《文汇报》副刊人文荟萃，创造了国内报纸副刊出版时间最长的纪录。

徐开垒、刘绪源、周毅是《笔会》后来的主编。徐开垒生于 1922 年，宁波人，笔名有余羽、立羽等，著有《徐开垒散文选》《巴金传》等。在上海"孤岛"时期就开始写作，文章见于《文汇报》《译报》等。1949 年，徐开垒考入华东新闻学院（上海）讲习班，曾任《文汇报》文艺部副主任，并兼任《笔会》的主要编辑者，他担任《笔会》主编到 1977 年，恰是《文汇报》发表巴金《一封信》之时，也赶上了《笔会》的第二个春天。1970 年，刘绪源开始写作并担任《文汇报》特刊部副主任，主编过《新书摘》，著有多部作品。

值得一提的是《秋海棠》的作者秦瘦鸥，也曾在中华人民共和国成立后的《文汇报》担任过副刊编辑和集文出版社总编辑。秦瘦鸥是上海嘉定人，早年毕业于上海商科大学，先从事工商工作，后从事报刊出版工作。《秋海棠》是他的成名作，被誉为"民国第一言情小说"。小说演绎了北洋军阀时期京剧花旦秋海棠与罗湘绮的爱情悲剧，并由此遭受后者迫害自杀的凄美故事。该书未等出版就被搬上话剧舞台并迅速改编成电影，轰动一时，观众如潮。20 世纪 60 年代，秦瘦鸥也曾在香港《文汇报》担任副刊组组长，在香港报纸上连载过《新书札记》《小说新语》，回到上海后继续从事新闻出版工作，在上海出版社担任高级编审，作品有《刘瞎子开眼》和电影剧本《患难夫妻》以及《劫收日记》。香港《文汇报》在初创时期，副刊阵容也很强大，茅盾主编《文学周刊》、宋云彬主编《青年周刊》、千家驹主编《经济周刊》等。《文汇报》在上海创办最盛时期，副刊除了《笔会》和柯灵主编的《读者的话》，还有《每周讲演》《论苑》《文艺百家》《书缘》等。

21. 郁达夫与《星洲日报》副刊

　　郁达夫是中国现代文学史上独树一帜的人物，在其生命后期，对南洋华文报纸和副刊的发展也有筚路蓝缕的开拓之功，同时也为抗日活动献出了宝贵的生命。他遇害时仅 49 岁，像一颗耀眼的流星，陨落在苏门答腊的热带丛林里。

　　郁达夫与报纸副刊编辑发生关系是在抗日战争中，即他在福建和新加坡生活时期，直接的原因是为了隐蔽身份，并在南洋地区开展抗日救亡活动。他最终被日寇杀害于苏门答腊的热带丛林中，遗骸至今下落不明。但他对新文学的贡献以及对海外华侨报业和文学事业的发展产生了较为巨大的影响。

　　郁达夫是浙江省富阳市满洲弄人，为了纪念他，满洲弄现在改为达夫弄。

　　1896 年 12 月 7 日，郁达夫出生在一个读书人家庭，原名郁文，字达夫，幼名阿凤，成名后一直以字达夫行世。1903 年，他进入私塾读书，打下了古体诗词的深厚根底。1908 年，他就读于富阳县高小。1910 年，与徐志摩一同考入杭州府中学堂，后又到嘉兴府中学和美国教会举办的学校学习。1911 年，他进入蕙兰中学读书。在这个时期里，创作了很多旧体诗，并开始向报刊投稿。1912 年，郁达夫考入浙江大学预科班，因为参加学潮而被校方除名。1913 年，他随长兄郁华（郁曼陀）赴日本求学，第二年，考入日本东京第一高等学校医学部特设预科班，并开始了小说创作。1915 年进入名古屋第八高等学校医学部学习。1916 年，他改读法学部政治学科。在此期间，他阅读了大量外国小说，这是他转向新文学的重要准备阶段。1921 年，郁达夫与同为留日学生的郭沫若、成仿吾、张资平、郑伯奇共同组织了文学团体"创造社"，正式开始了他的小说创作。

1921 年，郁达夫的首部短篇小说集也是中国现代文学史上第一部白话短篇小说集《沉沦》出版，引起国内文坛巨大的轰动与争论。《沉沦》完全不同于之前的小说，直接指向了当时青年人的心灵世界，大胆地刻画了主人公的情欲由冲动到压抑、由失落到苦闷，虽脆弱但又很真挚。他撕开了道学家的伪装，在自我解剖和自我嘲讽中，揭示了时代剧变中出现的性格悲剧，被誉为中国的"维特式烦恼"，同时也招来颓废和灰色病态的评议。郁达夫的独特社会审美冲击着社会也冲击着自身，因此他和《沉沦》是中国现代文学史上一个独特的存在。郭沫若曾经评价郁达夫说："清新的笔调，在中国的枯槁的社会里面好像吹来了一股春风，立刻吹醒了当时的无数青年的心。他那大胆的自我暴露，对于深藏在千年万年的背甲里的士大夫的虚伪，完全是一种暴风雨式的闪击，把一些假道学、假才子们震惊得至于狂怒了。"

郁达夫不仅具有传统诗词素养，而且具有娴熟的白话文写作技巧。心灵的自我放逐与漂泊，使他在心理描写中开启了一代文风。他在日本留学时接触了大量西方翻译作品，也使他的观察有了更为宽阔的视角，出现了日本的自然景色和欧洲文化的某些印迹。他的作品除了代表作《沉沦》，还有《银灰色的死》《南迁》《故都的秋》《怀鲁迅》《春风沉醉的晚上》《过去》《迟桂花》《还乡记》等，还有别具一格的大量诗词。1921 年 7 月，《银灰色的死》发表在《时事新报》的副刊《学灯》上。1921 年 10 月，《沉沦》《南迁》收录在由上海泰东书局出版的《沉沦》短篇小说集里。《沉沦》是郁达夫的处女作，也是第一部个人白话小说集，与郭沫若的白话诗集《女神》一道成为新文学运动的"双璧"。

1922 年，郁达夫从东京帝国大学经济学部毕业，并获得经济学学士学位。回国后，他先在安庆法政专门学校任教授。1923 年，郁达夫任北京大学统计学讲师。1924 年至 1925 年，郁达夫在武昌师范大学和广州中山大学分别任教，后到上海开始主持创造社的出版业务，在此期间发表《小说论》和《戏剧论》，并加入太阳社，主编了《大众文艺》杂志。1930 年，参加"左联"，但不久后退出，同年出任安徽大学中文系教授。1933 年，加入中国民权保障同盟，并由上海移居杭州，在这段时间里，先后发生了他与王映霞的婚姻风波。在杭州，他写下了大量山水游记和旧体诗词，这应当是他创作与生活的一个重要转折时期。

郁达夫曾经从福建起程去日本讲学，在日本看望了阔别 10 年的郭沫若。1927 年 3 月，郭沫若担任国民革命军总政治部副主任时，曾因写了《请看今日之蒋介石》一文而遭到通缉。他于 1928 年 2 月登上轮船，东渡日本，开始了长达 10 年的海外流亡生活，并在日本娶妻生子，其生活费主要依靠创造社每月资助的 100 元。在郭沫若出国之前，曾与郁达夫因意见不合而反目，此次见面不仅消除了隔阂，也促成了郭沫若归国抗日的意向。二人相互赠诗以言志，郭沫若的四句诗是："十年前事今犹昨，携手相期赴首阳。此夕重逢如梦寐，那堪国破又家亡。"郁达夫回赠的诗是："却望云山似蒋山，澄波如梦有明湾。逢人怕问前程驿，一水东航是马关。"二人相约共赴国难的心情溢于字里行间。七七事变爆发，郭沫若从日本神户秘密登上加拿大公司的"日本皇后"号邮轮回到上海，蒋介石也取消了对郭沫若的通缉令。郭沫若归国与郁达夫的努力是分不开的，也表明郁达夫誓死救亡的态度。

郁达夫的爱国情怀并不是骤然发生的。他在留日期间感受到国家孱弱所受到的强烈歧视。即便是与日本青年女性有所交往，但一些人知道他是中国人时，也会避之而去。1920 年的双十节，近千名中国留学生在东京中华留日学生青年会会馆聚会，请来有日本"宪政之神"的政治家尾崎行雄演讲。尾崎行雄在谈到中国时，居然还把辛亥革命之后的中国称为"清国"，称中国人民是无智识无觉悟的支那人。郁达夫当时正在东京帝国大学经济学部学习，也在下面听讲，他很气愤地当场质问尾崎行雄，为什么这样看中国和中国人？尾崎行雄不得不当场道歉。事后成仿吾请郁达夫到小酒馆里为他祝赞，又有一个酒气熏天的日本学生来挑衅，说什么你的位置在支那，到我们大日本帝国来干什么。郁达夫则起身问道："你的位置在这几个岛上，你们跑到我们东北去干什么？"那个不知趣的日本学生大喊大叫地说："我们是去管理你们这些劣等民族的。"郁达夫勃然大怒，双方开始扭打起来，后来酒馆老板把日本学生拉走，才算了事。这些侮辱在他心中挥之不去，也成为他日后毫不动摇地参加抗日活动的一个感情来源。他之所以到福建，也是有感于十九路军的抗日热情，郁达夫以福建为据点带领文化界开展抗日救亡活动。

台儿庄大捷之后，郁达夫曾经短暂到过武汉，担任中华全国文艺界抗战协会常务理事。郁达夫去台儿庄担任劳军特使之时，陪同时任美国驻华武官的史迪威将军到前线去采访。在抗日战争进入胶着阶段，他又应新加坡《星洲日报》邀请，毅然南下，担任《星洲日报》主笔并直接介入该报副刊组稿与编辑工作，同时还主持编辑了好几种期刊杂志。这是郁达夫正式介入报纸副刊编辑的一段最重要的经历。

1937 年，郁达夫担任福州文化界救亡协会负责人。1938 年 12 月，他应《星洲日报》邀请，下决心前往新加坡参加抗日文化宣传工作。太平洋战争爆发，新加坡华侨文化界抗敌工作团成立，他兼任团长，胡愈之任副团长，并参与组织青训班和星洲华侨义勇军，担任了新加坡文化界抗日联合会主席，成为新加坡华人抗日领袖之一。

郁达夫在新加坡一共待了三年零两个月，先后接编《星洲日报》《星槟日报》《星光画报》副刊，并担任《星洲日报》总编辑职务。1941 年，他还担任了英国当局情报部创办的《华侨周报》主编。在这 3 年时间里，郁达夫写下 400 多篇政论、杂文、散文和文艺评论。他每天伏案工作 10 多个小时，夜里看最后的新闻电稿与报纸大样，白天编副刊，还要写稿、改稿、按语、写启事，一天下来要写四五千字。据一同工作的张楚琨先生回忆说："我记得，晚上熬夜编三个副刊的郁达夫，白天眼里挂着红丝，用沙哑的声音，对青训班作朝会讲话（他兼青训班大队长）。敌人轰炸加剧了，第二期青训班 100 多人不得不分为四个中队，散布在四个地方；他在轰炸中从一个地方到另一个地方，从不畏缩。他那瘦弱的躯体爆发着火一般的生命力，我仿佛看到一个在为希腊自由而战的拜伦。"

郁达夫到新加坡办报，与他在福建参加抗日救亡活动的人生轨迹是分不开的。1936 年 2 月，他应国民党福建省主席陈仪的邀请到福建担任省政府参议。1938 年春，他又到武汉国民政府军事委员会政治部第三厅任职，郭沫若任第三厅厅长。同年秋天，日寇进逼武汉，陈仪电令郁达夫回闽。不久后，经当时国民政府中央参政员胡兆祥推荐，《星洲日报》总发行人胡文虎聘请郁达夫主持其副刊。因此，他不是作为流亡者而是作为文艺战士到新加坡的。

郁达夫主持的副刊有：《晨星》《繁星》《文艺》。这是郁达夫兼任《福建民报》副刊主编之后的正式副刊编辑活动，也是《星洲日报》最有活力的时期。尤其《晨星》和《繁星》，已成为展现南洋社会风情、激励抗战的重要副刊。胡文虎也兴奋地说："星系报目前最高的旨趣是为国家服务，为抗战努力。"除了编辑副刊和后来主持报纸编辑工作外，有两件重要的事情也在此期间发生：一是马来西亚槟城被称为槟榔屿，与郁达夫的槟榔屿有直接的关系；二是他与王映霞的婚变也发生在新加坡时期。

1939 年元旦，《星槟日报》在槟榔屿创刊，胡文虎邀请郁达夫一同前往槟榔屿参加庆典。第二天清晨，他们登上槟榔屿的升旗山，升旗山云雾缭绕，山花半隐半现，勾起了他们的眷国之情。胡文虎把升旗山比作庐山，郁达夫则随之口占二绝，其一："好山多半被云遮，北望中原路正赊。高处旗升风日淡，南天冬尽见秋花。"其二："匡庐曾记昔年游，挂席名山孟氏舟。谁分仓皇南渡日，一瓢犹得住瀛洲。"这次槟榔屿之行也让他写了著名的《槟城三宿记》，发表在《星槟日报》上，从此"槟城"之名不胫而走，成为槟榔屿的称呼。

郁达夫出现了严重的感情问题，但在郭沫若、田汉调解下一度搁置的郁达夫和王映霞家事，由于郁达夫在香港《大风》旬刊上发表了《毁家诗纪》，他和王映霞关系再度破裂。随同郁达夫一道去新加坡的王映霞，在《大风》旬刊上发表了《请看事实》《一封长信的开始》两篇文章，两人缘分走到了尽头。王映霞回国，郁飞跟随父亲，分别时郁达夫还写下了《南天酒楼饯别映霞两首》，而王映霞也在多年后写有《阔别星洲四十年》一文："人生的恩恩怨怨变成为深深的怀念。"

个人的生活曲折并没有泯灭郁达夫抗日的信念。新加坡沦陷后，郁达夫与胡愈之、沈兹九、张楚琨、高云览、汪金丁等一批抗日文化人士渡过马六甲海峡，到了当时荷属殖民地苏门答腊避难。几经辗转，落脚于苏门答腊中西部的巴雅公务镇，开始了又一个 3 年的特别抗战生活。他续娶了一位马来西亚女子何丽有为妻，化名"赵廉"来掩护身份，将自己的原籍由浙江改为福建，合伙开办了一家"赵豫记"酒厂。这个"赵豫记"酒厂，郁达夫出面当老板，胡愈之为会计，张楚琨任经理。郁达夫平生好饮酒，但为了保持清醒，从此滴酒不沾。

日军占领苏门答腊之后，急需懂得日语、华语和印尼地方语的人做通译，日本宪兵队也就找上了赵廉，条件是可以多卖酒给日本宪兵队但不取翻译报酬，郁达夫给他们当了 7 个月的非职业翻译。这期间，他多方周旋，挫败汉奸的活动，救援了被追捕的爱国华侨侨领和当地的抗日人士。1947 年，一位印尼共产党员在香港对夏衍说："这位赵老板真了不起，没有他的帮助，我们的组织就会遭到不可补救的损失。"因此夏衍这样评价郁达夫："达夫是一个伟大的爱国者，爱国是他毕生的精神支柱。"爱国侨领陈嘉庚也说，郁达夫不仅掩护了自己，还援救了许多被捕的侨领。

郁达夫早已做好为抗日牺牲的准备，为防万一，他在南洋时期每到新年来临都要写遗嘱。1945 年，他写下了最后一份遗嘱："余年已五十四岁，即今死去，亦享中寿。天有不测风云，每年岁首，例作遗言，以防万一。自改业经商以来，时将八载，所有盈余，尽施之友人亲属之贫困者，故积贮无多……凡此等产业及现款金银器具等，当统由妻何丽有及子大雅与其弟或妹（尚未出生）分掌……。"郁达夫一生娶妻孙荃、王映霞和何丽有，何丽有是其在南洋时期的患难妻子。

1945 年抗战胜利后，驻印尼日军依然顽抗，由于汉奸告密，在抗战胜利的最后时刻，郁达夫被日本宪兵抓捕。据日本战犯在受审中供认，郁达夫于 1945 年 8 月 29 日晚，郁达夫被日本宪兵秘密杀害在苏门答腊热带丛林里，遗骸至今没有找到，一代文学巨星就此异国陨落。他最小的女儿在他失踪的那天晚上降生，父女从未见过面。经中央人民政府批准，郁达夫被追认为革命烈士，祖国不会忘记他。

22. 陈学昭与《解放日报》第四版

1941 年 5 月 16 日，中共中央机关报《解放日报》在延安创刊，社址在延安的清凉山，它的前身是红军在苏区创办的《红色中华》报和到延安之后改名为《新中华报》，初期为陕甘宁边区政府机关报。博古（秦邦宪）、廖承志先后担任社长，陆定一和余光生担任总编辑，由于边区实行精兵简政，新华通讯社也合并在一起。延安《解放日报》第四版具有副刊的性质，它虽然没有刊名，但却是一个很有影响和权威的综合性文艺副刊。

延安《解放日报》的筹备与发展是在毛泽东直接推动下进行的。毛泽东不仅起草了创办《解放日报》的通知，还先后为这张报纸撰写了大量的社论，也包括重要新闻。延安《解放日报》的第一任社长是博古，博古在飞机失事遇难后，报社由廖承志负责。第一任总主编是杨松，杨松因病去世后，由陆定一、余光生继任。1947 年 3 月 27 日《解放时报》停刊。上海解放以后，中央把《解放日报》的报名交给上海，作为上海市委机关报继续出版。上海《解放日报》以干部、工人和知识分子作为主要读者对象，也经历了一次较大的改版，加强了新闻性和可读性以及副刊的服务性和知识性，形成了自己的副刊体系，先后设立了副刊《朝花》《新论》《读者心声》等。

延安《解放日报》第四版，一开始由刚进入延安不久的丁玲主持。1942 年 3 月，丁玲调入抗敌协会延安分会，舒群开始主持《解放日报》第四版工作。当时，延安忙于整风学习和大生产运动，再加上在一段时间里，第四版刊登了引起争论和批判的王实味的《野百合花》及丁玲的《三八节有感》等文章，《解放日报》第四版一度出现"稿荒"现象。但更深层次的问题是编辑业务有些脱离实际，群众的生活和战斗很难得到及时反馈。尽管

《解放日报》在 1941 年 8 月发表了《努力开展文艺运动》，但成效并不是很大。1942 年上半年，在毛泽东的直接领导下开始了著名的报纸改版活动。1942 年 4 月 1 日，延安《解放日报》发表了《致读者》的报纸社论，标志着报纸改版拉开帷幕。《解放日报》开始明确了中央党报性质。1942 年 9 月，《解放日报》兼为中共中央西北局机关报。1943 年，为进一步明确报纸归属中央政治局和书记处之下设立中央宣传委员会，宣传委员会书记由毛泽东亲自兼任。

《解放日报》改版之初，为了解决稿荒问题，也为了明确《解放日报》第四版今后的办刊方向，舒群多次向毛泽东汇报，并得到了毛泽东的支持与鼓励，起草了新的征稿办法。

舒群是黑龙江阿城人，满族。原名李书堂，曾用名有李春阳、李旭东、李邮哲、黑人等。1936 年发表小说《没有祖国的孩子》后，一直用"舒群"作为笔名。他出身工人家庭，求学过程比较艰难。15 岁时，他考入哈尔滨一中俄语班，但因为缴不起伙食费半路辍学。后来进入东北商船学校，也未等到毕业就退学了，在航务局当了一段时间的俄语翻译。1932 年，他秘密加入中国共产党。他用"黑人"在东北《国际协报》《大同报》等副刊上发表文章，同时结识了罗烽、塞克、白朗、萧军、萧红等东北作家。萧红处女作出版的印刷费用，还是由他张罗凑齐的。1934 年，满洲地下党组织被破坏，他转移到青岛，但还是被国民党蓝衣社抓入监狱。中篇小说《没有祖国的孩子》就是他在狱中完成的。释放后，他几经周折来到上海加入"左联"。1938 年 2 月，他到武汉与丁玲共同创办《战地》文艺刊物。1940 年，舒群回到延安。后来，他受凯丰同志委派，担任了《解放日报》第四版文艺副刊主编。

当时的舒群还不到 30 岁，作为作家，他常给报纸副刊写稿，却从来没有编辑副刊的经历。《解放日报》的副刊要办成综合性的，涉及文学以外的诸多社会科学领域，对接替丁玲主持《解放日报》副刊，舒群一时心里感到没底，说应当找更能胜任的人来主持。毛泽东幽默地鼓励他说："要找这么完全的人，这么有能力的人，你给我介绍一位。难道没有这么一个人，综合性的副刊就不办了吗？全能的人，现在没有，将来也不能有。你编文艺副刊，文艺副刊是个点，也是个面。因为你是搞文学的，所以文学是你的点，文艺是你的面。你也要由点到面嘛。你编综合性副刊，文艺是你的点，社会科学就是面了。都是要先点后面，从点到面嘛！先文学的点，后文艺的面；先文艺的点，后社会科学的面。面反过来又会促进点，使点深化。只要在工作实践中学习、提高，由点到面，你就一定能胜任这项工作。"

为了支持舒群办综合性副刊，毛泽东亲自出面，在延安的枣园窑洞里宴请了 16 位作家、艺术家和学者，包括陈荒煤、江丰、张庚、柯仲平、范文澜、邓发、彭真、吴玉章、艾思奇、陈伯达、蔡畅、周扬、冯文彬、吕骥、王震之、董纯才等。席间约定：每人每月要提供 6000 字到 12000 字的稿件，并要求他们当仁不让，有求必应，全力以赴，取之不尽，用之不竭。不仅使稿荒问题迎刃而解，也大大提高了办刊质量。

不久之后，舒群又担任鲁艺文学系的系主任，他经常来往于报社与鲁艺驻地之间。随着延安整风运动深入开展，舒群有较长一段时间离开了《解放日报》与鲁艺，后返回鲁艺。1945 年，舒群担任了东北文艺工作团团长并重返东北。中华人民共和国成立后，舒群参加抗美援朝并创作了长篇小说《第三战役》，可惜底稿在"文化大革命"中遗失。后来，他担任了东北大学副校长、东北电影制片厂厂长、东北文联副主席、中国文联副秘书长和中国作家协会秘书长。他的主要作品还有短篇小说集《崔毅》《我的女教师》，中篇小说《老兵》《秘密的故事》，长篇小说《这一代人》。但最重要的作品是在延安担任《解放日报》第四版主编和鲁艺文学系系主任时，因与毛泽东工作接触比较多，积累了许多有关毛泽东的资料，舒群完成了 70 多万字的《毛泽东的故事》后，就少有新作品发表了。

舒群对《解放日报》第四版有实施改版之功。那时，第四版的编辑格局已经开始稳定，除了其他人断续接编，另一位编辑开始上任，她就是著名作家陈学昭。

陈学昭是一位与丁玲性格截然不同的女作家，但同样特立独行地投奔到了延安，并在曲折的道路上完成了事业与追求的转变。1938 年 8 月，陈学昭从重庆经成都、西安，举家来到延安，她是应重庆《国讯》刊物之邀，到延安采访并进行系列报道的。1939 年 8 月，陈学昭回到重庆，有关延安的 15 篇报道稿件被国民党当局查扣，本拟交付三联书店出版《延安访问记》，结果稿件遭到扣押，后来由他人带至香港，于 1940 年 7 月由北极书店正式出版。

1942 年，陈学昭再次奔赴延安，主编了《解放日报》第四版将近两年的时间。1944 年，她进入中央党校四部担任文化教员。1945 年，她参加接待了黄炎培、傅斯年、赵超构等 6 人访问延安的采访活动。1945 年 7 月，她加入中国共产党。1948 年，她随中央机关到西柏坡，后任《东北日报》副刊编辑。1949 年，陈学昭回到浙江，先后在浙江大学和浙江省文联分别担任教授、领导职务。1957 年，陈学昭错划为右派。1979 年，陈学昭得到平反并恢复党籍。1991 年 10 月 10 日，病逝于杭州。

陈学昭在回到浙江工作之前，一直是编辑、作家和教员，埋头编辑和讲学，一位曾经留洋的文学博士为什么对延安如此执着？除了抗日救国，与她从学生时代就树立的远大理想和对社会进步的追求也有着极大的关系。

陈学昭生于 1906 年，浙江海宁人，出生于一个教师家庭，原名陈淑英，也叫陈淑章。她 7 岁入私塾，由初小到高小再到南通女师预科、上海爱国女学文科，受到了扎实的系统教育。后来，她发表作品《我所希望的新妇女》，希望成为新女性是她追求进步的起点。1925 年，陈学昭就在京沪报纸副刊上发表散文作品，她出版了第一部散文集《倦旅》。陈学昭曾加入浅草社和语丝社，认识了鲁迅、周建人、章锡琛和瞿秋白，他们给了她很大的影响。比如，鲁迅先生就与她探讨过《娜拉走后怎样》，在她的记忆里，鲁迅对她说过，做一个中国女人要能够忍受一切打击，要提防从暗处飞来的冷箭。

1927 年，陈学昭独自赴法国留学。1931 年，她进入克莱蒙大学文科学习并兼任《大公报》驻欧特派记者、上海《生活周报》特约撰稿人，3 年后获得文学博士学位。她是当时为数不多的可以靠稿酬版税上学和独立生活的青年女学生，颇有些特立独行的自立精神，也是那时少见的知识新女性。她的文笔清新婉约，真诚细腻，感情色彩浓厚，有个性但微带迷惘与感伤。她的笔名也很多，早期有野渠、式徽、惠、玖，"学昭"也是她笔名，一直沿用。她的主要作品有诗集《纪念的日子》和散文集《寸草心》《烟霞伴侣》《如梦》等，短篇小说集《新柜中缘》，文学回忆录《天涯归客》，长篇小说《工作着是美丽的》《南风的梦》《春茶》等。《工作着是美丽的》这部长篇小说道出了她的心声，只有工作和劳动是最有人生价值的，这部长篇小说是她一生的理想和写照。

有学者对当时报道延安的三部作品，即埃德加·斯诺的《西行漫记》、范长江的《中国的西北角》和陈学昭的《延安访问记》做过比较研究，认为陈学昭的笔调稍软一些。比如，将延安同她家乡的文化生活氛围差异进行过比较，经济文化发达的东南自然要比经济文化落后的西北要好，然而她不贪图安逸，毅然选择了后者，这倒是令人肃然起敬的。从写作来讲，她的采访主题较敏感，而且是对延安的真实的系列报道，这是需要勇气和智慧的。

陈学昭编辑《解放日报》期间，还编发了译自苏联的《前线》剧本，并由此拉开新闻反"客里空"运动的序幕，"客里空"是苏联作家柯尔涅楚克。

1944 年，《前线》由萧三翻译成中文，并送给毛泽东看，毛泽东读后立即推荐给《解放日报》，并在同年 5 月开始连载。1947 年，《晋绥日报》又用一个整版介绍了剧情，结合正在开展的土改运动，反"客里空"运动进行了一年多。反"客里空"运动影响很大，一直到《解放日报》停刊才结束。《人民日报》创刊之初，刘少奇还专门为此作总结，对新闻浮夸文风的改变起了较大作用。后来陈毅元帅在写给儿子的诗里也叮嘱："少年当切戒，阿飞客里空。"

需要一提的是，《解放日报》曾经在西安事变中出版过一个多月的西安版。由国民党中央宣传部直接控制的《西京日报》在西安出版发行。震惊中外的西安事变发生后，张学良的秘书郭维城便派丛德滋和关吉岗二人接管了《西京日报》。经过大家的讨论，决定把它改名为《解放日报》。作为抗日联军临时西北军事委员会办公厅领导的三方的机关报，报头由总编辑丛德滋题写，韩进、魏文伯等参加了编辑工作。西安版《解放日报》为冲破国民党新闻封锁，报道了西安事变真相，引起了巨大轰动。这张报纸独立运作，也有多种形式副刊和专刊，如《解放先锋》《烽火台》《文艺生活》《妇女阵线》等，其中《解放先锋》最为活跃。1937 年 2 月 5 日，抗日联军西北军事委员会被迫结束，西安版《解放日报》随即于 2 月 10 日停刊。

23. 穆儒丐与《盛京日报·神皋杂俎》

穆儒丐的代表作是长篇小说《北京，1912 年》（原名《北京》），2015 年由北京联合出版公司重新出版，另一部《北京梦华录》也被北京出版社出版，引起了文学研究者和读者的广泛关注。穆儒丐被视为明珠暗投且长期被忽视的现代小说作家，他的写作历史很早。他到沈阳后，在连载《北京》之前发表的第一部以报纸连载形式出现的长篇小说是《香粉夜叉》，一直到 1920 年 4 月 21 日才连载完，要比人们一度公认的中国现代文学史上的第一部长篇小说《冲击期化石》大约早两年。如果从 1915 年他开始为《国华报》写连载小说《梅兰芳》算起，他开始长篇小说创作的时间就更早了。值得注意的是，穆儒丐的小说具有纪实体特征，也有人物原型，这大约与他从事报纸工作有关。

漫画家李滨声先生曾经撰文回忆，他年轻时给《盛京日报》旗下的《小时报》投漫画稿，远远见过走进报社的穆儒丐，但相遇不相识。可见穆儒丐在《盛京日报》确乎是一个赫赫有名的人物。

穆儒丐原名穆都哩，是满语中"辰"的意思，号穆六田，也称为穆辰公。1884 年出生于北京香山健锐营，健锐营是清朝驻防北京的一支"特别部队"，属于正蓝旗。因此他出身于行伍世家，有下层军中贵族的一些背景。1905 年被官派留日，先在早稻田大学学习历史和地理。毕业后，又继续入该校政治法务科学习 3 年。他赞成维新派，也希望立宪改良，代表了当时满族青年人的思想。1911 年穆儒丐学成归国，通过了朝廷为留学生特地举办的新科举考试，很有希望走上已经准备好的仕途，不料辛亥革命风云骤起，清廷灭亡，他的入仕之路也就断绝了。

穆儒丐从日本回到北京时，昔日生活过的健锐营也变了样。没有了皇粮和月饷银，生活困顿，人丁离散，手无缚鸡之力的穆儒丐只能卖文为生，到《国华报》任职编辑。这个《国华报》不是广州版的《国华报》，而是一度以北京安福系军阀为后台的一家私营报纸，总编辑乌泽声是穆儒丐留日的同学。穆儒丐后来写的小说《北京》，许多情节正是在这样的生活变化背景下展开的。1915 年，穆儒丐在《国华报》的"报屁股"连载了章回体小说《梅兰芳》，真人真事和真人假事必然会在传播时混搭在一起，惹上了不小的麻烦，《国华报》被封门，他也只得离开北京。1916 年，穆儒丐来到沈阳，按照老套路进入报馆。当时沈阳较大的报纸是《盛京时报》。穆儒丐如何进入《盛京时报》，细节并不清楚，但一开始只是为《盛京时报》写点时评，由于出手快，文笔也利落，汉文、满文、日文兼通，加上那时《盛京时报》刚刚开办，人才缺乏，能写小说的人更是凤毛麟角，穆儒丐也就得到了重用。1918 年，他主持创办副刊《神皋杂俎》并担任了主编。

《盛京时报》的副刊《世界珍闻及其他》，都不如《神皋杂俎》编发的时间长且影响力大。有了《神皋杂俎》这个平台，且不断地在这里连载长篇小说，穆儒丐在东北名声日隆。犹如张恨水在北京，张资平在上海，但他们所写作品路数不同，题材各异，影响范围也不同，许多报纸读者把他当成有才气的小说家和报人。

《盛京时报》于 1906 年 10 月 18 日在沈阳创办，是由日本报人中岛真雄创办主持的一份中文报纸。一开始打着私人办报的旗号，提出办报是为了开通民智，联络中日邦交，但实际上是日本对中国进行文化侵略的工具。《盛京时报》不仅可以用来影响舆论，还可以搜集大量的中国政治、经济、文化资讯。

中岛真雄是老牌日本报人，同时也是个情报老手。1890 年，他来到中国，并于 1892 年到了上海，与具有情报背景的日清贸易研究所搭上关系。1900 年，中岛真雄来到北京试图创办中文报纸，为日本侵华做舆论先锋。1901 年，他创办了日本在华出版时间最长的中文日报《顺天时报》。1905 年，日本外务省接办了《顺天时报》，《顺天时报》一直到 1930 年才停刊。

1906 年，中岛真雄来到了中国东北地区，又在奉天（今沈阳）创办了《盛京时报》。

九一八事变之后，《盛京时报》进一步成为日本侵占东北的公开舆论工具。就《盛京时报》而言，经营时间长达 38 年之久，于 1944 年 9 月 14 日停刊。虽然《盛京时报》名义上停刊，但实际上改名为《康德新闻》，后者便成为伪满洲国的机关报。1945 年，《康德新闻》也随着日本的无条件投降和伪满政权的倒台而垮台了。穆儒丐主编的《神皋杂俎》是随着《盛京时报》的停刊而结束的，并没有在此后的《康德新闻》里延续下来。这或许也是穆儒丐能够提前脱离日本和伪满报系，从而能够比较提前地从东北返回北平的一个具体原因。

穆儒丐主编《神皋杂俎》以后，开辟了众多栏目，他不只是组稿和划版，期期都得写文章，发表连载小说，一般署名为儒丐、丐、肥丐等，有卖文为生的意思。但他的从业背景和经历又决定了他并非是一个简单的卖文为生者。东北沦陷前后，穆儒丐在《神皋杂俎》上写了许多连载小说，使《盛京时报》有了更多读者，也写了大量时评杂论和重要的报道文章。因此，对他的历史评价需要在特殊背景下多方面展开评论，对他的评价与对《神皋杂俎》的评价是分不开的，他的文学活动和新闻活动永远定格在《神皋杂俎》的布景里，这在文学史和报刊史上都是很少见的。近年来，随着研究视野的不断扩大，学界也展开了对穆儒丐及其小说的争论。虽然不再简单地将其视为"附逆文人"，但也有不同的历史观察视角，褒贬都有，其中最主要的是着眼于部分文学活动，在小说成就上进行评价。

作为小说家，穆儒丐的文学活动自然是十分重要的。他一生写作和翻译了 37 部小说（其中长篇小说有 10 余部），此外还有大量的散文、剧评文章和曲艺作品。有人评说，按照对"落水作家"的分类，依然应当将穆儒丐列入仅次于郑孝胥的附逆行列。有人评说，穆儒丐曾经盛名，终于沉寂，身世飘零，唯留文字，穆儒丐已经化为一个传说。他继承了旗人小说的文脉，跳出了传统章回小说的窠臼，写出了一个时代的悲凉，他有想法、有感慨，也有笔力。但是，如果将他的文学活动进行具体分类，再将其连续性的文学成就与连续性的副刊活动联系起来，或许更能看得清楚些，二者的关联度是如此紧密。穆儒丐在《神皋杂俎》中的角色，几乎是集编写于一身，穆儒丐的创作平台一直是《神皋杂俎》，媒体的广泛传播给了他成名的最大机会，而《神皋杂俎》的编辑史也就成了穆儒丐的写作史。

从穆儒丐的多部连载小说上看，其内容是丰富的，有的主要反映北洋时期在旗落魄贵族和贫民的艰难生存状态，讽刺了北洋新贵纸醉金迷的腐败生活，如《北京》《北京梦华录》《徐生自传》等作品，可称得上是其中的佳作。有的着重于对清朝兴起历史的溯源作出长篇演绎，文笔大开大合，如著名的《福昭创业记》，用章回体形式对清太祖努尔哈赤与皇太极开基建朝进行了系统的故事描绘。如果仅从中国多民族的具体发展历史去看，倒是没有多大问题，或者说更多流露出对前朝的无限留恋，有一种十分明显的遗民情结。但这部小说在 1937 年至 1938 年被连载发表，则是被日本军国主义利用了，故伪满当局为之大力宣传，授予这部小说"民生部大臣文学赏"。穆儒丐的一些小说明显是在为伪满招魂，为日本"大东亚共荣圈"的宣传认同增添文化依据。但也有一些作品是另有创作宗旨的，如 1941 年至 1942 年完成的社会小说《如梦令》，则从清朝健锐营士卒到清廷由盛转衰的透视中，反映了历史的必然。1944 年，穆儒丐发表了他的最后一部长篇小说《玄奘法师》，则明显带有佛家色彩，能够让人找到心灵的归属感。总之，他在《盛京时报》创作和编辑工作中，明显地分为不同倾向的三个阶段，彼此不能相互代替。我们既不能全面否定他的文学贡献，也不能一律给予肯定。

第一个阶段是 1916 年至 1931 年。这期间国内发生了很多大的事情，如五四新文化运动、直奉战争和北伐战争。但在他的前期作品里，既看不到五四新文化运动给予人们的社会心理冲击，也看不到他对东北地区各个阶层更多的刻画描写，仿佛他是一个置身事外者，主要沉浸在对京城旧事的描写和回忆中。从"皇姑屯事件"发生后到张学良宣布"东北易帜"，他的作品和《神皋杂俎》似乎并没有特别反应。对京城旧事的描写和回忆，既是对旗人小说关心的读者和研究者肯定的一面，也是他最有文学成就的一段经历，我们应当给予积极评价。同样是旗营的后代，老舍先生的情怀和写作基调要大大地高于穆儒丐，在老舍的《正红旗下》，有着壮烈的牺牲反抗与共御外侮的主旋律。在这个阶段里，穆儒丐的创作基本是独立的，也发表了不少翻译小说，写有大量文艺评论和散文体论说文。他回避应酬，潜心写作，主要的文学影响也正是在这段时间里奠定基础的。

第二个阶段是九一八事变和伪满洲国前期。他的主要小说是连载于1937年7月至1938年8月的《福昭创业记》。这部历史小说发表的时候伪满洲国建立不久，在客观上营造了伪满洲国再次创业的文化气氛，这是《福昭创业记》获得"民生部大臣文学赏"的根本原因。他忙于写作，行事也比较低调，也不去参加圣战文学者大会之类的活动，《福昭创业记》的创作更多基于前清遗少的心理，缅怀祖先的荣光。在伪满傀儡统治和日本全面占领东北的情况下，《栗子》和《福昭创业记》已经成为日本侵略者的文化工具，这是那位末代皇帝的不幸也是穆儒丐的不幸，因此说他从此失足落水，也并非过分。《栗子》在《神皋杂俎》上连载，曾经引发了一股为"满洲独立"喊叫的文字泛滥之风，《福昭创业记》的创作动因来自哪里，原本也是不难判断的。长春师范大学学者王晓恒在其《在文学与政治之间：〈盛京时报〉时期的穆儒丐》一文中说，1937年7月《福昭创业记》开始连载，一向很少出席各种会议的穆儒丐，以《盛京时报》的唯一代表跑到新京（长春）出席日本人控制的"弘报协会"恳谈会，并在回到沈阳之后连续发表了日记体散记《新京七日记》，开篇就是"适逢新京举行国都建设典礼，而协和会联合大会，亦于是时召集，衣冠萃止，盛况可想"。接下来，又是进见国务总理，又是赐见于日军司令官，原本是一篇新闻报道就可以交差的事，居然连篇累牍地这般渲染，穆儒丐的真实心态由此可见一斑。

第三个阶段是伪满后期。以1944年1月至8月连载的《玄奘法师》为标志，穆儒丐在文学创作上迈出了最危险的一步，成为"大东亚共荣圈"的文化俘虏。《玄奘法师》从题材上看似没有什么，是玄奘去天竺取经的中国历史素材的文学还原，但放在写作"大东亚人杰传"的背景上去透视，显然是"大东亚共荣圈"的一种终极的文化企划，"大东亚人杰传"的发起人穆儒丐的文学之路也越走越远。

　　除了《神皋杂俎》，穆儒丐还是《盛京时报》"论说"专栏的主要撰稿人，有时兼为"论说"专栏主编，最长连续时间超过 3 年。时断时续，一直没有停止。尤其在 1926 年之前，也是穆儒丐进入《盛京时报》连续创作《北京》和《北京梦华录》的时期，其发表的"论说"文章有 300 多篇，"论说"专栏内容具有日常随感性质，穆儒丐的突出论题是"中日亲善"。在其后期的文章里，还大讲"满日华"情同一体，引领建设所谓东亚新秩序。"论说"专栏在《盛京时报》可不是等闲栏目，置于头版报眼，相当于软性署名社论，一直由该报主笔菊池贞二亲兼主编和撰稿人。穆儒丐在这个专栏里频频出现，这种待遇是促使他由京华忆旧转向了更有政治背景的小说创作上来。穆儒丐与菊池贞二是密友，彼此相互欣赏，在菊池贞二离社的 3 年里，"论说"专栏主编由穆儒丐继任，并非偶然。

　　所幸的是，穆儒丐终究没有为日本侵略者去殉葬，也没有被伪满政权控制，这对他来说也算是幸事。1945 年穆儒丐回到北平后，大约也明白自己的历史经历与处境，没有再去办报，也没有再去写文章，而是一直隐姓埋名地过日子，当然也没有被谁当作汉奸或者满奸检举清算。1953 年，经张伯驹推荐，他被聘为北京文史馆馆员。1961 年，穆儒丐安然离世，他是否曾经多方面思考自己的创作经历和得失，也只有他自己知道了。

24. 梅娘、柳龙光与《大同报》副刊

　　在东北沦陷区的报纸副刊上，有一位以创作女性题材为代表的女作家梅娘。1936 年下半年她进入《大同报》，开始担任校对和编辑工作。虽然她不是《大同报》的副刊主编，但是在 1936 年至 1941 年的一段时间里，《大同报》副刊主编是毕业于日本东京专修大学的柳龙光，不久后成为她的丈夫，也是她作品的第一读者和编辑。柳龙光是学经济的，但对文学颇感兴趣，若不是梅柳二人珠联璧合，《大同报》的《文艺专页》《小说专页》《海外文学专页》等副刊也不会为后人所看重。

　　梅娘进入《大同报》时年仅 16 岁，在世俗生活中，进入《大同报》和为副刊写稿，是因为后母断绝了她的经济来源。1936 年她的父亲病逝后，她被寄养在伯父家里，不得不独自谋生。她通过报纸征文，获得些许报酬，她的作品总体上超越了伪满的文化烙印。最初的作品充满了人世间两岁失母，又饱受继母白眼的痛楚和对亲情的忆恋，后来才介入了对社会生活的书写。比如小说《梅子》，写的是梅子和她的姐姐受继母虐待的故事。她写作的诗歌不多，但对秋天秋景有着独特的感悟和吟咏，这使她为数不多的诗作却成为在当时并未引起更多关注的现代文学珍品。她的作品《秋天》，有"无边落木萧萧下"的大自然景观带给人的心理冲击，出人意外地将其比作新嫠的寡妇，纵有风韵，但不免苍老和憔悴。这样的意象出自一个 16 岁的女孩子笔下，没有对人生的彻悟几乎是不可能写出来的。早熟的文思来自早年遭遇的生活坎坷，她如果一直写诗，应当也是一位出色的诗人。

　　她的写作领域是广泛的，据北京市社会科学院文化研究所学者陈言研究统计，在 1936 年至 1941 年这段时间里，她在《大同报》副刊上发表了散文

作品 13 篇、文学翻译作品 13 篇以及小说作品 19 篇。其中影响最大的一部游记体小说是《女难》，比较生动地反映了日本政府通过宣传、培训等手段，在东北推行"大陆新娘"政策，其目的在于稳定移民情绪，在"大陆新娘"政策的背景下，《女难》是中国女性和日本女性共同的劫难，其实也是日本男性青年的劫难，他们被骗诱到中国东北，或去充当炮灰，或进入日本开拓团。小小的梅娘居然从这种在日本和东北普遍被熟视了的异样婚姻浪潮里，透视出更为深刻的社会悲剧和战争悲剧，不能不说是独具慧眼。她或许不知战争是什么，更不知道战争在什么时候才能结束，但她知道，日本的普通人也不需要战争。她的翻译作品除了日本久米正雄的《白兰之歌》，还有普希金的诗歌和莱蒙托夫的散文。《白兰之歌》是涉及日本战时在中国实行移民政策的一部作品，这大约是她写作《女难》并对相关题材深感兴趣的一个引子。

梅娘在儿童文学创作方面也很有成就，她的儿童文学作品有童话、小说，这些都来自她童年的真切感受和独特视角。作品《妈回来的时候》，写了 5 个兄弟姐妹中的"容"从姥姥家拿回 5 颗鸡蛋，商量着如何分吃，妈妈回来，要将其中的一颗送给隔壁的王婶家，用来孵化小鸡，惹得姐弟大哭起来。深刻的细节描写虽然是在特定环境中发生的，但在一般儿童文学作品中是很少见到，它使人联想到《卖火柴的小女孩》，其场景更有动感和戏剧性，因此，梅娘的作品揭露得更含蓄、更具体、更深刻。

20 岁时，她出版小说集《第二代》。21 岁时，她同丈夫柳龙光来到日本。柳龙光在大阪一家中文日报就职，梅娘在一家日本学校学习，她出版了成名作《鱼》《蟹》。1942 年，她在北平马德增书店和上海宇宙风书店共同举办的"读者最喜爱的女作家"评选活动中一举成名，与张爱玲并称"南玲北梅"。

其实，梅娘童年的不幸与张爱玲确有相似之处，她们都出自豪门财阀家世，但复杂的家庭关系，又使得她们过早地体味到人世间的阴冷与苦难。而梅娘的少时境遇连张爱玲都不如，她处在亡国亡家无可立足的另一个世界里，浑不知哪里有出路，只能用笔来倾吐心声，用自己的赤诚之心来感知更加不幸的铁蹄下的青年女性。

梅娘的父亲叫孙志远，是一位在东北有影响的大商人。伪满政权成立时，邀请他担任伪满洲中央银行副总裁和通产大臣，被他婉拒。后来，他躲避辗转在关内参加反日活动，但遇到的是首鼠两端的石友三、韩复榘，自然也就没有什么好结果。孙志远于 1936 年去世，梅娘连父亲也没有了。从一个方面说，有这样的父亲，梅娘还是分得清是非的，但她失去了母亲的疼爱，又缺失了父亲的呵护，这使她变得异常敏感。她改名为梅娘，听起来很有美感，但其实是"没娘"的谐音。她很少用梅娘的名字在报纸上发表文章，主要的笔名是孙梅娘（孙没娘）、孙敏子、敏子、柳青娘（柳青是其大女儿）、青娘和莲江等，一种想娘思娘当娘的情结贯穿了她的一生。对亲情的思念是她一开始的创作主题，但从《女难》发表之后，她转向了女权主义和对社会的关注，讲述的是残破的爱情故事和女人在战争中的不幸，她悲天悯人的写作气质里散发着人文主义和人道主义的情怀。

《大同报》是伪满政府的机关报，在九一八事变之前，中国东北尚有大小报纸 80 余种，之后只剩《盛京时报》《泰东日报》《滨江日报》《大北新报》等被掌控的十几家报纸。《大同报》作为日伪在中国东北最主要的宣传喉舌，其性质是明确的，但主报与副刊相对独立的编辑形态，也使它有机会成为一种时而透出一些亮光的灰色地带。东北的一些进步文化人，如陈华、萧军、萧红、舒群、罗烽、白朗、金剑啸等人，前后进入新办报纸的副刊中，成为抵抗运动中时隐时现的文化台柱子。他们的文化活动遭到了日伪的围剿和打压，有的被捕和枪杀，有的被迫流亡，而梅娘和柳龙光的出现，在一定程度上填补了副刊的一段空白。

《大同报》的副刊前后有八九种，主要是发刊于 1933 年的《大同俱乐部》《夜哨》《满洲新文坛》，发刊于 1936 年的《文艺专页》《小说专页》，发刊于 1938 年的《文艺》，发刊于 1940 年的《海外文学专页》和 1941 年的《我们的文学》。梅娘的作品主要发表在《文艺专页》《小说专页》《文艺》《海外文学专页》和《我们的文学》上。

梅娘原名孙嘉瑞，祖籍山东招远。1920 年生于海参崴，后迁居长春。在

《大同报》副刊上发表作品前后有 5 年，随丈夫到日本学习只有一年左右，但有了《女难》的创作基础，在学校里又遇见了一位具有反战观点的松本老师。梅娘在回忆录里讲，松本老师对她说过，日本进入满洲，是小鬼趁着菩萨瞌睡，偷吃了供给菩萨的油豆腐，这给梅娘留下了很深的印象。与他们交往的也多半是反战的日本作家，柳龙光的思想也趋向成熟，有可能成为日本反战同盟同北平地下党的联络人。这段经历决定了他们回到北平后，受聘主持北平《妇女杂志》，日本友人龟谷利一也有通过办刊化解中日仇恨的想法，但最终被指责为宣传"大东亚共荣"不力而被遣送回国。

柳龙光溺于太平轮海难。不久后，梅娘的二女儿病夭。梅娘的生活陷入困顿，在东北、北平和上海之间奔波。中华人民共和国成立后，梅娘参加工作，在农业电影制片厂担任编剧，并加入北京市文联，但在反右运动中被错划为右派，并有敌特嫌疑。从此，她开始长达 16 年靠打零工维持生活的困窘状态。在"文化大革命"中，儿子病逝，只有大女儿柳青与她相依为命。1978 年梅娘获得平反，回到农业电影制片厂工作。20 世纪 90 年代初继续拿起笔来，写作回忆录、游记、杂感，文字依然清新温婉，她的作品再次出版。1997 年，梅娘被列入现代文学百家，文学地位得到了肯定。2005 年 8 月，由同心出版社出版了《梅娘近作及书简》，书中收录有 60 篇散文和 88 篇书信。

2013 年 5 月 7 日，梅娘病逝，享年 92 岁。

25. 陆晶清与《扫荡报》副刊

陆晶清原名陆秀珍，笔名小鹿、娜君、梅影。她是云南昆明人，生于1907年，是20世纪三四十年代活跃在副刊编辑岗位上的一位重要女编辑和女作家，曾经与石评梅、黄庐隐等一起被称为民国的女才子。20世纪40年代末，她淡出文坛和报坛，转而从事教育工作。1957年被错划为右派。1979年得到平反与纠正。

陆晶清在昆明读小学时就开始接触和阅读《新青年》和《新潮》等进步刊物，并向往外面的世界。1922年考入北京女子高等师范学校，与石评梅、庐隐、许广平成为校友。在校时陆晶清开始创作诗歌与散文，发表在《晨报副刊》《文学旬刊》和《语丝》上。她曾经编辑过随《晨报副刊》附印的《妇女周刊》，也与石评梅一起编辑过《蔷薇周刊》。她还参加了女师大学潮，在三一八惨案中受过伤。

1927年3月，陆晶清到了汉口，参加了国民党中央党部妇女部的工作，在妇女部部长何香凝处当文书。"四一二反革命政变"发生后，愤然脱离了国民党。1928年石评梅病故，她赶回北平帮忙料理后事，后又进入女师大语文系学习。同年秋天，主编《河北国民日报副刊》，在工作中遇到了她日后的丈夫王礼锡。

1931年，陆晶清和王礼锡一起到日本，并在日本举行了婚礼。不久回到上海，协助王礼锡筹办《读书杂志》。因为王礼锡经手出版的书籍触犯了当局而受到通缉，1933年他们不得不流亡在伦敦。抗战全面爆发后，王礼锡担任了全英华人联合抗战社团负责人，陆晶清也写了不少游记和散文。1939年回国，陆晶清担任中华全国文艺界抗敌协会理事，也同王礼锡一道奔赴前线。

1940 年后，她在重庆市女中学校和重庆求精商业专科学校任教，并开始担任《扫荡报》副刊部主任，开始了她最重要的副刊编辑经历，她在这个位置上待了将近 5 年。1945 年作为《扫荡报》特派记者赴欧洲采访。1948 年归国后转入教育界，一直到 1965 年退休。

她主编《扫荡报》副刊，正处于国共合作共御外侮的开始阶段，具有复杂政治背景和黄埔底色的《扫荡报》也出现了相对宽松的时期。《扫荡报》由国民政府军事委员会南昌行营政训处处长贺衷寒创办并主管，一开始叫《扫荡三日刊》。1932 年 6 月扩版改名为《扫荡报》，何应钦是理事长，后来张治中也担任了副理事长，提出了"以报养报"的办报模式。1935 年《扫荡报》迁往武汉，发行量 5000 份，后印刷设备改善，发行量增加到 15000 份，其总编辑是丁文安。1938 年抗日统一战线形成，丁文安的办报态度有所调整，提出了矛头对准日寇。同年 10 月从武汉撤退，该报发出告别读者的社论，社论出自郭沫若之手。在撤退中，一部分撤到桂林，并于 1938 年 12 月 15 日复刊，社长是易幼涟，总编辑是钟期森，发行量曾经达到 20000 多份。《扫荡报》（桂林版）在 1941 年至 1942 年出版副刊有《文史地周刊》，很有影响力。1944 年 9 月，《扫荡报》在湘桂大撤退中宣告停刊，总编辑钟期森遇难于日机轰炸。

另一部分由丁文安、黄卓球等人带到重庆，于 1938 年 10 月复刊，陈诚调走丁文安，由何联奎担任社长。1939 年日机轰炸重庆，报社被夷为平地，一度与《中央日报》合并报头发行。1943 年春天，张治中受命重建《扫荡报》，原拟聘请成舍我为社长，成舍我本已应允，但稽留桂林而不来。为使报纸按计划出版，不得不临时改黄少谷兼任社长，万枚子任副社长。陆晶清担任副刊主编正值这样一个时期，因为副刊的特殊性和审查人员的颟顸无知，再加上国共合作抗日的大背景，陆晶清编发了不少进步文化人士的文章与作品，比如郭沫若的《复兴民族的真谛》和欧阳予倩、黄药眠、杨朔等人的文章和作品。1944 年 11 月 10 日，《扫荡报》开始连载老舍的经典巨著《四世同堂》。

《四世同堂》在《扫荡报》副刊上发表是个例外，但与陆晶清的努力分不开。在抗战初期，大后方的文艺工作者创作的作品，有很多是配合抗战动员的通讯报告、街头剧和朗诵诗，比如《放下你的鞭子》等独幕剧产生了很大影响。小说也以中短篇为主，如张天翼创作的《华威先生》。后来也有大量长篇小说出现，如张恨水的《八十一梦》《五子登科》《魍魉世界》以及沙汀创作的《淘金记》、艾芜创作的《山野》等，但最重要的长篇小说还属老舍的《四世同堂》。

据陆晶清回忆，当时她听说老舍先生正在写作《四世同堂》，并准备交给一家杂志刊出，就立即写信给老舍，决意将稿子争取过来。她提出的第一个理由是杂志周期长，而且要完成全稿才可刊出。如果在报纸上连载，边写边登，既可以早些与读者见面，也方便写作。陆晶清知道老舍的家人刚从北平长途跋涉到重庆，一下子增添许多经济负担，肯定急需用钱，因此提出预支较高的稿费。她和老舍商定，连载由她亲自决定字数和校对，原稿保持清洁，登完退还。陆晶清向报社提出 500 元的稿费预算，未曾想黄少谷一下子批了 1500 元稿费。《四世同堂》在《扫荡报》第四版每期连载 3000 字，每次都放在左上方，期期要占三分之一个版面，为大后方的读者了解沦陷区起了很大的作用。《四世同堂》这样一部经典巨著首先在《扫荡报》上发表，这不能不说是一桩令人惊奇而又有道理的事，这是陆晶清精心筹划的结果。

据说，《扫荡报》内部的人后来也有抢功者，20 世纪 70 年代在香港报纸上著文掠美。后来陆晶清被派往欧洲采访，《扫荡报》由杨彦歧接编。1945年 5 月她到欧洲担任特派记者时，《四世同堂》已经接近连载完，因此《四世同堂》的连载是陆晶清一手操作的。《扫荡报》连载《四世同堂》也直接提高了报纸的发行量。一般来说，一部好的连载作品的确能将普通的报纸带动起来，进步文化人士和副刊编辑也能由此获得更大的活动与文化传播空间。陆晶清离开《扫荡报》后，副刊由左翼文化人吕剑编辑，在一定程度上保持了相对独立的编辑形态。尤其在张治中主持工作时，文艺气氛相对宽松。

1945 年 9 月，重庆《扫荡报》筹办京沪版。但在国共重庆谈判前，国民党出于复杂的策略动机，很快将该报改为《和平日报》。为了改名，张治中与《扫荡报》的创办者贺衷寒发生了严重的冲突，但最终还是以《和平日报》的面目示人。《和平日报》京沪版分别于1945年11月12日和1946年元旦出刊。

中华人民共和国成立后，陆晶清一直在暨南大学等高校任教，并担任民革中央监察委员会委员。她的主要作品有散文集《流浪集》《素笺》，还有诗集《低诉》，学术著作有《唐代女诗人》，首次系统研究评价了上官婉儿、鱼玄机等一批唐朝女诗人，填补了唐诗研究的空白。

研究陆晶清的副刊活动，不能不提到她的丈夫王礼锡。王礼锡是江西安福人，毕业于江西心远大学。1930年，主持编印《读书杂志》，出版了诗集《市声草》，此外还有《海外杂笔》《海外二笔》《去国草》等专集。1938年，他同陆晶清从海外归国，带领作家战地访问团到抗日前线去。1939年王礼锡因病去世，中共中央和延安文艺界发出唁电，蒋介石也发出了唁电，陆晶清的悼亡诗《给礼锡》也在重庆《新华日报》刊出。他是一位著名的抗日爱国活动家，他的《笔征日记》一直由陆晶清保存，在自身受冲击的情况下也没有丢失，有很大的史料价值。

26. 吴宓与《武汉日报·文学副刊》

　　吴宓是我国近代会通中西的大学者之一，是一个备受争议的人物。他是著名的学衡派的中坚人物，对新文化运动一直采取敌视和否定的态度，对自己的文化主张和观点一直不离不弃，坚持一生。他或者被认为是如同清民之交辜鸿铭一类的著名学者，他的学术性格确乎也具有关中大儒素来就有的执拗，他也是早期留学美国的重要学者。从美国学成归来的学者，似乎从来就有学术观点的"两极分化"，有完全的西化派，也有主张"中学为体，西学为用"的，还有真正的复古派。就吴宓而言，他对西学和国学的研究功底同样深厚，涉猎范围很广，但以比较文学研究更为著名，也以国学名世。他和主流社会为什么会如此水火不容呢？这是一个很值得研究和思考的问题。

　　或者说，他生活在国家积贫积弱的时代，山河破碎，各种社会矛盾纷扰不休，自身的思维局限又令人找不到富国强民的新途径，也就走上了与胡适提倡的白话文学运动一直对抗的学术道路。对于这样一条道路，吴宓比学衡派创始人梅光迪和胡先骕还要执着。在不接受任何资助的情况下，从1922年至1933年，《学衡》在他的打理下断断续续出版了79期。

　　吴宓是陕西泾阳人，生于光绪年间陕西女首富周莹的商业世家，但属于"西院"一支，他是周莹的堂侄。周莹就是被西狩逃难中的慈禧收为义女的白手起家的关中奇女子，因此，吴宓的求学读书之路应当是一帆风顺的。

　　吴宓生于1894年，原名吴玉衡，乳名秃子，大约生来头发稀少。"玉衡"取自《书经》"陈璇玑之玉衡"之义，也就是期望他成为北斗七星之类的人物。后来，由其祖母做主，请玉衡的姑丈、诗人陈伯澜另取名字，于是改名为陀曼，或有祖母希望佛祖保佑的意思。13岁时就学三原宏道书院，接受了关中儒学的系统熏陶和教育，同于右任、张季鸾同出一个"关学"师门，这是他的国学根底来源。1911年，他考入北京清华学校留美预科班，适值清政府倒台，后转入上海圣约翰大学读书。他在上海圣约翰大学待得并不愉快，吴陀曼的名字经常受到同学们的嘲笑，他便在再次返回清华学校时自作主张改名吴宓。这个含有静谧意思的"宓"，也非深思得来，而是他翻开《康熙字典》闭眼指到哪一个算哪一个，这与他后来好争好斗的性格实在联系不到一起。倒是他的别名"雨僧"一直未改，因为"雨僧"二字来自南宋词人蒋捷的"而今听雨僧庐下"，很有一些文学意境，由此又可看出他的文学感悟。

1916年，吴宓清华学校毕业。1917年，赴美国弗吉尼亚大学留学，先是攻读新闻学，后又转入哈佛大学学习西洋文学，受到白璧德教授新人文主义的熏陶，他对英国文学有较深研究且有许多专著，但对比较文学产生了更浓厚的兴趣。说他是中国比较文学的奠基者之一，并不是溢美。他是一位研究比较文学的留学生，在哈佛大学时就用西方的研究方式研究了中国名著《红楼梦》，发表了《〈红楼梦〉新谈》，并用中英文双语写作《石头记评赞》，还有作品《文学与人生》《红楼梦与世界文学》《〈红楼梦〉之人物典型》等。因此我们不能简单地视他为提倡复古的封建遗老遗少，他主编的《学衡》也更多从学术上着眼，但长期被贴上复古的标签。

在哈佛，他与陈寅恪和汤用彤相识，一时被称为留学生中的"哈佛三杰"。他们归国之后，虽然各自的研究和教学领域并不相同，但联系一直不间断。

学衡派创始人梅光迪当时也在美国，与胡适相遇，但因文学观点不同而且争论不断。胡适归国后，一头扎入新文化运动，主要是白话文学运动中。而梅光迪归国时，五四运动大潮已过，胡适已经作为新文化运动的领袖称誉文坛，这位对文言文、白话文哪个更能表情达意，尤其是对孔孟诸子评价与胡适观点并不相同的梅光迪，也把在美国时的争论带回国内。吴宓赞同梅光迪的观点，他归国后的第一份教学生涯，就是从东南大学开始的，遇到同声相应、同气相求的梅光迪和胡先骕。为了维护心目中文言文的价值，吴宓对胡适一直没有好感，有关传记中记有一则逸闻，说是胡适见到吴宓，戏言学衡派还有什么阴谋？吴宓居然答曰：杀胡适。这虽然是笑谈，但隔阂之深，溢于言表。

要说这是对五四新文化运动的回潮，从时代变化进步的角度去看，显然是有道理的。特别是学衡派在风云激荡的时代里，主张公允无偏，不激不随，认为文化只属于社会精英，指责新文化运动只是模仿西人，仅得糟粕，并且不分高下一味反对白话诗，认为白话诗很难简明剀切，也确乎有些精神贵族垄断文化的气味。但他们主张兼取中西文明精华、强调先秦诸子包括孔学的价值，甚至包括美国白璧德新人文主义的积极意义。学衡派以昌明国粹、融化新知为宗旨，我们并不能断然地去否定它，毕竟学衡派的一批人到过欧美，多少有过文化比较。因此沿用旧说，说学衡派是以南京《学衡》杂志为中心，在思想文化界形成文学复古，反对新文化运动的流派，是一种简单化的结论。

1923年，梅光迪不再给《学衡》供稿，学衡派开始解体。梅光迪后来又到哈佛大学任教。1945年他病逝于贵阳。这个时期的《学衡》，王国维、梁启超、陈寅恪、汤用彤、钱念孙、林损等都是主要撰稿人，他们以研究国学为主，注意力并不在论争和笔战上，而是回归到学术研究的正常状态。

1930年和1931年，吴宓也曾到西欧游学，前后在英国牛津大学和巴黎大学从事文学研究，《学衡》暂时休刊。归国后，《学衡》又不定期地出版了7期，但已经是强弩之末了。《学衡》不接受任何资助，又是小众刊物，维持艰难，有时还要自己垫付大洋百元才能付印，这对出生于富商家庭的吴宓也许算不了什么，但他的学术追求可见一斑。

吴宓研究涉猎的领域很广，世界文学史、中国文学史、中国旧体诗、古典小说、中外诗律比较等，还编校过《牛津袖珍英汉双解字典》，这都是他的学术成果。在文学上，他主张文学是人生；在史学上，他认为考证只是第一步，主张历史认知相对性中的科学性；在道德上，主张道德为体，科学为用，要有一定的人文关怀；在教育上，提倡修身之志趣与习惯，要有治事强学之能力。他作为《学衡》的主编，可以说是一位国学研究的兼收并蓄者，同时也是一位文化的比较学者。他如果生在一个更适合的年代里，他的国学思想会在一些方面闪出新的光亮。

但他毕竟攻读过新闻学，这是他与其他学人的不同之处，也使他忍不住喜欢编辑工作，更关注报纸副刊和期刊。这或可解释为什么他在教学之余，在编辑《学衡》杂志和《大公报·文学副刊》之后，还要编辑《武汉日报·文学副刊》，而且是组、编、校全由他一人来承担。

1928 年，吴宓编辑《大公报·文学副刊》，共出版 313 期。在北洋政府倒台的时候，北方的作家纷纷南下，合适的副刊编辑难以寻找，有水平有能力的更是凤毛麟角，《大公报》自然要把目光投向留守在大学里的文化人。然而，一直不搞新诗歌、新小说创作的吴宓，又如何担负编辑《大公报·文学副刊》的重担呢？他索性找来清华大学的散文大家朱自清，请他编辑现代文学作品，自己则专门编辑古典文学作品，这倒成就了《大公报·文学副刊》的另一种雅俗共赏的特色，因此大受读者欢迎。1933 年，沈从文、杨振声接编《大公报·文艺副刊》之前，这也应当是《大公报·文艺副刊》的一个亮点。在这之前，《大公报》虽然也有不少其他的文艺和文学副刊，毕竟家大业大吃稿量也大，副刊编辑一直是个弱项，从吴宓开始，局面开始改变。

诚然，《大公报》约请吴宓编辑副刊，也看中了学衡派背景下的公允无偏，不激不随，这与《大公报》的办报宗旨是一致的。吴宓接受《大公报》的邀请编辑《文学副刊》，则与朱自清各展所长，也说明了吴宓虽然倾向于文言文，但并不反对别人去读白话文作品，就像辜鸿铭留小辫子，并不耽误他讲课时穿西装。吴宓一生并没有写过小说和新诗歌，如果他有那个爱好，也许更像既善写白话小说又善写旧体诗的郁达夫。1935 年，上海中华书局出版了《吴宓诗集》，自然是旧体诗。2004 年，商务印书馆又出版了《吴宓诗集》，内容增补了从 1934 年至 1973 年吴宓的诗歌作品，从故园集到清华集、美洲集、金陵集、辽东集、故都集、欧游杂诗，再到南渡集、昆明集、入蜀集、武汉集、渝碚集，在编排体例上俨然是一部个人史诗。

七七事变后，吴宓南下昆明，在西南联合大学继续任教，讲起《红楼梦》，下面座无虚席。他是国内最早的红学专家，切入角度完全不同，但从不以红学家自居。他对功名利益是恬淡的，他对学生是友好平等的，他爱古文，更爱他的学生，他的学生中有钱钟书、季羡林、高亨等。1929年，钱钟书以英文第一名的成绩考入清华大学，正在吴宓门下。

他的教学威望使他成为教育部首批部聘教授，从西南联合大学到成都燕京大学，再到四川大学、浙江大学、河南大学，再到武汉大学任教。在武汉，他与报纸副刊第二次相遇。1946年，他从《武汉日报·今日谈》专栏"作家侧记"中读到两篇短文《雨僧飞腿》和《寅恪病目》，便写信向作者王楷元致意，王楷元是《武汉日报·文史周刊》的编辑。王楷元到武汉大学回访，带来报社约吴宓编辑文艺类副刊的意向。对此事，吴宓有些犹豫，朋友金克木也建议他慎重。也许因为对报纸的那份热爱，吴宓最终还是接受了约请，并邀请程千帆一同编稿。1946年12月9日，《武汉日报·文学副刊》正式亮相。吴宓在发刊"序例"中明确提出，"本刊内容范围甚广。举凡文学、哲学、历史、宗教、艺术等，皆认为广义之文学。又于考证、研究、批评、创作之稿，皆悉收纳""本刊不立宗派、不持主义，而尊重作者之思想，及表现自由""本刊不拘文体，不别形式。文言语体、古文白话，或摹古或欧化，本刊兼蓄并收"。

《武汉日报·文学副刊》阵容不小，论文作者有吴宓、程千帆、唐长孺、顾学颉、沈祖棻等，诗文作者有陈寅恪、苏雪林、罗常培、施蛰存、赵景深、萧公权、刘绶松、钱基博、唐玉虬等，译者有金克木和周煦良等。《武汉日报·文学副刊》的内容也不能以文白杂糅而一言道尽。在《武汉日报·文学副刊》上发表的古典诗词，有许多是关心国事和国民生活悲苦的内容，爱国主义情怀浓厚，例如唐玉虬的《慷慨集》中有"哀我炎黄胄，何能免及溺""甲午年来事，言之泪先倾"等句子。陈寅恪则借张恨水改编的《水浒新传》，对雅尔塔会议美、英、苏三国图谋瓜分中国主权而国民政府碌碌无为给以警示："梦华一录难重读，莫遣遗民说汴京。"

吴宓作为中国比较文学的奠基者，也在副刊上刊登介绍外国文学的文章，这些文章很有文学文体的启发意义。而吴宓在副刊上发表研究《红楼梦》的论文，比如人物评论，则与胡适和俞平伯的考证研究不同，他承续了王国维以述而论的文学路数。他的红学研究独树一帜，可以说是比较文学融汇的成果。这些文章表达出对五四运动以来一些知识分子丢弃传统文化的忧虑，强调无论是西洋人还是中国人都需要自求于传统文化。对于儒学，必须取其精华，去其糟粕，使真精神发扬光大。这些观点让人们看到《学衡》的另一面，也开启了新儒家的一扇门。

但也要看到，吴宓编辑《武汉日报·文学副刊》，了却了他办报办刊宣传国学价值的心愿，但对现代副刊来讲却是个异数。由于程千帆也是一个纯粹的学者，不像朱自清，本身就是新文学写作中人。因此，这个《文学副刊》的受众必然会有局限，加上作者圈子小了一些，虽然不能完全说是一种同人副刊，可编辑影响远不如他在《大公报》编辑的《文学副刊》那样广泛。

《武汉日报·文学副刊》注定会失败。进入 1947 年后，通货膨胀愈来愈严重，法币直线贬值，今日不知明日米价。报社为了抢登广告，副刊并不能按设定的第八版位置正常刊出，版面时常被调期、挤压或插花，经费也被拖期支付。1948 年上半年吴宓不得不离职。《武汉日报·文学副刊》宣告终刊，无论从哪个方面看，这都是一次不成功的副刊实践。

吴宓是学者中的性情中人，性格开朗，在学术和生活中也很随心所欲。他在美国留学时，就与胡适和同乡梅光迪投入美国学者白璧德门下。回国后与梅光迪、胡先骕等人创办了《学衡》，并自任主编，成为前后 12 年里一直坚持到最后的一座文化复古堡垒。鲁迅不仅写有《估学衡》杂文予以批评，就连当时正在就学的青年梁实秋也感慨道："里面满纸文言，使人不敢进一步探讨其内容了。"

《学衡》的实际影响其实远不如吴宓自身的狂狷之气更有名，而他自己也确曾引用莎士比亚的一句名言自况，谓："疯人、情人、诗人，乃三而一，一而三者。"大概是出于国民政府的政治学术需要。1926 年，《学衡》的发行量居然只有数百份，以至于中华书局一度不肯再承印。吴宓担任清华国学研究院筹备处主任，先后在东南大学、东北大学、南京大学、浙江大学、河南大学、燕京大学和西南师范学院等多所高等学府担任教授，而武汉大学聘其任教是源自他在《武汉时报·文学副刊》的知名度。

当然，吴宓在主持清华国学研究院时，还聘请到四大导师梁启超、王国维、陈寅恪、赵元任在此齐聚，一时轰动学坛，以致冯友兰后来评说雨僧一生，一大贡献是负责筹备建立清华国学研究院，并难得地把梁启超、王国维、陈寅恪、赵元任四个人都请到清华国学研究院任导师。但就吴宓个人的成就而言，应当是比较文学第一，红学次之，古体诗词再次之，国学理论为最后。他是中国比较文学的开山者，主讲过中西诗歌之比较，也在50多年的教学生涯中培育和影响了一大批学术精英，包括季羡林、吕叔湘、王力、钱钟书等。他的《〈红楼梦〉新谈》《〈红楼梦〉之文学价值》《石头记评赞》《贾宝玉之性格》《王熙凤之性格》《论紫鹃》等，比评点派、索隐派、考证派更有文学研究价值，也更有比较文学独到的研究视角。吴宓执着于《学衡》，与他个人的旧学养有关，也与他特立独行的旧式人文气质有关，而他的漂浮生活更使人无法想象。

由于个人的生活计划，在离开武汉大学以后，他径直重返重庆并定居。在名不见经传的相辉学院担任外语教授，并兼任梁漱溟举办的北碚勉仁文学院教授。后两个学院合并为教育学院，旋即他又到西南师范学院任教。他的晚年是悲凉的，其一是跟着自己的冲动走，到远离学术中心的地方，虽然担任过地方的政协委员，但并未从学术的大误区中走出来，并对当年鲁迅的《估学衡》由不在意转为深刻的忧虑；其二是"文化大革命"中遭到严重的批斗，被批斗时，他已76岁，又跌断了左腿。1971年吴宓右目失明，渐至生活难以自理。1977年，吴宓由其胞妹吴须曼接回泾阳休养，虽名曰休养，其实一直在旧窑洞中生活。1978年冬天，吴宓孤独离世，享年84岁。1979年吴宓终获平反，但可惜他生前没有等到这一天。1981年，吴宓的骨灰归葬在泾阳嵯峨山下，终遂了他浪迹四海、魂归故里的心愿，但那也是一代旧知识分子的普遍悲剧。

吴宓留下的一笔财富，是用古文写作的《吴宓日记》。这本日记不只是一般的起居注，更多地记录了他的思考，这是解读吴宓的第一手材料，也折射出新文化运动后文化思潮变化中的一些重要侧面。他的古文并非全是咬文嚼字的古文字，有一定的通俗性，语言比较凝练，但信息量颇大，也比较含蓄。他从未写过小说和抒情散文，虽然他为自己的一生未写出一部小说而感到遗憾，但他自己就是一部传奇。

27. 孙犁与《天津日报·文艺周刊》

《天津日报·文艺周刊》是当代文学史和报业史上的重要副刊。《天津日报·文艺周刊》是在中华人民共和国成立以后存续时间最长，版面和内容相对稳定的报纸文艺副刊。

《文艺周刊》创刊于 1949 年 3 月 24 日，是《天津日报》的纯文学副刊，是孙犁同郭小川、方纪等人在天津创办的。1949 年 1 月 17 日《天津日报》正式创刊。这张报纸是在《群众日报》和《冀东日报》基础上合并成立的，黄松龄为社长，朱九思和范瑾分别任正、副总编辑，孙犁同郭小川、方纪等人都是编委。《天津日报》创刊时有一个综合性文艺副刊，该副刊出版到第 50 期的时候，编委会决定增出一个纯文艺副刊，定名为《文艺周刊》，孙犁不是主编，但作为报社编委分管和主持《文艺周刊》，因此是实际的主持者。他在那里一待就是近半个世纪，这本身就是个奇迹，后来他成为天津市作协的负责人，仍然关注着《文艺周刊》，这也是极为罕见的。他在 20 世纪 50 年代前半期的文学界名重一时，为京津地区培养了许多新的优秀作家，产生了较大的影响。

《天津日报·文艺周刊》的第一个显著特点，就是编辑稳定，并不随便跟风，这是副刊同质化现象渐趋严重中最难能可贵的一点。一般来说，在历次文艺批判运动中，很多报纸副刊和文艺刊物唯恐落后于形势，经常行走在风口浪尖上，但在孙犁直接主持副刊的一段时间里，更多地关注业务本身，甚至提出"反映政治，但不愿紧跟政治""那种所谓紧跟政治，赶浪头的写法，是写不出好作品的"等观点。因此，在 20 世纪 50 年代上半期里发生的全国性文艺批判，《文艺周刊》大多一带而过，即便发表过多篇作品的萧也牧，因为小说《我们夫妇之间》受到批判，《文艺周刊》只转载了萧也牧在《文艺报》刊登的《我一定要切实地改正错误》的检讨。至于对电影《武训传》和俞平伯《红楼梦研究》的批判，也是张弛有度的。

《天津日报·文艺周刊》的第二个显著特点，是培养中华人民共和国成立初期青年作家的摇篮。在人们的印象里，《天津日报·文艺周刊》还与荷花淀派的形成有着密切的关联，这种关联似乎有形，却又无形。按照一般的理解，文学流派的形成，或如五四运动前后那样，文学社团遍地而起，同人创作团体和同人刊物也大量出现。这样一种状况在新体制里显然不会发生，而报纸作为大众读物，也要面向更多的作者与读者。因此，孙犁更愿意将《天津日报·文艺周刊》看成是"苗圃"，认为一旦这些新作者成为名家，向全国的报纸发表作品了，就可以从这里移植出去，再栽培新的树苗，再增添新的力量。

《文艺周刊》稿约也清楚地写道："一、本刊欢迎内容现实，文字通俗的各种形式的文艺创作；二、本刊欢迎及时的、生动尖锐的文艺批评；三、本刊尽先刊载各生产部门初学写作者的稿件。"他在1953年所写的《论培养》一文中写道："新的作者，按照规律，他们很可能在地方刊物上出现。所有专业的有经验的作家们，应该注意到各个地方刊物上的新人的作品。"

孙犁关心文学新人的成长，但从来没有以权威自居。谈到荷花淀派，他在晚年时讲，"但不知为了什么，在《天津日报》竟一待就是三十多年，迄于老死。虽然待了这么多年，对于自己参加编辑的刊物，也只是视为浮生的际会，过眼的云烟，并未曾把精力和感情，胶滞在上面，恋恋不舍。更没有想过在这片园地上，插上一面什么旗帜，培养一帮什么势力，形成一个什么流派，结成一个什么集团，为自己或为自己的嫡系，图谋点什么私利，得到点什么光荣。"在他的文艺论文里，也从来没有发现有关文艺流派的理论阐述。这如同赵树理的创作风格与山西的山药蛋派有着共同地域文化的关联，但不能将二者完全等同。对山药蛋派的称谓，当时的山西作家群欣然提出，并作为创作的一面旗帜；但对荷花淀派来讲，似乎并没有那么强烈的认同感。因此，多年后回看，之所以提出荷花淀派的概念，更多是因为孙犁本人的创作风格、写作和编辑成就。

当年活跃在《天津日报·文艺周刊》上的作家，后来都有雄厚的创作实力，也形成了他们各自的创作风格，大多继续发表着高质量的作品，比如，名重一时的刘绍棠、从维熙、韩映山、房树民等人。曾经有学者统计过，从1951年至1957年《文艺周刊》的发稿情况来看，大约是刘绍棠13篇，从维熙15篇，韩映山17篇，房树民18篇。其中一些小说，有不少与北方的水乡有关，且都有北方农村风俗的生动描写。但由此认定荷花淀派群体的显著性，还是失之简单一些。荷花淀派究竟有没有，这是可以继续研究的，孙犁和他的后人认为没有，但当年的青年作家群认为有，因为那是一个不同于人们一般在沙龙里和文学社团里形成的有宣言的流派，他是一个以副刊为核心的自然而然出现的创作流，都充满了乡野的气息。自认为荷花淀派一员的作家从维熙说，他只见过孙犁三次，其中一次还是在他的灵堂上，但他年轻时发表的作品，大部分发表在《天津日报·文艺周刊》上，有两本集子《七月雨》和《曙光升起的早晨》，也发表在《天津日报·文艺周刊》上。后来，从维熙成为《北京日报》的副刊编辑，他们的道路有相似之处。

20世纪50年代崛起的华北青年作家群的笔触主要放在农村，这是与当时提倡农村题材主流方向密切相关的，与自觉的流派形成并无多大的必然联系。而且在那个时代里，谈流派是有危险的。经历了"反胡风运动"的孙犁，不去高扬流派的旗帜，自己也一直认为，他并没有有意识地培育这样一个流派群体，他只是十分关注农村题材，思考重点有所不同而已。

孙犁重点创作了《风云初记》。后来，孙犁又出版了《铁木前传》。在《风云初记》和《铁木前传》中，他写了农村人物，但不完全是面朝黄土背朝天的农民，这就像鲁迅的《阿Q正传》也写了农村，但不是传统印象中的村民。事实上，孙犁有自己的创作实践和理论，有着对农村题材更广阔的视野和表现空间。1954年，孙犁发表了《论农村题材》一文，比较明确地提出了自己的有关见解。他认为，将农村人物进行异常单纯化的处理，将会失去生活原有的丰满。他说，我们绝不要以为写了几棵树木或是写了几块庄稼，或是在这个背景上再写上了两个青年男女就是反映了农村生活。农村生活事实上比起这个来更复杂得多，更深刻得多，因而也就更有意义。

他的《风云初记》和《铁木前传》，也受到了周扬的点名批评。周扬认为："作者却把我们带到了离开斗争漩涡的中心，而流连在一种多少有些情致缠绵的生活气氛里。"原本神经衰弱的孙犁经受这样的打击，身心疲惫，因此一病不起。

他的创作虽然中断了，但作为《天津日报·文艺周刊》的灵魂人物，依然影响着周刊的发展。或者可以这样讲，《天津日报·文艺周刊》从1949年开始创刊起，真正的出彩只在此后的5年里，他除了创作《白洋淀纪事》之外，又创作了《风云初记》和《铁木前传》，同时也悉心培育了20世纪50年代上半期崛起的一批青年作家。这些青年作家或者被孙犁作品所感染，或者吸收了孙犁的若干文学创作的灵动元素，也描摹过大运河以及运河边农民的新生活，但在总体上各有各的文学道路，未必有足够的时间形成一个荷花淀派。不久之后，这些很有才华的青年作家也纷纷被打成右派而停止了写作，生活的磨炼使他们的文学作品更像在写自己。

1956年秋天，孙犁开始搁笔，使他在客观上避免了有可能面临的厄运。他和他悉心培育的新秀们，一直到改革开放前后才开始重返文坛，有的在艺术之路上继续探索，有的已经不复当年，所谓荷花淀派也就成为孙犁自己的文学回忆。

仅就荷花淀派而言，争论的意义其实并不是很大。因为个人的文学素养和经历不同，创作环境不同，后来的文艺体制也不相同，并没有多少出现真正流派的可能。因此，将其看作是孙犁个人的创作风格，是20世纪四五十年代初出现的一种文学绝响，似乎与事实更贴近一些。

那么，这是不是降低了《天津日报·文艺周刊》培育一代青年作家的重要作用呢？当然不是。所谓荷花淀派，主要是从艺术风格上着眼的，孙犁小说是诗化的小说与散文式的叙事，这在他早期作品《白洋淀纪事》里看得更为明显，这样的艺术风格至今还没有多少作家能够类比。他的小说，语言上清新优美，内容质朴，基调明朗，恰似行云流水，显现了敌后抗战恶劣环境中少见的一抹亮色，立体地揭示了抗战必胜的民族坚毅性和处变不惊的生活态度。孙犁的小说也是北方水乡的生动写照，摹写了特定环境中抗战民众既顽强又乐观的战斗生活，这样的场景在几十年后的《芦荡火种》《沙家浜》里才重新出现，但南北风俗背景有很大的不同。茅盾在论及孙犁小说的时候，曾经这样讲过："他的小说好像不讲究篇章结构，然而绝不枝蔓；他是用谈笑从容的态度来描摹风云变幻的。"

在人们的印象里，中国北方素来是金戈铁马之地，燕赵古称多感慨悲歌之士。孙犁从生活出发，摆脱了这样一种来自"荆轲刺秦王"以来一以贯之的古老定式，书写了一幅幅更为真实的农村战斗生活的画卷。他的作品《荷花淀》在延安《解放日报》登载以后，重庆《新华日报》也转载，他的文学作品也走向了海外。后来，《荷花淀》和《芦花荡》收入《白洋淀纪事》，成为人们广为传颂的名篇。

如果一定要说孙犁和他培育起来的一代青年作家，比如与刘绍棠之间存在着一种文学流派关系，那么主要是他们的写作和北方的水有亲密的关系，都赞美农村女性的健康美，都有美的小说语言。如果说孙犁是白洋淀的义子，那么刘绍棠就是大运河母亲生养的儿子。孙犁小说的语言让人怦然心动，刘绍棠小说的语言也让人难忘。如刘绍棠笔下的运河是这样描写的："渡口处小船拴在弯弯的河流上静静摇荡，管车老张还睡在梦乡里，布谷鸟歌唱的回音惊醒河边的水鸟，它们的首领第一个尖声地叫着，于是一阵响，水鸟从地面升到淡蓝的天空。"此情此景哪里见？似乎就在荷花淀不远的水边，在雁翎队将要划去的地方。

孙犁是位经历敌后抗战后半阶段的老战士，他从白洋淀一路走来，到达天津后，一直在报纸上精心打造副刊园地，不为名利所诱，也不为地位所动，这在现代文坛上是极为少见的。

孙犁是一位既有创作实践经验，也有创作理论思考的作家。这或许是因为他长期从事报纸副刊的编辑工作，接触面比较广泛，在冀中抗战中也当过教员，编写过有关写作的教材。虽然不能说是根据地的文艺理论专家，但也是为数不多的理论创作的潜心研究者，这些思考和研究使他有基础成为一位有艺术理论目标的写作人，而不是一味依靠他人的文学评论来挖掘、评价、拔高的码字人。他的文艺批评和理论研究在 20 世纪 50 年代初进入了旺盛期，先后发表了《五四运动与中国文学遗产》《抗日战争的文学作品》《解放区的文学作品》等文章，颇具构建现代文学史的宽展视野。他强调接受中国古典的民间文学遗产，同时不忘对初学写作者进行指导。他把深入生活比作画家实地写生，而力求不遗漏情节，他的评论理论官话很少，也具有孙氏风格。在主办《文艺周刊》的间歇里，他还出版了散文集《津门小集》和《文学短论》，但在批判胡风的"主观战斗精神"之后，他的文艺批评文章大为减少。

孙犁生于 1913 年，原名孙树勋，河北省衡水市安平人。1927 年他开始文学创作，"孙犁"是他参加抗战后发表小说散文时使用的笔名，也是他行世的名字。他出生时母亲没奶，靠面糊喂养长大，因此他幼年身体比较弱，落下了眩晕的病根。他没有进过私塾，自小在家乡读初小。1924 年，随父到安国县城读高小，在读书期间广泛接触鲁迅、叶圣陶、许地山等作家的作品，对文学创作发生了浓厚兴趣。小学毕业后，他考入保定育德中学，并开始零星发表作品。1933 年高中毕业后，无力继续求学。1934 年春，由父亲托人介绍进入当时北平市政府工务局充任临时雇员。他经常到北平图书馆看书或到大学去旁听，这为他日后从事文学写作打开了眼界，在与中外名著的接触阅读中，奠定了他更为坚实的写作基础，在这段时间里，他曾经用笔名"孙芸夫"在《大公报》上发表文章。他在工务局当临时雇员的时间并不长，因为工务局人事变化，很快被辞退，后转入一所小学当了事务员。一年后回到家乡，并经当年育德中学同学的介绍，到安新县同口镇小学任教。安新是白洋淀周边地区的一个典型的水乡县，从此，他与白洋淀以及白洋淀的荷花和芦苇荡结下了不解之缘。

1937 年抗战全面爆发，孙犁积极投身抗日活动，在八路军挺进冀中并建立冀中抗日根据地后，直接参加了白洋淀地区的抗日武装斗争。在冀中抗日根据地和游击区里，他的文化程度比较高，又喜欢写作，并有很多作品在《冀中导报》副刊上发表，他的主要工作是普及写作知识，提高抗日宣传的效率。他在这个时期里，一边写作并发表了《鲁迅论》，一边贴近斗争实际，写作了《关于墙头小说》《谈诗的语言》等理论文章。《关于墙头小说》并不是无病呻吟的随感录，其实是在为自己日后的写作风格做好准备。他的小说短小精悍，具有诗歌的意境和诗的韵律，不能不说是出于这样一种感性和理性融合。他的创作一直循着这样一个方向前进，影响着他的前半生创作。从《白洋淀纪事》到《风云初记》再到《铁木前传》，都贯穿着这样一种风格。

在这个时期里，孙犁还编写了《区村和连队的文学写作课本》，因为大受欢迎并被翻印多次。孙犁是位从事普及工作的文学理论家和作家，他的这些文学活动略早于《在延安文艺座谈会上的讲话》精神的提出与发表。

1938 年秋，孙犁到冀中区办的抗战学院任教。1939 年春，他又到阜平晋察冀通讯社工作，并在《晋察冀日报》和华北联合大学担任编辑与教员，这是他正式开始从事报纸工作之始，从那时起他离开了白洋淀。

他的写作和教员经历，使他成为亦师亦友的革命文化人，唯一割舍不下的是与他朝夕相伴的白洋淀，还有白洋淀给予他的创作灵感。

1941 年，孙犁再次回到冀中区，适逢报告文学在前线和敌后席卷文坛之时，他义无反顾地投入到《冀中一日》的写作大潮里。《冀中一日》是抗日报告文学活动开展卓有成效的抗战文学范例。为了《冀中一日》，孙犁将《区村和连队的文学写作课本》再次进行了修改，并更名为《写作入门》，在更大范围内传播。因此，对于《冀中一日》的成就，孙犁具有普及和提高的功劳。

1942 年是抗日斗争最艰苦的时期，孙犁不仅在抗日文学理论和常识普及上作出不可或缺的贡献，也再次投入到《冀中一日》的创作和写作浪潮之中，前后在报刊上发表了《走出以后》《丈夫》《第一个洞》《春天，战斗的外围》《他从天津来》等十多篇作品，其中《丈夫》一文还获得边区"鲁迅文艺奖"连续季度奖项。

1944 年，孙犁赴延安进入鲁迅艺术文学院学习和工作，在《解放日报》发表了著名的《荷花淀》和《芦花荡》等短篇小说。《荷花淀》不仅在重庆《新华日报》转载，还在延安和香港出版了单行本。从此，孙犁清新独特的写作风格及其作品引起了读者的广泛注意。

但孙犁的创作之路也是不平坦的。1946 年后的一些作品也曾经受到批评，主要是在土地改革中写作的《一别十年同口镇》和《新安游记》，居然被说成是"客里空"。按俄文原意，"客里空"是指"好吹嘘的人"或"喜欢乱嚷的人"，放在新闻报道里就是脱离实地采访，编造情节和细节，导致新闻失实。根据地和解放区开展反"客里空"运动在方向上无疑是正确的，因为这是绝无仅有的一次较大规模的维护新闻真实性的文化斗争。但是，这场反"客里空"运动的高潮发生在纠正土改运动右倾时，而在文艺写作和新闻报道的界限不甚分明的情形下，也就难免出现新的问题。

散文《一别十年同口镇》和小说《新安游记》不是新闻报道，具有旧地重游的议论和印象性质，被指为"客里空"，实在有些文不对题。诚然，孙犁也在一些文章里讲到错划成分的事例，但白洋淀和同口镇毕竟是他生活和战斗了三四年的地方，对这个地区的社会情况他还是有发言权的。然而反"客里空"反到他的头上，无疑给他以很大的刺激，因此，他在多年之后一再强调，我回避我没有参加过的事情，我写到的都是我见到的东西，但是经过思考，经过选择。这写法听起来很严谨，但也会有意无意束缚他的创作思维，他的创作之路原本可以走得更远。

1956 年以后，孙犁基本停止创作有多方面的原因，客观上神经衰弱毛病缠身，经不得折腾，主观上则是自己感到话语权在相对消失。《风云初记》和《铁木前传》受到批评后，他感到无所适从，也就选择了半隐半退的生活和工作状态。他曾经这样描绘这段生活："十年荒于疾病，十年废于遭逢。"

"文化大革命"结束以后，孙犁重返文坛，并在 20 世纪 80 年代获得全国老编辑荣誉奖。但步入晚年，孙犁已经不可能再继续他的小说创作，也不可能亲自主持他喜欢的报纸副刊。正像巴金在其《随感录》中开始了晚年对生活和现实的深沉思考，孙犁也开始了自己的杂感和散文写作，间或研读一些古籍。在最后几年里，他先后出版了《晚华集》《秀露集》《尺泽集》《远道集》《老荒集》《陌巷集》《如云集》《曲终集》等，孙犁的小说抒情味很浓，能熔叙事、写景、抒情于一炉。这些文章和文集大部分是孙犁晚年不到 20 年的时间里所写的散文、杂文作品，有 100 多万字。从文集名称上看，从"晚华"到"如云"再到"曲终"，似乎也能感知他的心情与心绪的变化曲线，而《曲终集》是他真正挥别文坛的最后时间里写成的一部集子。1995 年春天，他偶感风寒，引起老年病，从此辍笔不再写作。1998 年 10 月，孙犁病情再度加重，在病榻上辗转将近 4 年。孙犁于 2002 年 7 月逝世，享年 90 岁。

对于孙犁复出前后的文风、内容和体裁选择进行比较发现，差异不仅很大，甚至有些判若两人。因此，文坛出现了"老孙犁"和"新孙犁"的说法。孙犁复出已年过花甲，身体状况也不允许他再续铁木后缘，偶尔写写杂文随笔却是可以的。然而，孙犁晚年的随笔杂感几乎无清丽之笔，遑论诗情画意。这个变化或许与杂感的批评性有关，而人们对于孙犁的小说《白洋淀纪事》显示出疏朗淡雅的诗情画意与朴素清新的泥土气息的记忆太过深刻，总希望荷花归来兮满淀飘香，并不希望看到"庾信文章老更成"的另一面。

在孙犁晚年的部分文章里，的确没有了唯美主义的作品，对作品发展中出现的社会不公以及人性的阴暗面多有揭露，但更多的是对文坛官场化和花钱买名给予了无情的鞭笞。他在文章中有一段话："如果文途也像宦途，急功近利，邀誉躁进，总是没有好结果的。"他甚至直白地疾呼："呜呼！文坛乃人民之文坛，国家之文坛，非一人一家、一伙人之文坛。"

文风的变化其实是合乎逻辑的事情，对于孙犁来说，自始至终都有两面，妩媚里带着刚烈。在荷花绽放的年代里，他也写作了一篇终究没有发表出去的文章《左批评右创作论》，大概另有深意吧。

28. 金庸与香港《明报》副刊

　　金庸，原名查良镛，1924 年出生于浙江海宁市袁花镇，浙江海宁查氏是名门望族。1938 年 1 月，随着家乡与杭州相继沦陷，金庸进入在碧湖开办的浙江省战时青年训练团受训，同年 7 月，他进入以杭州、嘉兴、湖州七所省立中学合并组成的浙江省立中学初中部。1942 年夏天，金庸高中毕业，因不愿意在日伪沦陷区继续待着，离开战事紧张的浙江辗转奔赴重庆。这期间有曲折的过程，也有曲折中为未来人生的准备。有评论说，金庸笔下的人物，如郭靖和乔峰，常常在曲折中峰回路转，这或许与他青少年时期颠沛流离的生活感受相关，但他的收官之作突然出现亦正亦邪的韦小宝，这又是从哪里来的呢？其实有作者的艺术创造。

　　在金庸的少年时代，他的身上确乎有一种可以称为蔫淘气的性格，虽诗书传家但他并不循规蹈矩。金庸在浙江省立联合中学读高一时，居然写了一篇《阿丽丝漫游记》暗讽校主任，结果被劝退。他只好转到衢州中学。他一边继续学业，一边给自己取了一个笔名叫"查理"，并非崇洋，而是源于查良镛。他用这个笔名撰写了《一事能狂便少年》和《千人中之一人》，发表在《东南日报》副刊《笔垒》上，深得《笔垒》副刊主编陈向平的赏识。

　　金庸到重庆考大学之前，曾经在湘西住了一段时间，缘由是他有一位同学老家在湘西。他考季未到，也就前去投奔，一边复习功课，一边在同学哥哥开办的油茶种植园帮忙。金庸本想着考季一到就走，但同学与哥哥一再挽留，便又住了一年。1943 年，他到重庆多所大学报考，因为成绩优秀，几乎同时被几所大学录取，其中有中央大学、西南联合大学和四川大学等。因他远离家乡，没有经济来源，中央政治学校不收费，衣食住行样样都由学校提供，于是，该校就成为他最终的选择。他学的专业是外交系国际法专业，这是一个当时极为稀缺的专业。

中央政治学校的前身是国民党在南京成立的中央党务学校，由蒋介石亲自担任校长。1929 年改名为中央政治学校，以配合训政，培养党政干部。1938 年，迁到重庆的中央政治学校在抗战时期的校址位于重庆南温泉竹林别墅，那里设有蒋介石的校长官邸。金庸的学习成绩优秀，每天要读的书，除了英文就是《资治通鉴》。《资治通鉴》是他积累丰富的中国历史知识的主要来源，而英文基础也为他日后的政论写作提供了更为宽阔的国际视野。

金庸在中央政治学校时，常读的书除了《资治通鉴》，还有韦尔斯的《世界史纲》，这两本书让他系统地了解了中国与世界的古往今来。尤其是暑假期间，家在四川的同学都回了家，他除了到花溪河里游泳，也只能在教室的长凳上读书，读倦了就睡，睡醒了再读。这种特别的读书生活为他打下了一辈子受用不尽的知识体系基础。

他学习外交，对现实的国际国内形势必然很关注，常常阅读各种报纸杂志，而《新华日报》上的"国际述评"又是必读的专栏。"国际述评"是乔冠华用"于怀"的笔名撰写的，立论精当，文笔生动，给少年金庸留下了深刻的印象。后来，他在香港创办《明报》，也亲自撰写国际述评，并经常提起乔冠华的文章。20 世纪 40 年代末，乔冠华在香港，他们相互认识后，建立了比较密切的关系。

金庸生性温和，心里很有担当和是非感。他在中央政治学校学习期间，用自己的方式表达了对国事的看法。中央政治学校是国民党培养党政干部的学校，因此，经常会有国民党要人去演讲，其中有一位蒋介石的"文胆"陶希圣，到中央政治学校演讲时，居然讲岳飞不懂政治，秦桧顾全大局。这引起学生的普遍反感，但又无法当面驳斥。待陶希圣再次到校讲课时，年轻的金庸则预先在黑板上书写了岳飞墓前的对联："青山有幸埋忠骨，白铁无辜铸佞臣。"陶希圣看后，就再也不敢提起那个话题了。

金庸自己讲过，他是一个个人主义者，对校政不满又没有很大兴趣参加对抗校方的各种活动，但路有不平，总要出出头。因此，他被看作是异己，在中央政治学校只读了一年多，虽然成绩优异，但仍被勒令退学，想搞外交的梦想也就随之破灭了。

金庸在重庆待了一段时间，他并没有消沉，而是开始写作和办刊。他一边在中央图书馆做事看书，一边写作。在这段时间里，他写了短篇小说《白象之恋》，参加了重庆的征文比赛并获奖。此外，还与同学一起试办了一份《太平洋杂志》，《太平洋杂志》缺少资金，只出了一期，而这一期还是大东书局垫付印费出版的。《太平洋杂志》印了3000本，全部销了出去，但因日机轰炸，很多纸厂被毁，纸张涨价，大东书局也爱莫能助，也就无法印出第二期。但这一期《太平洋杂志》，对他来讲已经非同小可，刊出了他的长篇小说《如花年华》的第一章，第一章刊出9000字。《如花年华》是用新文学文体样式写作的，应当是金庸的一次很成功的练笔。《如花年华》是他不幸夭折的处女作，但也开启了金庸写作的新征程。

《太平洋杂志》既然继续出版无望，金庸也就被应邀去了湘西的那家农场。这段时光对金庸来说是快乐的，因为除了农场，他还可以写作和翻译，他试着翻译《诗经》，还收集了大约1000首湘西民歌。

从上中学开始，他已经离开家乡多年。湘西的油茶已经扎根，他的根只在遥远的东方，他希望尽快回到海宁。同学的哥哥一再挽留，他就继续在湘西待了半年，最终还是随着复迁的人流，于1946年夏天回到了浙江海宁袁花镇。

金庸的母亲已经在战乱中去世，父亲续弦，有了新的弟弟和妹妹，作为已经出去闯荡多年见过世面的查家成年男子，他是不会一直蜗居海宁的。他的办刊经历以及多年前与《东南日报》的文字初交，使他最先选择了《东南日报》。1946年初，《东南日报》已经复刊于浙江，金庸便通过原《东南日报》副刊编辑陈向平，向杭州分社总编辑汪远涵推荐，成为《东南日报》的一名外勤记者，因为他的英文底子不错，听力翻译能力极强，他的主要工作还是收听国际新闻，翻译编辑国际新闻，这是他正式进入新闻行业的开始。

他在《东南日报》只干了4个月，只因他的求学之心一直未死，又去报考有"东方剑桥"之称的浙江大学。笔试通过了，但像当年中央政治学校不用交学费的待遇不可能再有了，只好回来继续工作。他被《时与潮》半月刊的老板相中，也就担任了《时与潮》半月刊的编辑。他向《东南日报》请了两年的长假，还是在陈向平的帮助下，获准去了上海，一边编辑《时与潮》半月刊，一边通过他在上海法院当院长的堂哥查良鉴进入东吴大学国际法专业做了插班生。

想求学便求学，要做报纸就做报纸，说来说去是不愿靠家里接济，靠自己勤工俭学。1947年10月初，他进入《时与潮》半月刊，10月底离开《时与潮》半月刊。他的心是不安分的，上海《大公报》招聘国际新闻的翻译编辑，他又去报考了《大公报》，在百余名应考者中脱颖而出，如愿以偿地进入了《大公报》，还是干翻译编辑国际新闻的老行当。1948年，香港《大公报》复刊，原本要赴港的编辑，因家人有病不能前往，年仅24岁的金庸便被报社派到香港，这是他人生的第一次真正的大转折。

金庸有多方面的写作才能，但更喜欢文学写作，也喜欢报纸副刊。1952年，他由《大公报》调入《新晚报》，负责《下午茶座》副刊的编辑。《下午茶座》是一份消闲性副刊，主要刊登影评和戏曲书画方面的文章，这是香港副刊当时的主流编辑倾向，所以金庸还是非常用心的，在影评写作上很是下了一些功夫，这也是他一度涉足影视界的一个缘由。他在《新晚报》副刊上所用的笔名，除了查理，还有姚馥兰和林欢等，后两个笔名有些女性化，但也有从女性影迷着眼写作影评吸引女性读者的意味。在《新晚报》编副刊时，他的搭档是陈文统，即后来著名的武侠小说家梁羽生。

梁羽生出道稍微早一点，他是香港武侠小说兴起的第一人，代表作是《龙虎斗京华》。武侠小说再起于香港，也是机缘凑巧，按当时香港法律是禁止武师决斗的。香港的太极拳掌门与白鹤拳弟子的一场决斗只好在澳门举行，结果是香港人蜂拥到澳门观看，而香港出现了议论武侠热。梁羽生创作《龙虎斗京华》，掀起了这股武侠热潮。1955年，梁羽生开始连载的《草莽龙蛇传》完结。武侠小说《龙虎斗京华》刊登了10个月后，连载一时出现间歇。于是梁羽生、金庸和陈凡又开设了一个《三剑楼随笔》专栏，轮流写作，内容涉及武侠、历史、戏剧、诗歌、棋艺、饮食等，无所不谈，但这也应付不了香港的武侠热。香港《新晚报》总编辑罗孚提出，由金庸继续写连载，《书剑恩仇录》以笔名"金庸"面世，就这样出现在《新晚报》上。

《书剑恩仇录》是金庸的处女作，取材于家乡的戏说，虽然笔法还显青涩，但也一炮走红。从此，查良镛开始以金庸之名写作和行世。金庸欲罢不能，先在《新晚报》连载了《射雕英雄传》，又为《香港商报》写作连载武侠小说《碧血剑》，《射雕英雄传》成为他的扛鼎之作。金庸看到了自己的创作潜力，也看到武侠小说可以吸引更多的读者，此种情况下，他决意创办自己的报刊。

最初，金庸和合伙人沈宝新计划出版一本小说杂志，后来听取报贩们的意见，改办报纸。他自己出资 8 万元港币，合伙人沈宝新出资 2 万元港币。1959 年 5 月 20 日，他们共同创办了《明报》。《明报》的取名并不高深，主要是明辨是非，由明白人办给明白人看的。《明报》由沈宝新主理经营，金庸自己亲自主持编务，助手是潘粤生。刚开始《明报》只是一张四开的小报，发行量只有几千份，半个月后，才改为对开大张。初创时期的《明报》是一只"丑小鸭"，头版是时事，第二、三、四版刊登杂文、小说、漫画，俨然都有副刊色彩，而第三版后来刊登的就是《神雕侠侣》。第一年报纸照例亏损，一段时间里连续 8 个月发不出薪水，居然要靠典当维持出版，甚至还有与台湾武侠小说家打麻将赢点钱来维持运营的传闻。但是，自从他的另一部力作《神雕侠侣》连载以后，报纸局面为之一变。1962 年 5 月，《明报》迎来了最重要的转折点，日销量达到 3 万份。根据当时的形势变化，金庸改变了以猎奇为主的新闻路线，而是发布了许多独家新闻，引起更多的关注。1963 年报纸日销量达到了 5 万份，此后发行量一直上升。1966 年报纸日销量达到 8 万份。1988 年报纸日销量达到 11 万份。1989 年报纸日销量达到 18 万份。与此同时，《明报》开始形成自己的体系，1966 年至 1969 年创办了《明报月刊》《明报周刊》《明报晚报》。因此，香港作家倪匡这样评价说，《明报》没有倒闭并有后来的发展，全靠金庸的小说来支撑。

金庸的作品常被认为以史为鉴，将传奇与历史融为一体，具有浓重的爱国主义和民族主义色彩。1981 年 7 月 18 日，邓小平以中共中央副主席的身份在人民大会堂接见了金庸，这是邓小平重新走上领导岗位后会见的第一位香港同胞。1985 年 6 月，金庸被提名为香港基本法起草委员会委员，并担任了改制小组召集人，这无疑进一步提高了他的政治地位。从此，《明报》除以金庸小说为特色外，也完成了转型，成为一张与娱乐风格截然不同的时事报纸，《明报》的读者对象以知识阶层为主，产生了更大的社会影响。

事实上，他的国际问题评论和时事政论成就并不亚于武侠小说，他一度兼任主笔，下午写小说，晚上写社论。他的政论文章和社评同样精彩，预见感较强，他还写作与历史、哲学和宗教有关的随笔，曾经在《大公报》的副刊《三剑楼随笔》专栏中发表不少随笔。编务之余，他还不断有翻译作品问世，例如，大仲马的小说《蒙梭罗夫人》以及美国记者杰克·贝尔登的长篇纪实报道《中国震撼世界》。

在创办《明报》之前，他涉足香港电影界，以姚馥兰和林欢为笔名撰写影评和电影剧本。1953 年，他利用业余时间为长城电影制片有限公司出品的《绝代佳人》编写剧本。1957 年离开《大公报》后，还编写了《兰花花》《不要离开我》《午夜琴声》。他还学习导演，导演过影片《王老虎抢亲》《有女怀春》等。他最大的成就还是创办了《明报》集团，并写作了 15 部席卷香港和内地读者的著名武侠小说，并将中国武侠小说推上了一座高峰，因此有评论认为，他在中国文学史和新闻史上都创造了奇迹。

中国的武侠小说起于何时？有说法直接溯源到《史记·游侠列传》与《唐人小说》，这只是很宽泛的一种说法，"侠"的社会概念很早就出现了，但并不意味着侠义小说作为一种文学题材正式登场。中国古代小说等同于笔记文字，语言虽清新洗练，但也缺少故事情节的铺垫与人物性格发展的格局，这与运用文言文写作有着直接的关系。一直到南宋直至明清，适应市井生活需求的说书人与话本小说的出现，才有运用古代白话讲述中国式短中篇和长篇章回小说的可能。最初，武侠元素小说是伴随公案小说一同出现的，其代表作品如一直流传到现在的《包公案》《彭公案》《施公案》，以及由此衍化出来的《三侠五义》《小五义》《七剑十三侠》等。也有考证说，武侠小说概念首次出自林纾小说《傅眉史》的栏题，但毕竟是编者的顺笔一挥，并不代表林纾是首创。

　　武侠小说的另一脉是《水浒传》，其有一定的史实依据，但生动的情节多半来自艺术家的想象和渲染，这应当是现代武侠小说的直接源头。在明清时代，比起上述公案小说，《水浒传》并不处于主导地位，甚至还受到《荡寇志》和《水浒后传》的前后夹攻，其原因不言自明。但是，清末民初，中国社会发生剧烈变动，附丽于清官断案故事上的侠义小说很难继续出现突破，于是新的更带有江湖"自治""自律"色彩的武侠小说也就出现了。这些新武侠小说是《水浒传》的继承和发展，但想象力更加丰富多变，人物性格和武器射击技术更加想象和夸张，社会舞台场景也更加复杂，主角一般也有见义勇为的本色，但往往与武术门派，甚至佛道名刹的恩怨兴衰联系在一起。比如，20 世纪二三十年代极负盛名的向恺然，居然可以虚构出本身并不存在的峨嵋派、昆仑派、崆峒派，但这种虚构无疑使武侠小说有了更大的艺术想象空间。

　　向恺然的成名作是 1923 年由《红》杂志二十二期开始连载的《江湖奇侠传》。《红》杂志改版后，由《红玫瑰》陆续连载。此外，还有以戊戌变法为背景的《近代侠义英雄传》《留东外史》系列等 12 部武侠小说。其中影响最大的是《江湖奇侠传》。1928 年，上海明星电影公司将其改编为《火烧红莲寺》，并由此一度出现了武侠电影热。据《中国电影发展史》的数据显示，1928 年至 1931 年，上海 50 家电影公司共拍摄了将近 400 部武侠片，占到影片生产数量的 60%。

　　在现代武侠小说发展的第一个阶段里，"南向北赵"也是武侠小说不同流派的一种格局，"北赵"即河北玉田人赵焕亭。向恺然的多数作品署名为"平江不肖生"，因为他以湖南平江人士自况。赵焕亭的作品署名皆为"赵绂章"。他是汉军旗人，祖上出过多个武举，但家族注重文化教育。因此，家族也出过许多举人进士。赵焕亭的两个哥哥，一个是举人，一个是进士，轮到赵焕亭，科举已废，只好游历江湖，间或去做报纸主笔，也成为一种人生的选择。赵焕亭出版了《奇侠精忠全传》，10 年间再版了 8 次。1923 年后，他又陆续在京津报纸上连载了《英雄走国记》《大侠殷一官轶事》《双剑奇侠传》《北方奇侠传》《惊人奇侠传》等十几部长篇小说。他的写作不局限于武侠，还有长篇章回体小说《明末痛史演义》，看来他的旗人身份并没有妨碍他选择题材。向恺然的想象天马行空，赵焕亭的作品多重世俗风情，名胜典故，被誉为"世情武侠小说"。"南向北赵"的出现揭开了现代武侠小说的第一道帷幕。

20世纪三四十年代，武侠小说跟进者蜂拥而起，而且流派众多，有按照神怪、技击、言情、社会、历史、帮会等分成几类的。南北两派中，南派的继起代表人物是顾明道，其代表作是《荒江女侠》，于1928年由上海《新闻报》副刊《快活林》连载；姚民哀，代表作是《山东响马传》；文公直，代表作是《碧血丹心三部曲》。他们开创了历史与武侠江湖相互投影的先河，此三人被称为南派"武坛三健将"。北派则是所谓"北派五大家"，一是被指为"奇幻仙侠派"的还珠楼主（李寿民），代表作是发表在天津《天风报》上的《蜀山剑侠传》，并由此使该报销量翻了三倍；二是被指为"帮会技击派"的郑证因，代表作是《鹰爪王》和《续鹰爪王》；三是被指为"社会反讽派"的宫白羽，代表作是发表在天津《庸报》副刊连载的《十二金钱镖》；四是被指为"奇情推理派"的朱贞木，代表作是《七杀碑》等；五是被指为"悲剧侠情派"的王度庐，他的代表作是发表在《青岛新民报》上的《河岳游侠传》。

需要指出的是，用"奇幻仙侠派"来概括还珠楼主的武侠小说并不准确，《蜀山剑侠传》以抑恶扬善为主题，同时将传统"儒释道"文化观念融为一体。还珠楼主是个多面手，对京剧事业贡献很大，作为北京市戏曲编导委员会委员，改编整理过《秋江》《打渔杀家》《抗金兵》等一系列剧目，并写作《岳飞传》《游侠郭解》《剧孟》等小说，他也曾在《大公报》任职。在日伪时期，不惧坐牢，始终不肯与日本侵略者合作办刊。临终前，拖着病体口授完成了最后一部长篇小说《杜甫》。他前后创作的作品共有40余部，总字数达到1700万字，他的武侠小说对后来的港台作家群有着比较直接的影响。

　　"武坛三健将"与"北派五大家"的出现，是继向恺然之后现代武侠小说的第二个高峰。由于历史原因，武侠小说随后在港台地区继续发展，并成为一般报纸副刊的主打品种。金庸、梁羽生、卧龙生、司马翎、古龙、温瑞安、诸葛青云等人一时并起，出现了武侠小说创作的第三个高峰。

　　金庸的武侠小说大都是其中的精品之作，而且一部胜过一部。他吸收了上两代武侠小说家的精华，加上自己的艺术创造，从背景设计、情节构思到人物塑造以及语言的运用，都达到了新的水平。金庸的作品有以下几个特点：

　　第一，具有历史感和空间感。这种历史背景的广阔空间定位，是中华民族多元统一的定位，任何古代民族的英雄侠士都可以成为故事的主角。比如，乔峰就是一个蒙古高原南下大理南诏的契丹族英雄，而那位亦正亦邪的韦小宝，其活动范围超出了历史的国界。金庸的后期作品故事空间之开阔，远远超过了先前武侠小说家的相对狭窄的空间视野与观念，这与他对中华民族历史的认知和世界历史知识的运用是分不开的。因此，他的作品格局大，气场也大。

　　第二，具有雅俗共赏的鲜明性。所谓"雅文学"和"俗文学"的区别，既有界也无界，有界是因为文化消费本身就有参差性和相应的接受惯性，无界则是因为人与生俱来的共同人生取向。无论中外，小说原本就是所谓"俗文学"，要再在其中硬分出雅俗来，并不是一个好办法。但是，跨越这道鸿沟需要一座文学桥。这样一座难造的桥，金庸不仅从容地创造出来了，而且还引出武侠小说乃至大众文学能不能入史的讨论。事实上，文学艺术只有高低之分，并没有雅俗之别，否则我们又怎样认定六朝民歌的历史艺术价值呢？如果一部中国现代文学史一直是"鲁郭茅巴老曹"，那将是一本不完整的文学史。

　　第三，金庸的小说，开放元素和文化传承元素融为一体，既具有民族气派，却不会故步自封。在多个小说人物身上，儒释道侠是皆通的，丐帮也有丐帮的风骨与正义，而黄蓉作为丐帮的女掌门，人们看到了公平、正义、智慧和美丽。曾有论者说，金庸就是郭靖、陈家洛、韦小宝。金庸却说，"我肯定不是乔峰，也不是陈家洛，更不是韦小宝"。金庸会讲故事，更会在讲述人生中揭示人性。他在新修版小说的序言中讲到他对书中人物的文学定位，"我写小说，旨在刻画个性，抒写人性中的喜愁悲欢""大致说来，这十五部小说是各不相同的，分别注入了我当时的感情和思想，主要是感情。我喜爱每部小说中的正面人物，为了他们的遭遇而快乐或惆怅、悲伤，有时会非常悲伤"。除此之外，金庸的武侠小说人物还具有其他作者难以具有的家国情怀，所谓"为国为民，侠之大者"这八个大字，在很多人物身上都有体现。大中华的历史因素明显，尤其是《天龙八部》的男主角乔峰是契丹族英雄，但有中华民族多元一体的格局意识，居然胁迫契丹皇帝放弃侵宋而不惜自杀成仁。这在辛亥革命之后出现的武侠小说里是完全不可想象的，也反映了他超越前人的历史视野和民族观。这样的大国胸怀在一些历史学者那里，也不一定能够寻到，而这种大历史眼光，使他的小说具有了非同一般的认知能力，即便在喜剧甚至闹剧色彩十分浓厚的《鹿鼎记》里，情节场景展开的历史地域，也使人感到有一种纵横开阔的气度。

第四，在网络传媒出现之前，报纸一直是大众属性最强的媒体，报纸副刊的诸多文学样式也是其中最重要的文化和文学传播渠道。金庸和他的《明报》系列，成功地放大了这个渠道，这是他作为文学家、新闻家和社会活动家取得的最大成功。从1955年金庸在香港《新晚报》上连载《书剑恩仇录》开始，至1972年《明报》连载完《鹿鼎记》为止。金庸的小说无一不在报纸副刊上连载过，而且有的作品连载不止一次。从1970年后开始修订作品，仍然先在《明报晚报》上刊登，然后才集结出版。金庸小说引发了内地的武侠小说热，同时也形成了"金学"研究新领域。

金庸的十五部小说，几乎部部是精品。这既来自他的艺术想象力，也来自他的家学渊源。查家是海宁县袁花镇的名门望族，素有"一门七进士，叔侄五翰林"的荣耀。在现代依然文人辈出：现代派诗人徐志摩是他的表兄，现代诗人穆旦（查良铮）是他的族兄，他的另一位族兄查良钊在西南联合大学担任过训导长，爱情小说家琼瑶则是他堂姐夫的侄女。据金庸回忆，他的父亲查枢卿在他幼年时，就将《荒江女侠》剪报留给他看，看来他的父亲查枢卿也是一位能够趋新的人物。对于金庸的家世，坊间也有不同看法，主要是三点：一是多次婚姻；二是其父在土改中被镇压；三是他的一位先祖曾经是顺治时"明史案"的首告者，有卖文友求荣之嫌。父亲被镇压后依然拿出来作为臧否人物的依据，这是不对的。至于"明史案"一案的首告者云云，也不需要金庸这一辈来还债。更何况明清是改朝换代，不同政见下的评价，同样具有历史的复杂性。

1992年，金庸在《明报》如日中天之时，将其股权转让给合作者。1993年4月，他正式卸任《明报》集团董事局主席职务，当继任者后来力邀他再次出山时，被他婉言谢绝。他同妻子林乐怡以及好友蔡澜到日本，去欧洲，同游澳新马泰和北美，自然也不会忘记故乡杭州。他说小时候阅读《世说新语》，佩服魏晋名流的潇洒，后来细读魏晋正史，方知这批风流名士和乌衣子弟，其实猥琐龌龊得很，他更喜欢与令狐冲、段誉、郭靖、乔峰这样的好人交朋友。小说与人生融为一体，这或许是他最大的成功。

29. 陈翔鹤与《光明日报·文学遗产》

《光明日报》与《光明报》有一定的关系，但不是一回事。

1941 年 9 月 18 日，《光明报》由社长梁漱溟在香港创办，由俞颂华任总编辑，总经理是萨空了。《光明报》是宣传抗日发表民盟政治主张的刊物，曾经历了中国民主政团同盟的主张和纲领。1941 年 12 月，太平洋战争爆发，香港沦陷后停刊。1946 年 8 月和 1948 年 3 月《光明报》两度在香港复刊，前者为旬刊，后者为半月刊，由陆诒担任主编。

1949 年 6 月 16 日，《光明日报》在北平创刊，一开始由中国民主同盟主办，毛泽东、周恩来和朱德都曾为《光明日报》创刊题词。1949 年 7 月，《光明日报》陆续开设了《经济》《文学》《文学评论》《学术》等各种专刊。1953 年，《光明日报》改由各民主党派和无党派民主人士联合主办。《光明日报》一直是以知识分子为主的读者对象始终没有改变。最盛时郭沫若、费孝通、范文澜、翦伯赞、茅盾、老舍、巴金、沈从文、钱钟书、丁石孙、陈毅等史学家、文学家、艺术家、科学家、革命家都在报纸上发表文章。

早在西柏坡时期，毛泽东就提出，新中国要有为知识分子创办的报纸。1949 年 1 月，北平和平解放，那时北平的报纸共有 26 家，一开始保留了《新民报》和《世界日报》两家私营报纸，其余的全部停刊。但《世界日报》依然我行我素地发布国民政府的新闻和消息，因此也被停办。《世界日报》是成舍我一手创办的，七七事变后自动停刊。1945 年 11 月 20 日，《世界日报》在北平原址上复刊。《世界日报》是当时北平印刷设备最齐全的报纸，也就由新创刊的《光明日报》接收。《光明日报》在 1949 年 6 月 16 日刊出，对开四版，版式上采用传统的老版式竖排版。1955 年 1 月 1 日改版为横排版，内容上文教新闻占到三分之一以上。

《光明日报》第一任社长为时任中国民主同盟副主席的章伯钧，历任总编辑有胡愈之、邵宗汉、常芝青。常芝青调离，储安平担任总编辑。在"大鸣大放"中章伯钧提出要设立"政治设计院"的主张，储安平又抛出了"党天下"的言论。1957 年 6 月 8 日，《人民日报》发表社论《这是为什么?》，揭开了"反右派运动"的序幕。之后的《光明日报》在报道内容上发生了很大变化，在专副刊的设置上，虽然几经变化，一直比较系统和丰满，在知识界也一直保持着较强的影响。

从《光明日报》历史上看，专副刊众多。前后有《理论周刊》《史学周刊》《教育周刊》等，法学、伦理学、人口学无不涉及。摄影有《光影天地》，地理科学有《人文地理》，文艺创作上则有《文荟》副刊。此外，还有独树一帜的《书评》和《书林》专栏，但时间连续性最长且影响较大的是《文学遗产》。

《光明日报》的专副刊与特色专栏随着形势的变化，有些刊物发行不定期。比如，在抗美援朝中，有一个时期取消了许多专副刊，但保留了《历史教学》。不久后，《光明日报》又创办了《史学》和《文学遗产》，由此可见《文学遗产》生命力之强。1958 年，《光明日报》提出改变"同人办报""专家办报"的资产阶级思想，推动开门办报的观点，一方面建立了一支数量多达 2000 人的通讯员队伍，另一方面编委会在同年 10 月 25 日报上刊登出《本报五种专刊停刊启事》。当时全国的主要报刊已经增加到 42 种，各家报纸都陆续取消或减少专副刊，内容有所单一化，但一直关注《光明日报》的毛泽东认为，《光明日报》的副刊《哲学》与《文学遗产》等还应继续办下去，不要停刊。

《文学遗产》创刊于 1954 年，是全国唯一的古典文学研究专业学术刊物，由郑振铎、何其芳、冯雪峰和聂绀弩等人倡议、组织，由中国作家协会古典文学部主办，陈翔鹤当时在中国作家协会古典文学部工作，担任该刊主编。1956 年 9 月，中国作家协会撤销了古典文学部建制，《文学遗产》改由当时还隶属于中国科学院的文学研究所主办，陈翔鹤依然是主编。最初的人员组成有金铃、白鸿以及秘书曹道衡，后来陆续增加了一些人手，正式组成了编辑部。第一任编委由陈翔鹤、余冠英、谭丕模、钟敬文、吴组缃、季镇淮、游国恩、林庚、郭预衡、刘盼遂、王任叔、赵其文、范宁、冯其庸、王运熙、袁世硕等知名教授专家组成。《文学遗产》每周出版一期，每版一万字，并有增刊出版。《文学遗产》自出刊至 1963 年暂时休刊，共发表了 200 多篇古典文学作家、作品及理论研究文章，内容涉及对文学遗产的批判继承、构建文学史框架，并对古代诗人王维、孟浩然、李商隐、杜牧、陶渊明、李煜、李清照等进行了细致的研究。

1963 年，《文学遗产》出刊至第 463 期便告一段落。从第 464 期开始，改由《光明日报》完全主办。《文学遗产》也一直处于停刊状态。1980 年再次复刊，但改为季刊。1984 年，《文学遗产》副刊再次休刊。再度复刊时，已经改由中华书局主编。1985 年，《文学遗产》的主编是徐公持。《文学遗产》成立了光明文学遗产研究院，名誉院长是许嘉璐，顾问有霍松林、傅璇琮等人。2017 年 9 月，《光明日报》推出《文史哲周刊》，其中仍然有《文学遗产》的栏目和内容。

然而，作为《文学遗产》的开拓者和主编时间最长、贡献最大的陈翔鹤，其开山地位已经被历史认可，他的后半生事业都是同《文学遗产》连在一起的。他是一位通今博古的现代作家，但个人命运坎坷，令人唏嘘。

1901 年，陈翔鹤出生于重庆。1919 年毕业于成都省立第一中学。1920 年，他考进上海复旦大学。1923 年，曾与同学林如稷、陈炜谟等人组织了浅草社文学团体，并创办了《浅草季刊》，同年又创办了《文艺旬刊》。1923 年，同学林如稷赴法国留学，他与陈炜谟转到北京大学的研究生班，专攻英国文学并研究中国文学，并旁听鲁迅的《中国小说史略》。在此期间，他又同陈炜谟组织了沉钟社，出版《沉钟》半月刊。鲁迅对《沉钟》有较高的评价。

在一次文学活动中，陈翔鹤与刚到北京的沈从文相识。1925 年，沈从文在香山慈幼院图书馆谋得一份职员差事，居住在香山慈幼院里，这个香山慈幼院是在庙宇里改建的，让人感到恐怖阴森。没有想到的是陈翔鹤居然骑着毛驴去看他，陈翔鹤便成为沈从文在这里接待的第一位访客，他俩从此结成了一生的友谊。陈翔鹤北京大学毕业后，开始了教学生涯，先后在山东、河北任教。陈翔鹤到青岛任中学教员，由于工作与生活单调枯燥，心情比较苦闷，幸亏沈从文也到青岛大学任教，他们经常见面。他们的友谊持续时间很长，沈从文到四川宜宾出差，时任川西文教厅副厅长的陈翔鹤专程去接他。

陈翔鹤的教学生涯延续了近 10 年，这是他文学事业的低谷时期。1937年七七事变爆发前，他返回了家乡四川。

在四川，陈翔鹤一边继续创作和教学，一边投身抗日救亡活动，参加了中华全国文艺界抗敌协会，担任其成都分会理事。1939 年，经周文介绍加入中国共产党。1945 年，他加入中国民主同盟并担任四川省委执行委员。他的主要作品有中篇小说《不安定的灵魂》和剧本《落花》。《不安定的灵魂》抒写了知识分子在工作、事业和爱情无出路中的苦闷，书写色调较暗淡，但擅长以第一人称倾诉心理描写。《不安定的灵魂》主角叫孙树立，在三次移情别恋中逃避生活和爱情，但终归自立不起来，比较深刻地反映了五四运动后一些看不清前途的知识青年动荡不安的情绪。

抗战中，他写作了《古老的故事》，风格有所转变。中华人民共和国成立后，他历任川西文教厅副厅长、川西文联副主席和四川文联副主席，也在四川大学文学系担任过教授。后来到北京，在中国作家协会古典文学部任副部长，并主编过《文学研究季刊》。后来，他担任文学研究所研究员。《文学遗产》的编辑与主持单位虽多次切换但始终坚持下来，是与陈翔鹤的多种学术身份和权威研究分不开的。他是那种甘守寂寞，又能在自己坚守的领域找到工作乐趣的人。在编辑《文学遗产》时，他几乎跑遍了上海、南京、武汉、天津、成都等地的大专院校，到处去约稿，是一位学者型作家。他也乐于与后辈学人平等交流，与文学研究所的胡念贻、曹道衡以及北京大学的陈贻欣、北京师范大学的郭预衡、中国人民大学的冯其庸都是学术上的忘年交。

厄运降临在陈翔鹤的头上，祸起于姚文元对其小说《陶渊明写〈挽歌〉》

与《广陵散》的一开始未点名的批判，批判者认为，不是批判地而是用同情和欣赏的态度突出了陶渊明思想中的某些消极的东西。同一时间，《李慧娘》前后成为文艺批判和政治批判的重点。

"文化大革命"开始，陈翔鹤受到不公平的对待，多次被批斗。1969年4月22日，他在被送去批斗会场的路上心脏病复发倒地，死后还被说成畏罪自杀。1978年，陈翔鹤获得平反。后来，《光明日报》发表了文学研究所和社会科学院为陈翔鹤、徐懋庸、董秋斯三人举行追悼会的新闻报道。

《文学遗产》是当时全国唯一的古典文学研究专业学术刊物，在国际汉学界也具有权威性影响。1931年，苏联也出版了不定期文学资料集刊《文学遗产》，主要刊载俄罗斯历史上未曾发表的作品，由俄罗斯无产阶级作家联合会（"拉普"）主办，具有文学史和社会思想资料集成的性质，与中国《文学遗产》大异其趣。中国丰富的古典文学历史成果，天生就具有产生这样高规格研究刊物的历史土壤。因此，虽然在编辑过程中发生了变化和曲折，但是一直在持续发展。

《文学遗产》成为重要的核心学术期刊，《文学遗产》的概念在某些场合里也开始有所扩大。首先是纳入了民国文学的内容，对闻一多、朱自清、老舍、路遥等近现代作家进行研究，甚至张爱玲的多部著作都进入文学历史研究者的视野。近现代电影和传承已久的民间文学也在其中，《文学遗产》从一开始就着眼古典文学，其价值也在于古代文学传统的继承。在这一点上，我们应当感谢陈翔鹤，他为我们留下了一份重要的编辑遗产。

30. 袁鹰与《人民日报·大地》

　　《人民日报》是中国共产党中央委员会的机关报，其《大地》副刊是目前最重要的综合性文艺副刊。《大地》副刊也不时出有作品专版，登载一些较长的短篇小说和报告文学。

　　《大地》副刊设有"金台随笔""大地漫笔""心香一瓣""名家新作""名人近况""文心探访""文史小品"等栏目。"金台随笔"是杂文栏目，因为人民日报社从王府井搬到了朝阳区金台路附近，而"金台"的典故来自燕昭王的金台招贤。在 20 世纪 80 年代"心香一瓣"栏目就有了，是时任文艺部主任袁鹰决定设立的，一般刊登纪念已经离世的文坛前辈的文章。"大地漫笔""文史小品"也是具有 40 多年历史的老栏目，"大地漫笔"在一段时间里由已经作古的讽刺诗人曾岛负责，是"长短录"专栏的继续。"文史小品"则由著名作家、评论家和藏书家姜德明直接主持。"名家新作""名人近况""文心探访"则是后来陆续出现的。"文心探访"或许带有文艺部副主任缪俊杰的影子，因为他是《文心雕龙》研究专家，文心乃艺术之心，用它作为专访栏目的名称再妥贴不过了。

　　袁鹰是粉碎"四人帮"后担任《人民日报》文艺部主任的，因此具有代表性。20 世纪 80 年代初，随着国家改革开放，新闻工作和文艺工作进入"拨乱反正"期，《大地》副刊也迎来了一片春光。此时的《人民日报》文艺部，可谓人才济济。副主任李希凡、缪俊杰，组长蓝翎、姜德明，漫画家方成和美术评论家马克，著名青年诗人徐刚，报告文学家刘谦，都是一时之秀，杂文人有蒋元明、刘甲。刘甲一直提倡"新时代杂文"，但如何尝试一种新法，至今也没有结论，或许杂文并不是一种独立的文体。鲁迅先生曾说：

"凡是文章，倘若分类，都有类目归。"中国的文学传统，不仅是文史不分家，抒情和议论也不那么界限分明，因此说它是小品，或者是政论和议论，内容好看就行，文章发乎情止于理，如此而已。

蒋元明后来担任了《人民日报》文艺部副主任，担任副主任的还有文艺评论家王必胜，他写有《邓拓评传》，资深编辑还有蒋荫安、郑荣来、刘梦岚等。蒋荫安、郑荣来后来分别担任过《人民日报》海外版副总编辑和文联出版社副总编辑。《人民日报》的著名传记作家李辉的《胡风集团冤案始末》等文章，为人们进一步揭开了文艺界笼罩一时的迷雾。

20世纪80年代，在《人民日报》文艺部工作的编辑人，除了方成、曾岛这些老文化人，还有蜚声文坛的文艺评论家李希凡、蓝翎，由这两位"小人物"评《红楼梦》，曾经掀起了一场风波。就《红楼梦》这本著名的古典小说而言，完全可以从多种角度去解读，但《红楼梦》到底还是文学作品，一部优秀的文学作品多半具有多重的内涵与外延，《红楼梦》带给读者的社会认识和美学认知应当是多层面的。你可以从当时中华民族内部的民族争斗去看《红楼梦》，也可以从社会各阶层的尖锐冲突背景上研究《红楼梦》，抑或索性从封建时代的爱情悲剧去看待《红楼梦》，一千个人眼中就有一千个哈姆雷特，这才是成功的小说和戏剧。犹如中国读者对雨果《悲惨世界》的读后感，既可以从沙威的不舍追捕去看西方法制的严肃性，也可以从社会底层人们的不幸遭遇透视当时的社会，而大多数的青年读者从《红楼梦》中看到的正是宝黛的爱情悲剧。那么，一些评论家从社会各阶层的尖锐冲突背景上研究《红楼梦》，似乎也不是什么大的问题。只是李希凡和蓝翎不会料到，由此引出了一场文学艺术的阶级斗争风暴的开头。

李希凡是一位对中国古典小说研究兴趣广泛的学者，全然没有盛气凌人的光芒，柔和而平静。他与香港的梁羽生交往甚密，对再次兴起的武侠小说很关注。1985年前后，他调入中国艺术研究院担任常务副院长，在学界有很多朋友，当然也有对立面。

蓝翎的才气内涵深厚，文字功底了得，文章不出手则已，一出手就有些不凡，他不苟言笑，但说起话来很幽默，笔下气场很大。

徐刚则是一位才华横溢的诗人。在副刊编辑队伍里，诗人尤其是成名诗人编辑副刊的并不多见，但诗篇幅短小，是副刊编辑中缺少不了的体裁。

20世纪80年代末，徐刚留居巴黎，作为一位感性更强烈的诗人，他曾在巴黎街头作画卖画，居然可以借此谋生，据说画作也有一股诗歌的味道。他迷上了自然的老树根，一出差就带回许多，摆放在办公室里让人欣赏。他写作的散文也弥漫了诗的韵律，他对自然的热爱使他后来热衷于环保文学，而环保文学或者又来自这些老树根的灵感。2017年，徐刚出版了近50万字的绿色史诗《大森林》。《大森林》是别开生面的诗与自然生命交融的鸿篇巨制，从引言森林之门开始，由"木器时代"讲到"汉字树"，再到"秦岭烟云""云南山水""大漠胡杨"，乃至中国自然文学之涌现和诗人心里永驻的风景。这是一本真正的绿色史诗，其中充溢着对生命绿色的情感，还有诗人对历史的记忆和对未来的一种期望，但更多的是诗的感性和理性的交融。

这些有才能的文化人在袁鹰的带领下，朝夕工作在一起，气氛和谐有序，自然是与袁鹰的人格魅力和文学修养分不开的。袁鹰爱惜人才，徐刚从北京大学毕业之后返回家乡上海崇明，但袁鹰认为徐刚应当在诗歌创作上继续发展，想方设法将他要到了《人民日报》文艺部。《人民日报》文艺部有这么多的人才，与袁鹰的广揽人才有极大关系。

袁鹰生于1924年，从现代文学史上讲属于承前启后的中生代。袁鹰是江苏淮安人，原名田钟洛，他是著名的诗人、儿童文学家和散文家。曾经当过中学教员，20世纪40年代开始文学创作。1945年，他进入上海《世界晨报》任记者。1947年，他编辑了上海《联合晚报》副刊，后在上海《解放日报》担任记者和编辑。1952年，他调入《人民日报》，先后担任副刊编辑、文艺部副主任、主任和《人民文学》编委。20世纪80年代初期，他被选为中国作家协会第三届、四届理事，第四届主席团委员和中国作家协会第九届书记处书记，出版有散文、评论、随笔和儿童文学作品40余部，主要作品有《第一个火花》《红河南北》《第十个春天》《风帆》《悲欢》《天涯》《运行》《京华小品》《袁鹰散文选》；诗歌集有《江湖集》《花环》《篝火燃烧的时候》《寄到汤姆斯河去的诗》；儿童文学有《丁丁游历北京城》和儿歌集

《唱一唱北京》；散文集有《井冈翠竹》《渡口》《白杨》等。

20世纪90年代出版业开始兴起，作家转向出版机构和期刊，网络兴起，也就出现了所谓副刊的危机。在20世纪80年代至90年代，《大地》副刊发表了许多获得平反和重获创作生命的作家和诗人的作品。例如，人民出版社原总编辑曾彦修的杂文，其中的一篇杂文以修建杨贵妃墓为由头，对一些地方营造假古董提出批评，这大概是改革开放后第一位尖锐提出同类问题的作家，此外还有屠岸的诗文。《大地》副刊也扶持新起作家的作品，如铁凝的《哦，香雪》、贾平凹的《丑石》等作家的作品，这些作品都是发表在《大地》副刊上的。

《大地》副刊也是除《文汇报》外，第一个恢复报纸连载的副刊。连续刊出纪实作品，描写地下工作者钱壮飞在顾顺章叛变后，如何在国民党特务营垒里周旋，营救党在上海的特科组织，引人入胜，也为副刊恢复传统文字品种并开拓体裁起到了很大的作用。

《大地》副刊还发表了黄永玉的三言两语幽默文字，甚至袁鹰出访日本所写的日本俳句，此外还有黄裳的短文小品。黄裳是我国有名的文史小品作家和藏书研究学人，曾经在中华人民共和国成立初期为上海新办的《亦报》写稿，《亦报》的作者还有报人唐云旌（唐大郎）、张爱玲和周作人，因此他对文坛掌故颇为熟悉，也掌握了许多文学史料。例如，由岳麓出版社出版的《知堂集外文·〈亦报〉随笔》所收的文章有712篇。黄裳还保存过周作人未来得及发表的文章底稿，可惜在"文化大革命"中被抄没了。

袁鹰为人宽厚，自律自省，这从他对"左叶事件"的态度中就看得出来。左叶是老红军，参加过长征和两路军西征，担任过团长、旅长、师长。1952年左叶转业。1957年，左叶担任农业部部长助理，同年4月，陪同中央领导参观农业博览会，他脾气原本急躁，出于安全原因，对摄影记者不应该说粗话，也就为新闻界一些报纸，包括《中国青年报》《文汇报》当作官僚主义的靶子。《人民日报》也发表过讽刺诗配漫画，没想到反右运动开始，他又被定性为"客观上替右派分子推波助澜"，从此他就不断受到冲击。袁鹰当时也写过几句批评左叶的话，但还是很有分寸的，他为后来事态的发展感到不安。事过境迁，多年以后多次讲到这件事，他认为还是伤害了老同志，是应当引以为戒的。

《人民日报》除《大地》副刊之外，还有《国际副刊》。《国际副刊》出版有《国际副刊》文集，《国际副刊》由《人民日报》国际部的几位主任和副主任轮流编辑，出版周期比较密集，拥有广泛的读者群。

《人民日报》经历了由晋冀鲁豫《人民日报》和《晋察冀日报》合并为华北局机关报《人民日报》，从河北平山县里庄村到获鹿县东焦村再到北平的演变，最终成为中共中央机关报的重要发展阶段。最初由来自晋冀鲁豫《人民日报》的张磐石任社长，安岗任副总编辑，《晋察冀日报》社长邓拓进入北平市委政策研究室担任主任和宣传部部长，此时的《人民日报》，既是华北局机关报，又承担了中央机关报的诸多职能。1948 年 11 月，辽沈战役结束，平津战役展开，才进入发展的第二个阶段。

北平和平解放以后，华北局《人民日报》进入北平，接管了国民党《华北日报》的设备，同时也要适应北平报纸结构调整的现实状况，先后由华北《人民日报》创刊了《人民晚报》，以及北平市委创办了《北平解放报》，还出版过仅存在了 41 天的《人民日报》（北平版）。这些报纸出版的时间都不长，属于过渡期，直到胡乔木担任社长，邓拓担任总编辑之后，就在 1949 年 8 月 1 日，《人民日报》正式改为中共中央机关报。胡乔木是毛主席的秘书，在盐城主编过报纸。邓拓原名邓子健，1940 年，《抗敌报》改名为《晋察冀日报》，邓拓任社长兼总编。邓拓是文章高手，马上构思，下笔成文，《晋察冀日报》的社论多出自邓拓之手。

但是，无论在哪个发展阶段里，副刊和副刊版面一直是《人民日报》的有机构成。例如，1949 年 2 月 2 日，在北平市创刊的《人民日报》（北平版），创刊号的副刊上就刊登一篇《解放石景山的英雄们》。《人民日报》（北平版）是在《北平解放报》大多数采编人员随同袁勃到云南创办《云南日报》而停刊的。《人民日报》又需要承接北平的新闻报道，于是，创办了单独发行的《北平新闻》专版。《人民日报》副刊《人民园地》，副刊部主任就是在重庆《新华日报》后期当过副刊编辑的李亚群，美术组长则是著名美术家蔡若虹。在北平创刊的《北平解放报》的副刊组组长也是李亚群，创刊号连载了孔厥和袁静创作的《新儿女英雄传》，《北平解放报》还带有副刊性质的读者服务。

1949 年 5 月 1 日创刊的《人民晚报》，头版是要闻，二版是副刊，三版是读者园地，四版是社会服务新闻，出版了 91 期。二版副刊上曾经刊登过长篇连载《刘小七画传》，还有连环画《两个大土豆》。

《人民晚报》是由《人民日报》副总编安岗负责筹备，由编委委员萧航担任总编辑的，但参与筹备的仍然少不了李亚群。除了老资格的李亚群，其实那时的编辑中还有不少文艺储备人才。例如，后来创作《青春之歌》的杨沫，后来，杨沫被调到中央电影局剧本创作所担任编剧，从事专业创作。在《晋察冀日报》担任过编辑的孙振（雪克），也积累了大量反扫荡的素材，在1958 年出版了百万印数的长篇小说《战斗的青春》。

李亚群是带有传奇色彩的老革命和副刊编辑，他是四川井研县千佛乡人。在五四运动中参加过井研同乡会，在出版社刊《研新》上发表抨击封建势力的杂文。1927 年，他从四川大学毕业后在中学任教。1931 年，他加入中国共产党，并以多种身份到上海和云南开展活动。1938 年，他回到四川，曾经主编过《嘉陵江日报》副刊《风雅颂》，并担任泸县中心县、北碚中心县委书记。1941 年，他先后任川东特委宣传部部长和南方局领导的桂林文化工作委员会书记，在周恩来领导下做了大量文化统战工作。他曾经是司马文森回国之后的联系人，与郭沫若、田汉等很熟悉，因此有很强的组稿能力。他在《新华日报》副刊上也以司马牛的笔名发表杂文。《新华日报》被迫停刊后，李亚群撤回延安，后来，他在刚创刊的《人民日报》编辑部担任过副刊组组长。

李亚群是四川人，他在那里有广泛的人脉关系。1950 年，他回到西康省人民政府担任省委宣传部部长和省政府文教厅厅长，西康省和四川省合并后担任省委宣传部副部长和省文联书记等职务。长期的文艺工作不仅养成李亚群文艺观点鲜明的素质，也十分熟悉文艺工作的复杂性。他一直主张要做文艺百花园的园丁，善于团结文艺界人士，也敢于做事。他对川剧改革贡献巨大，亲自领导川剧《和亲记》的创作改编，在《和亲记》受到批评时，挺身而出，承揽责任，保护了许多作家和艺术家。他也创作了许多有影响的诗歌，并在 1980 年出版了《李亚群诗词选》。2006 年，四川文艺界和出版界举行了李亚群同志百年诞辰纪念会。

李亚群离开《人民日报》副刊岗位时 45 岁左右，虽然比起其他编辑记者年龄偏大，其实也算年富力强，如果还能继续在《人民日报》工作一段时间，也会是《人民日报》副刊的一个闪光点。但那时南方也需要干部，连出生于河北广宗的袁勃也南下办报了，他也就回到了四川，但再没有去办报和办副刊，主要从事文化事业领导工作。

在李亚群离开后，尤其是《人民日报》正式升格为中共中央机关报后，《人民日报》副刊进入相对稳定发展期。《人民日报》开宗明义地提出六大版出版格局，一开始除了国内新闻、解放区新闻、北平新闻、国际新闻之外，第五版和第六版是地方版。不久后，明确第五版为专刊，第六版为综合副刊，综合副刊也内设过"人民园地"。综合性文艺副刊的版面安排，在很长时间里都没有多少变化，但在不同的时期有不同的面貌。

从历史上看，李亚群在《人民日报》副刊发展中是有开拓之功的，几乎担当着当时出现的几种过渡性报纸副刊的主编，在《人民日报》当时的报系和发展中，最初副刊编辑队伍的形成与他有着直接的关系。袁鹰从上海调入《人民日报》，开始担任副刊编辑，并逐步形成一支相对稳定的编辑力量。

袁鹰之后的文艺部主任还有许多，除了缪俊杰，比较著名的还有担任《人民日报》海外版总编辑的丁振海以及郭运德等。

后记　副刊生命的延续

副刊生命能不能延续，甚至能否有一些新气象，确乎是一个问题。一些研究者在为纸媒出路担忧的同时，也会为副刊的未来担忧。如果只是从信息传播和文化传播的载体模式上去讲，这不是没有一点道理的。从时间上讲，近代华文报纸从 1815 年出版的《察世俗每月统记传》算起，年龄已经超过了 200 岁，中国报纸副刊自 1904 年《时报》正式创刊算起，也超过了百年，不可能一直延续。从网络传播技术高度发达的现实情况和世界的发展趋势上讲，纸媒世界也必然会逐步让位于网络世界，不可能因循守旧。但是，只要人类社会文明延续，信息传播包括新闻传播和文化传播就会延续。信息传播是文明传播的链条，也是文明发展的规律，链条不会断裂，规律不会改变，改变的只是平台、渠道和载体。这就犹如在印刷术和纸张没有发明之前，没有什么能够挡得住口传信息与文化传播流，而在人工智能快速发展的今天，互联网传播模式同样也不会一成不变。那么，在传统报纸及其副刊的老平台接近消失的时候，谁又能说报纸及其副刊所承载的功能也会一并消失呢？

事实上，传播平台、渠道和载体的变化，也会是形式和内容接续及演变的融合过程，就是在互联网传播成为主流的时候，报纸及其副刊也没有溃不成军。它们在报网融合中依然有适应能力，尤其是副刊，生命力还很顽强。

1958 年，《北京晚报》副刊《五色土》创刊。1961 年，副刊《五色土》大放异彩，邓拓署名马南邨的《燕山夜话》在《五色土》上连续刊登，形成巨大影响。马南邨并不是邓拓随意起的笔名，邓拓在担任《晋察冀日报》主编时的驻地是马兰村，那时的《晋察冀日报》就有一页通俗性副刊《老百姓》。

在《燕山夜话》的带动下，杂文写作进入新的高潮，副刊也进入了新的活跃期。北京市委理论刊物《前线》开辟了专栏"三家村札记"，《人民日报》开辟了专栏"长短录"，《大众日报》开辟了专栏"历下漫话"，《云南日报》开辟了专栏"滇云新谈"。"文化大革命"中的大批判摧毁了这一切，副刊进入了冬天。改革开放后，副刊园里百花齐放，副刊发展进入了新高潮。近年来网络媒体飞速发展，在威胁到纸媒生存发展的同时自然会波及副刊。

在一个时期里，报纸经营者宣称进入了"厚报时代"，从一定角度讲，这是纸质媒体应对网络传播的本能的一种变化。"厚报时代"给出了副刊发展的更大空间，副刊不仅没有衰落，似乎越办越有成效，并找回了自己的位置。下一步是新旧媒体融合，副刊的生命会不会延续，又将何去何从，也就成为编者和读者的共同话题。从目前来看，"厚报时代"尚未结束，因此，副刊并不是一些研究者想象的那样已经凋零，而是进入了秋天的一轮怒放。仍以《北京晚报》的《五色土》为例，可以看出其发展的大致轮廓。

《北京晚报》每天一期，"艺评"（艺术评论）主要是歌剧、话剧和影视。"胡同"则是家常理短的小文章和专栏漫画小游戏。用编者的话说，就是生活中的趣事、糗事、尴尬事，都可以拿来分享。连载一般来自流行书籍，中外兼有，多数是读者关心的题目。"漫画"多有卡通味，单幅、连环和连续地排列一整版，是彩色印刷，当然也少不了捎带半幅分类广告。《五色土》的版面栏目构成有不变中的变化，有时扩大到文史、墨缘等，有时是以科技知识性取胜的栏目"知味"。连载和漫画是一个雷打不动的常项。每周五，《北京晚报》还出版介于文艺和新闻之间的《周末》。总之，覆盖了几乎所有的文学艺术介绍文字品类。《五色土》是晚报副刊中办得较出色的一个。全国中等以上城市大多有晚报和晚报副刊，风格虽然各异但都没有显出完全衰败迹象。

在副刊的发展中，面孔素来比较刻板的《北京日报》和《北京晨报》也渐有变化，副刊再次成为新闻同质化下吸引读者的重要内容。在南方，上海各报副刊同样活跃。在广东，有影响的《广州日报》一直有"博雅"和"美术大观"专栏，后来也增加了"健康周"和"健康有约"专栏，更加贴近读者。

《北京晚报》副刊活跃，其他社会类报纸副刊也分不同读者对象，各有短长。例如，《人民政协报》就以轮流的周刊与双周刊见长，其周刊与双周刊有民意、文化、学术、春秋、慈善、教育、健康、休闲、收藏、基金、生态、科技、财经等。

再如《北京青年报》，自改版 20 多年来，一直出版副刊，关于"青阅读"，多为对话体，设有主持人，多与时尚话题书籍有关。关于"低欲望社会"的研讨，涉及国际流行概念，也对佛学进行了比较。关于"书评坊"，则带有书评人的个人观点和风格。文艺评论"黄金档"和"启示录"属于深度导读，但音乐、美术评论则由"聚光灯"来承担。《天天副刊》则有"历史纵横"和现实生活中的"私人别史"版。这样一种副刊格局，使人想到文化艺术类报纸，但无疑又是"厚报时代"的副刊。

报纸在分工中分化，一般情况下，《北京日报》也有综合性文艺副刊，行业专业类报纸则有自己的副刊天地，它们或许不能分配出更多版面，但往往在自己的一亩三分地里种下自己的特色庄稼。例如旅行者在各大机场都可见到的航空报，在过去，主要是业内阅读的报纸，为了扩大读者面，不断改进其副刊的内容和栏目设置，刊出了"商旅玩吧""空中餐桌""环球博览"等。

从总体上看，目前报纸副刊不仅活跃，而且有许多还在报纸零售市场中为主报且得分不少。因此，断言副刊已经凋零，似乎有些言之过早。

那么为什么会有一种副刊明日黄花的感觉呢？

应当说，这与副刊的时代功能与副刊的历史定位坐标有所不同有着直接的关系，也与对副刊功能变化的认知有误有关。也就是说，目前的报纸副刊已经不再更多地承担文学作品直接传播的功能，开始在保留文艺评论的同时，转向更为广阔的社会文化传播。如果我们依然按照历史的副刊认知去看待文艺副刊，必然会得出副刊渐入困境的结论。

报纸副刊的发展，大体经历了三个阶段：第一个阶段是文人诗文酬唱的"小圈子"阶段，这个阶段也主要是副刊形成的初始时期。并不具有大众文化性，在那时，文化与写作是少数人的专利，文盲大量存在的历史事实，不仅限制了副刊本身的发展，也限制了新闻传播的半径，一张报纸发行过万已经是了不起的业绩，还能够奢望什么别的呢？第二个阶段是新文学传播主要载体的阶段，一方面生活困顿的新文学家需要在编写副刊中取得生存空间，另一方面也需要借助这个大众传播工具提高自身的文学名声，创造自身的文学空间。从这个角度上讲，副刊是他们的考场和进入文学殿堂的阶梯。这就使得副刊不仅成为新文学家、理论家集中活动的平台，也使其负担了多数文学作品大众传播的基础功能。这段时间几乎经历了百年，一直到中国改革开放的初期，副刊仍然是文学传播中具有举足轻重地位的重要"庙堂"。第三个阶段是随着出版事业的发展以及互联网写作兴起的阶段。副刊中文学作品直接面对面传播的功能减弱了，但并不意味着它要开始消亡，而是作为一种介质，起到了新的作用。这就是为什么副刊需要成为更接地气的文艺评论的平台和文学艺术沟通的渠道，再一次兴盛的原因，报纸副刊的发展也将由此进入了一个新的阶段。

书评、戏评、影评一向是副刊的强项，连载则往往出自出版社与网络成品，很少有原创作品。这应当是在新的出版体系里实现自身价值的必然选项，但报纸作为大众读物，更需要同读者进行文化互动，在知识性、趣味性和可读性上做足文章。这又是副刊伴随时代进步必须作出新的选择。忽略了这样一种变化和进步，也就容易在刻舟求剑中出现一种失落感。如果说以前，副刊更多的是作为作家和社会科学家写作和交流的平台，那么现在这种功能弱化了，作品发表渠道多样化，使得作家对于副刊的依赖性大大降低，副刊更多地作为读者与作家以及文化人的联系纽带而实现自身的价值。将文艺副刊回馈社会读者，应当是一种进步，而不是衰退的象征。

副刊讲究趣味性、知识性和可读性，更多地作为文艺评论和阅读者沟通的媒介，难免使我们想到另一个问题，即究竟应当如何看待海派副刊和海派文学。可以这样说，海派副刊是历史上催生海派文学的主要操作平台，这是不争的事实。但海派副刊和海派文学的出现，追根溯源是因为上海是中国现代经济发展的先行地区，并不完全归于带有歧视性的所谓小市民的追捧。上海的报纸不仅是中国报纸副刊体系的母体，而且至少比其他地区的报纸先行了半步。五四运动中赫赫有名的四大副刊，上海占了两家，而真正孕育、创造和催生报纸副刊形成的，则是上海的《时报》。这是什么原因呢？主要是那个时代的上海，是中国现代经济的策源地，要求有一种文化传播形态与它的经济形态相匹配。海派报纸副刊和海派文化适应这样的诉求，也就应运而生，成为中国报纸和报纸副刊的重镇。至于海派报纸副刊和海派文学的某些消极因素，也会是上海这个曾经的典型半封建半殖民地社会背景下的文化反思，即洋场文化与传统旧文化鱼龙混杂，在碰撞中溅出刺眼的火花，用历史的眼光去看待，可能更科学一些。也就是说，在蝴蝶乱舞的时候，招来左翼文化人不遗余力的围剿，也会是意料中的事情。后者除了为革命文艺开路，也不能不说是不同文化体系中人对文化传播阵地的一种争夺。

目前，威胁副刊生命延续的最重要的因素来自网络文化的兴起，而这是不可抗拒也不应当抗拒的。网络传播让迄今为止的一切传播形式相形见绌，但见绌的不仅是新闻信息传播，文学传播也首当其冲，副刊怎么会躲得过这一"劫"呢？但是反过来想想，大机器的发明并不会因为一些手工工人捣毁机器而停顿，反而让我们进入了一个前所未有的文明时代。那么，在我们拥抱网络时代的时候，竟会危及我们引以为生命线的所有来自传统的传播链吗？

必须承认，我们需要讨论的是传播的进步，而不仅仅是传播形式本身的变化，形式的变化和渠道的转换，在现在和过去一直存在，到现在有了更快、更便捷、效率更高的流动渠道和路径，这是一件了不起的事情。网络传播从互联网到移动互联网，已经走到物联网的门前，未来的"心联网"和"脑联网"，我们还无法具体想象，但只要文化是我们的食粮、空气和水，以文化传播为使命的副刊文化现象就有继续发展的理由。副刊所承载的内容，不会停止流动。甚至还可以说，副刊的新的生命诞生了，其将面向更大的社会空间。

在很多时候，打开一份报纸的网页目录，副刊往往都有独立的提示。这意味着什么呢？意味着它仍然有半独立的操作空间，有永远的读者群。但是，令人遗憾的是，它们大多是该副刊的电子版，并没有真正创造出属于自身可以生长的空间。能不能这样去想，网报融合是一切信息的全息传播，网络形态的副刊就可以在一般编辑规范再次扩充自身的影响。它或者仍然叫副刊，但不是受版面局限的老副刊，更像是一个传媒集团下的综合艺文"出版社"。如果是这样，有些所谓的专门收费阅读网站大约也要关掉一些，而被专门收费阅读网站打得七零八落的作家们，也许会重新集结在副刊的大旗下。